Libro interactivo del estudiante

miVisión
LECTURA 2

Glenview, Illinois   Boston, Massachusetts
Chandler, Arizona   Nueva York, Nueva York

Pearson Education, Inc. 330 Hudson Street, New York, NY 10013

© 2020 Pearson Education, Inc. or its affiliates. All Rights Reserved. Printed in the United States of America.

This publication is protected by copyright, and permission should be obtained from the publisher prior to any prohibited reproduction, storage in a retrieval system, or transmission in any form or by any means, electronic, mechanical, photocopying, recording, or otherwise. For information regarding permissions, request forms and the appropriate contacts within the Pearson Education Global Rights & Permissions Department, please visit www.pearsoned.com/permissions/.

Photography

Cover: Mama_mia/Shutterstock; Pius Lee/Shutterstock; Butterfly Hunter/Shutterstock; Rvlsoft/Shutterstock; Tatik22/Shutterstock; Stefan Glebowski/Shutterstock; Ivan Ponomarev/Shutterstock; Eric Isselee/Shutterstock; Cheuk-king Lo./Pearson Education Asia Ltd; Terekhov Igor/Shutterstock; Ricardo Reitmeyer/Shutterstock; Alex Mit/Shutterstock; Mostovyi Sergii Igorevich/Shutterstock; Denis Pepin/Shutterstock

Attributions of third-party content appear on pages 697-698, which constitutes an extension of this copyright page.

PEARSON and ALWAYS LEARNING are exclusive trademarks owned by Pearson Education, Inc. or its affiliates in the U.S. and/or other countries.

Unless otherwise indicated herein, any third-party trademarks that may appear in this work are the property of their respective owners and any references to third-party trademarks, logos, or other trade dress are for demonstrative or descriptive purposes only. Such references are not intended to imply any sponsorship, endorsement, authorization, or promotion of Pearson's products by the owners of such marks, or any relationship between the owner and Pearson Education, Inc. or its affiliates, authors, licensees, or distributors.

ISBN-13: 978-0-134-90825-0
ISBN-10: 0-134-90825-2

1 19

AUTORES DEL PROGRAMA

María G. Arreguín-Anderson, Ed.D.

Richard Gómez Jr., Ph.D.

UNIDAD 3: Nuestras tradiciones

SEMANA 1

TALLER DE LECTURA
Infografía: Cuentos tradicionales

Género: Cuentos tradicionales

DESTREZAS FUNDAMENTALES Las palabras con y, ll 18

de *Fábulas*: "La gallina y el manzano", "Las ranas al final del arco iris", "El ratón en la orilla del mar" .... *Fábulas* 25
por Arnold Lobel

Comprensión de la lectura • Identificar el tema

PUENTE ENTRE LECTURA Y ESCRITURA 43
Vocabulario académico • **Leer como un escritor, escribir para un lector** • Ortografía: Escribir palabras con y, ll • Lenguaje y normas: Verbos: El tiempo presente

TALLER DE ESCRITURA 47
Introducción e inmersión

SEMANA 2

TALLER DE LECTURA
Infografía: El mundo de cuentos mayas

Género: Cuentos tradicionales

DESTREZAS FUNDAMENTALES Los diptongos ia, ie, io, iu, ua, ue, eu, au 52

La noche que se cayó la luna: Un mito maya sobre la creación de la Vía Láctea .... Mito 59
por Pat Mora

Comprensión de la lectura • Comentar el propósito del autor

PUENTE ENTRE LECTURA Y ESCRITURA 87
Vocabulario académico • **Leer como un escritor, escribir para un lector** • Ortografía: Escribir palabras con los diptongos ia, ie, io, iu, ua, ue, eu, au • Lenguaje y normas: Verbos: El tiempo pasado y el tiempo futuro

TALLER DE ESCRITURA 91
Desarrollar elementos

SEMANA 3

TALLER DE LECTURA
Infografía: Contar un cuento

Género: Cuentos tradicionales

DESTREZAS FUNDAMENTALES Los prefijos: co-, con-, com-, extra- 96

"La Cenicienta interestelar" y "Una Cenicienta isleña" .... Cuentos folclóricos 103
por Deborah Underwood | por Tracey Baptiste

Comprensión de la lectura • Comparar y contrastar cuentos

SEMANA 3

PUENTE ENTRE LECTURA Y ESCRITURA — 131
Vocabulario académico • **Leer como un escritor, escribir para un lector** • Ortografía: Escribir palabras con los prefijos co-, con-, com-, extra- • Lenguaje y normas: Los verbos irregulares

TALLER DE ESCRITURA — 135
Técnica del escritor

SEMANA 4

TALLER DE LECTURA   Género | Texto informativo
Infografía | Poema: Los tarahumaras (incluye "Escucho, escucho", por Pat Mora)
DESTREZAS FUNDAMENTALES Los sufijos -ado, -ada, -ido, -ida — 140

Los abenaki .... **Texto informativo** — 147
por Joseph Bruchac

Comprensión de la lectura • Comentar el propósito del autor

PUENTE ENTRE LECTURA Y ESCRITURA — 165
Vocabulario académico • **Leer como un escritor, escribir para un lector** • Ortografía: Escribir palabras con los sufijos -ado, -ada, -ido, -ida • Lenguaje y normas: Concordancia entre el sujeto y el verbo

TALLER DE ESCRITURA — 169
Técnica del escritor

SEMANA 5

TALLER DE LECTURA   Género | Ficción realista
Infografía: Platos tradicionales
DESTREZAS FUNDAMENTALES Los sufijos -oso, -osa, -dor, -dora — 174

Mi comida, tu comida ...... **Ficción realista/Texto de procedimiento** — 181
por Lisa Bullard

Comprensión de la lectura • Comprender los elementos del texto

PUENTE ENTRE LECTURA Y ESCRITURA — 207
Vocabulario académico • **Leer como un escritor, escribir para un lector** • Ortografía: Escribir palabras con los sufijos -osa, -oso, -dor, -dora • Lenguaje y normas: Los adverbios

TALLER DE ESCRITURA — 211
Publicar, celebrar y evaluar

SEMANA 6

Infografía: Comparar textos
DESTREZAS FUNDAMENTALES Las palabras con h, ch — 216

PROYECTO DE INDAGACIÓN — 220
Indagar: ¡Celebra en la escuela! • **Colaborar y comentar:** Carta de opinión • **Hacer una investigación:** Busca en línea • **Celebrar y reflexionar**

REFLEXIONAR SOBRE LA UNIDAD — 229

UNIDAD 4: Marcar la diferencia

SEMANA 1

TALLER DE LECTURA — Género: Biografía

Infografía: Personas pioneras

DESTREZAS FUNDAMENTALES Los diptongos ai (ay), ei (ey), ui (uy) 238

¿Quién dijo que las mujeres no pueden ser doctoras? .... *Biografía* 245
por Tanya Lee Stone

Comprensión de la lectura • Identificar la estructura del texto

PUENTE ENTRE LECTURA Y ESCRITURA 271

Vocabulario académico • **Leer como un escritor, escribir para un lector**
• Ortografía: Escribir palabras con los diptongos ai (ay), ei (ey), ui (uy)
• Lenguaje y normas: Los adjetivos, los artículos y los adverbios

TALLER DE ESCRITURA 275
Introducción e inmersión

SEMANA 2

TALLER DE LECTURA — Género: Biografía

Infografía: Obras de arte

DESTREZAS FUNDAMENTALES Los hiatos ae, ao, ea, ee, eo, oa, oe, oo 280

Imitar la naturaleza: La vida de Antoni Gaudí .... *Biografía* 287
por Rachel Rodríguez

Comprensión de la lectura • Usar los elementos del texto

PUENTE ENTRE LECTURA Y ESCRITURA 313

Vocabulario académico • **Leer como un escritor, escribir para un lector**
• Ortografía: Escribir palabras con los hiatos ae, ao, ea, ee, eo, oa, oe, oo
• Lenguaje y normas: Los adjetivos comparativos y superlativos

TALLER DE ESCRITURA 317
Desarrollar elementos

SEMANA 3

TALLER DE LECTURA — Género: Ficción realista

Infografía | Poema: Sembradores de bienestar

DESTREZAS FUNDAMENTALES Los prefijos i-, in-, im-, des-, re- 322

El jardín de la felicidad .... *Ficción realista* 329
por Erika Tamar

Comprensión de la lectura • Determinar el tema

SEMANA 3

PUENTE ENTRE LECTURA Y ESCRITURA **357**

Vocabulario académico • **Leer como un escritor, escribir para un lector** • Ortografía: Escribir palabras con los prefijos i- in-, im-, des-, re- • Lenguaje y normas: La puntuación en las fechas y en las cartas

TALLER DE ESCRITURA **361**

Desarrollar la estructura

SEMANA 4

TALLER DE LECTURA

Género | No ficción narrativa

Infografía: Arte al aire libre

DESTREZAS FUNDAMENTALES Los sufijos -able, -ible **366**

Carlos Cruz-Diez: Todo es color y movimiento ..... Biografía **373**
por Andrés Pi Andreu

Comprensión de la lectura • Identificar la estructura del texto

PUENTE ENTRE LECTURA Y ESCRITURA **401**

Vocabulario académico • **Leer como un escritor, escribir para un lector** • Ortografía: Escribir palabras con los sufijos -able, -ible • Lenguaje y normas: Los pronombres

TALLER DE ESCRITURA **405**

Técnica del escritor

SEMANA 5

TALLER DE LECTURA

Género | Texto persuasivo

Infografía: ¡Mira lo que podemos hacer!

DESTREZAS FUNDAMENTALES Los sufijos -ito, -ita, -illo, -illa, -ico, -ica **410**

Generadores de cambio .... Texto persuasivo **417**
por Libby Martínez

Comprensión de la lectura • Comprender el texto persuasivo

PUENTE ENTRE LECTURA Y ESCRITURA **437**

Vocabulario académico • **Leer como un escritor, escribir para un lector** • Ortografía: Escribir palabras con los sufijos -ito, -ita, -illo, -illa, -ico, -ica • Lenguaje y normas: Los pronombres reflexivos

TALLER DE ESCRITURA **441**

Publicar, celebrar y evaluar

SEMANA 6

Infografía: Comparar textos

DESTREZAS FUNDAMENTALES Palabras con m antes de b, p y con n antes de v **446**

PROYECTO DE INDAGACIÓN **450**

Indagar: ¡La cápsula del tiempo! • **Colaborar y comentar:** Texto informativo • **Hacer una investigación:** Usa un sitio web • **Celebrar y reflexionar**

REFLEXIONAR SOBRE LA UNIDAD **459**

UNIDAD 5: La maravillosa Tierra

SEMANA 1

TALLER DE LECTURA Género: Texto informativo
Infografía: Características físicas de la Tierra

DESTREZAS FUNDAMENTALES Los sufijos -mente, -dad ... **468**

Cambios de la superficie de la Tierra .... Texto informativo ... **475**
por Ivar Da Coll

Comprensión de la lectura • Describir conexiones

PUENTE ENTRE LECTURA Y ESCRITURA ... **501**
Vocabulario académico • **Leer como un escritor, escribir para un lector** • Ortografía: Escribir palabras con los sufijos -mente, -dad • Lenguaje y normas: Preposiciones y frases preposicionales

TALLER DE ESCRITURA ... **505**
Introducción e inmersión

SEMANA 2

TALLER DE LECTURA Género: Texto informativo
Infografía: El Gran Cañón

DESTREZAS FUNDAMENTALES Los triptongos y diptongos ... **510**

de **Cómo el agua moldea la Tierra** *y*
de **Cómo los terremotos moldean la Tierra** Texto informativo ... **517**
por Jared Siemens | por Aaron Carr y Megan Cuthbert

Comprensión de la lectura • Comparar y contrastar textos

PUENTE ENTRE LECTURA Y ESCRITURA ... **543**
Vocabulario académico • **Leer como un escritor, escribir para un lector** • Ortografía: Escribir palabras con triptongos y diptongos • Lenguaje y normas: Las contracciones al, del

TALLER DE ESCRITURA ... **547**
Desarrollar elementos

SEMANA 3

TALLER DE LECTURA Género: Obra de teatro
Infografía: ¡Relámpagos y rayos!

DESTREZAS FUNDAMENTALES Las palabras agudas ... **552**

¿Adónde van cuando llueve o nieva? .... Teatro del lector ... **559**
por Melissa Stewart

Comprensión de la lectura • Identificar los elementos de una obra de teatro

SEMANA 3

PUENTE ENTRE LECTURA Y ESCRITURA 581
Vocabulario académico • **Leer como un escritor, escribir para un lector** • Ortografía: Escribir palabras agudas • Lenguaje y normas: Las comas en las oraciones

TALLER DE ESCRITURA 585
Desarrollar la estructura

SEMANA 4

TALLER DE LECTURA   Género | Poesía

Infografía: Erupciones, temblores y tsunamis

DESTREZAS FUNDAMENTALES Las palabras graves 590

Poemas: "Temblor", "Canción del niño y la mar", "Los volcanes" .... Poesía 597
por Francisco X. Alarcón, Graciela Genta, José Santos Chocano

Comprensión de la lectura • Explicar patrones y estructuras

PUENTE ENTRE LECTURA Y ESCRITURA 613
Vocabulario académico • **Leer como un escritor, escribir para un lector** • Ortografía: Escribir palabras graves • Lenguaje y normas: Los sujetos y los predicados compuestos

TALLER DE ESCRITURA 617
Técnica del escritor

SEMANA 5

TALLER DE LECTURA   Género | Texto informativo

Infografía: Rocas famosas

DESTREZAS FUNDAMENTALES Las palabras esdrújulas 622

¡Rocas! .... Texto informativo 629
por Christopher Cheng

Comprensión de la lectura • Identificar la idea principal

PUENTE ENTRE LECTURA Y ESCRITURA 649
Vocabulario académico • **Leer como un escritor, escribir para un lector** • Ortografía: Escribir palabras esdrújulas • Lenguaje y normas: El guión y la raya

TALLER DE ESCRITURA 653
Publicar, celebrar y evaluar

SEMANA 6

Infografía: Comparar textos

DESTREZAS FUNDAMENTALES Las abreviaturas 658

PROYECTO DE INDAGACIÓN 662
Indagar: ¡Esto es TAN emocionante! • **Colaborar y comentar:** Infomercial • **Hacer una investigación:** Investiga con recursos digitales • **Celebrar y reflexionar**

REFLEXIONAR SOBRE LA UNIDAD 671

UNIDAD 3

Nuestras tradiciones

Pregunta esencial

¿Qué son las tradiciones?

▶ **Mira**

"**Nuestras tradiciones**". Aprende sobre comidas y cuentos de diferentes tradiciones familiares.

INTERCAMBIAR *ideas*

¿Qué notaste sobre estas tradiciones? Coméntalo con un compañero.

PEARSON realize

Puedes hallar todas las lecciones EN LÍNEA.

- VIDEO
- AUDIO
- JUEGO
- ANOTAR
- LIBRO
- INVESTIGACIÓN

Enfoque en los cuentos tradicionales

Taller de lectura

Infografía: Cuentos tradicionales
de *Fábulas* .... Fábula
por Arnold Lobel

Infografía: El mundo de cuentos mayas
La noche que se cayó la luna: Un mito maya sobre la creación de la Vía Láctea .... Mito
por Pat Mora

Infografía: Contar un cuento
La Cenicienta interestelar* y *Cendrillon: Una Cenicienta isleña .... Cuento folclórico
por Deborah Underwood–por Tracey Baptiste

Infografía/Poema: Los tarahumaras
Los abenaki .... Texto informativo
por Joseph Bruchac

Infografía: Platos tradicionales
Mi comida, tu comida .... Ficción realista
por Lisa Bullard

Puente entre lectura y escritura

Cuentos tradicionales

- Vocabulario académico
- Leer como un escritor, escribir para un lector
- Ortografía • Lenguaje y normas

Taller de escritura

Poesía

- Introducción e inmersión
- Desarrollar elementos • Desarrollar la estructura
- Técnica del escritor • Publicar, celebrar y evaluar

Proyecto de indagación

Escribir una carta de opinión   Texto persuasivo

11

LECTURA INDEPENDIENTE

Lectura independiente

Sigue estos pasos para deducir el significado de una palabra que no conoces mientras lees de manera independiente.

1. Pronuncia la palabra usando lo que sabes sobre las letras y sus sonidos.

2. Mira si está formada por una palabra base que conoces con una terminación diferente.

3. Observa las palabras y las oraciones que rodean la palabra para buscar claves que te ayuden a entender su significado. Por ejemplo, observa cómo las claves de esta oración te ayudan a entender la palabra **moraleja**:

   La **moraleja**, o lección, del cuento es "Sé amable con los demás".

4. Cuando creas que conoces la palabra, vuelve a leer la oración con su significado en mente. ¿Tiene sentido?

Mi registro de lectura

Fecha	Libro	Páginas leídas	Minutos leídos	Cuánto me gusta
				🙂 😐 ☹️
				🙂 😐 ☹️
				🙂 😐 ☹️
				🙂 😐 ☹️
				🙂 😐 ☹️

INTRODUCCIÓN

Metas de la unidad

En esta unidad

- leerás cuentos tradicionales.
- escribirás un poema.
- aprenderás acerca de tradiciones.

 **Colorea** los dibujos para responder.

Sé sobre diferentes tipos de cuentos tradicionales y entiendo sus elementos.		
Puedo usar el lenguaje para hacer conexiones entre la lectura y la escritura.		
Puedo usar el lenguaje figurado y recursos sonoros para escribir poesía.		
Puedo hablar con otros sobre qué son las tradiciones.		

Vocabulario académico

| comunicación | cultura | propósito | creencia | mantener |

En esta unidad, leerás cuentos tradicionales de diferentes culturas. Aprenderás cómo personas que comparten un **propósito** y un sistema de **creencias** común forman una **cultura**. Las personas de una misma cultura suelen usar una misma lengua para la **comunicación**. Disfrutan de comidas tradicionales, ropa o música de su misma tradición. ¿Por qué es importante **mantener** tradiciones como estas?

INTERCAMBIAR ideas Usa las palabras del Vocabulario académico para hablar con tu compañero sobre tradiciones. La imagen puede servirte de ayuda.

PRESENTACIÓN DE LA SEMANA: INFOGRAFÍA

Cuentos tradicionales

Las personas han contado cuentos desde hace mucho tiempo. Estos cuentos tradicionales fueron contados de padres a hijos, y ellos a sus propios hijos, y ellos a sus propios hijos, y así sucesivamente.

Una **fábula** es un cuento breve con una moraleja, o lección. Suele tener personajes de animales. En "La tortuga y la liebre", una veloz liebre pierde en una carrera con una lenta tortuga.

Los **cuentos folclóricos** y los **cuentos de hadas** suelen tener personajes buenos y personajes malos. Generalmente, los personajes buenos viven "felices para siempre". En "La bella durmiente", una princesa es despertada de un hechizo por el beso de un apuesto príncipe.

Una **leyenda** es un cuento antiguo sobre un héroe o un suceso, o acontecimiento, importante. Muchas veces, el cuento está basado en una persona o un suceso real. Por ejemplo, Robin Hood realmente existió, pero la gente creó una historia en la que él les robaba a los ricos para darles a los pobres.

Pregunta de la semana

¿Qué lecciones podemos aprender de los cuentos tradicionales?

Habla sobre los cuentos que se describen aquí. Cuenta lo que sabes de estos cuentos infantiles. ¿Qué lección podrías aprender de uno de estos cuentos tradicionales?

FONÉTICA

Las palabras con y, ll

La letra **y** tiene el mismo sonido que el dígrafo **ll** excepto cuando está al final de una palabra. Entonces, **yate** y **llave** tienen el mismo sonido inicial.

La siguiente tabla tiene palabras de dos y tres sílabas. Lee las palabras, sílaba por sílaba. Escucha los sonidos.

y	ll
playa	huella
joya	botella
hoyo	olla

INTERCAMBIAR ideas Lee las siguientes oraciones con un compañero. Subraya las palabras que contienen sílabas con **y** o **ll**.

1. Encontré una olla y una joya escondidas en un hoyo.

2. En la playa hay un gallo sobre una botella amarilla.

Los sonidos de **y** y **ll** son iguales cuando están al comienzo de una sílaba.

Las palabras con y, ll

Mi TURNO Lee las siguientes palabras. Luego, escribe la palabra que falta para completar las oraciones.

llueve	llamada	arroyo	cabuya
cayena	collar	anillo	yegua

1. Espero tu ____llamada____ esta tarde.

2. Si hoy no _____, voy al parque contigo.

3. Mamá lleva puestos un _____ y un _____.

4. Una flor de _____ crece a la orilla del _____.

5. Le di una _____ para amarrar la _____.

Mi TURNO Escribe una oración con una de las palabras anteriores.

PALABRAS DE USO FRECUENTE | TEXTO DE FONÉTICA

Mis palabras

Algunas palabras se usan con frecuencia en los textos. Estas palabras se llaman palabras de uso frecuente. Debes recordar estas palabras. También puedes practicar cómo pronunciarlas.

Mi TURNO Lee las siguientes palabras de uso frecuente del recuadro. Escribe las palabras que faltan. Cuando escribas con letra cursiva, traza correctamente la forma de las letras. Asegúrate de usar trazos que conecten las letras.

| hoy | playa | lluvia |

1. En la _____ juego con arena.

2. Me encantan los días de _____ .

3. _____ es un día de sol.

INTERCAMBIAR ideas Con tu compañero, usa las pistas para identificar las palabras.

Lugar con mucha arena y un mar.

Día, en este momento.

Agua que cae del cielo.

DESTREZAS FUNDAMENTALES

La gallina Nina

La gallina Nina ha puesto sus huevos en la hornilla de la cocina. Doña Ana le dice muy asombrada:

—¡Nina, allí no puedes poner tus huevos!

—¿Y por qué? —responde Nina—. Si los pongo en la playa, se los lleva el agua. Y en la huerta, se mojan con la lluvia.

—¡Puedes ponerlos debajo de la planta de cayenas! —responde doña Ana.

Allá va Nina la gallina con sus huevos a la planta.

1. ¿Qué ha hecho la gallina Nina?

2. ¿Qué le dice doña Ana?

3. Busca y escribe las palabras que contienen sílabas que empiezan con **y** y **ll**.

GÉNERO: CUENTOS TRADICIONALES

Mi meta de aprendizaje Puedo leer fábulas e identificar el tema.

ENFOQUE EN EL GÉNERO

Cuentos tradicionales: Fábulas

Los **cuentos tradicionales** han sido contados durante años y años. La **fábula** es un cuento tradicional. Es breve, suele tener animales como personajes y termina con una **moraleja**, o lección. La moraleja es el tema.

La zorra y las uvas

Una zorra vio unas uvas que colgaban de una rama. Saltó una y otra vez, pero no pudo alcanzarlas. Entonces, dijo:

—De todos modos, esas uvas deben estar agrias.

Moraleja: Es fácil decir que no quieres algo cuando no puedes tenerlo.

INTERCAMBIAR ideas Con un compañero, cuenta qué sucede en una fábula que conozcas. ¿Cuál es la moraleja? ¿Qué lo hace una fábula?

TALLER DE LECTURA

Cartel de referencia: Fábula

Propósito

Entretener o enseñar una lección

- El cuento es corto.
- El ambiente, o escenario, podría ser irreal.
- El cuento termina con una moraleja o lección.
- Los personajes suelen ser animales y actúan como las personas.
- La moraleja es el tema.

Fábulas

Fábulas

Primer vistazo al vocabulario

Busca estas palabras cuando leas *Fábulas*.

| rabia | esperanzas | decepción | alarmados | felicidad |

Primera lectura

Lee para entender cada fábula.

Mira las ilustraciones para entender mejor las fábulas.

Hazte preguntas con **qué** o **por qué** sobre las partes confusas.

Habla sobre las fábulas con un compañero.

Conoce al autor

Arnold Lobel es más conocido por su serie de libros de *Sapo y Sepo*, pero ganó la medalla Caldecott por *Fábulas*. Él y su esposa Anita Lobel escribieron algunos libros juntos. ¡Arnold Lobel ha escrito casi 100 libros para niños!

Género Cuentos tradicionales: Fábulas

de FÁBULAS
por Arnold Lobel

AUDIO
Para escuchar y resaltar

ANOTAR

LA GALLINA Y EL MANZANO
LAS RANAS AL FINAL DEL ARCO IRIS
EL RATÓN EN LA ORILLA DEL MAR

LA GALLINA Y EL MANZANO

1 Un día de octubre, una gallina miró por la ventana. Vio que había un manzano creciendo en su jardín.

2 —Eso sí que es extraño —dijo la gallina—. Estoy segura de que ayer allí no había ningún manzano.

3 —Es que algunos de nosotros crecemos muy rápido —dijo el árbol.

4 La gallina miró el pie del árbol.

5 —Pues yo nunca he visto un árbol —dijo— que tenga diez dedos peludos en los pies.

6 —Algunos de nosotros los tenemos —dijo el árbol—. Gallina, sal a disfrutar de la sombra fresca de mis tupidas ramas.

LECTURA ATENTA

Determinar las ideas clave

Resalta un detalle que te ayude a entender una idea clave acerca de cómo se ve el árbol.

LECTURA ATENTA

Vocabulario en contexto

Subraya la palabra que está cerca de **temblar** que tiene casi el mismo significado.

7 La gallina miró la copa del árbol.

8 —Pues yo nunca he visto un árbol —dijo— que tenga dos orejas largas y puntiagudas.

9 —Algunos de nosotros las tenemos —dijo el árbol—. Gallina, sal a comer una de mis deliciosas manzanas.

10 —Ahora que lo pienso —dijo la gallina—, nunca oí que un árbol hablara con la boca llena de filosos dientes.

11 —Algunos de nosotros podemos hacer eso —dijo el árbol—. Gallina, sal a descansar tu espalda en la corteza de mi tronco.

12 —He oído —dijo la gallina— que algunos de ustedes pierden todas las hojas en esta época del año.

13 —Ah, sí —dijo el árbol—, a algunos les pasa. —El árbol comenzó a temblar y sacudirse. Todas las hojas se cayeron muy rápido.

14 La gallina no se sorprendió al ver a un gran lobo en el lugar donde justo antes había habido un manzano. Aseguró los postigos y cerró las ventanas de un golpe.

15 El lobo se dio cuenta de que la gallina había sido más lista que él. Se fue como una tromba lleno de rabia.

16 *Siempre es difícil hacerse pasar por algo que uno no es.*

LECTURA ATENTA

Identificar el tema

Subraya la oración que indica el tema, o lección, de esta fábula. Luego, subraya la oración que apoya el tema.

rabia sentimiento muy fuerte de cólera o enojo

LAS RANAS AL FINAL DEL ARCO IRIS

17 Una rana estaba nadando en un estanque después de una tormenta. Vio un arco iris brillante a lo largo del cielo.

18 —He oído —dijo la rana— que hay una cueva llena de oro en el lugar donde termina el arco iris. Buscaré la cueva y ¡seré la rana más rica del mundo!

19 La rana nadó hasta el borde del estanque tan rápido como pudo. Allí se encontró con otra rana.

20 —¿A dónde vas tan apurada? —le preguntó la segunda rana.

21 —Voy corriendo al lugar donde termina el arco iris —dijo la primera rana.

22 —Hay un rumor —dijo la segunda rana— de que hay una cueva llena de oro y diamantes en ese lugar.

23 —Entonces, ven conmigo —dijo la primera rana—. ¡Seremos las dos ranas más ricas del mundo!

LECTURA ATENTA

Determinar las ideas clave

Resalta la oración que enuncia la idea clave sobre qué planea hacer la rana.

LECTURA ATENTA

Identificar el tema

Subraya el tema de esta fábula. Luego, subraya una oración que hable sobre las esperanzas de las ranas. Subraya otra oración que diga por qué estaban decepcionadas.

24 Las dos ranas saltaron fuera del estanque y corrieron por la pradera. Allí, se encontraron con otra rana.

25 —¿Cuál es el apuro? —preguntó la tercera rana.

26 —Vamos corriendo al lugar donde termina el arco iris —dijeron las dos ranas.

27 —Me han dicho —dijo la tercera rana— que hay una cueva llena de oro y diamantes y perlas en ese lugar.

28 —Entonces, ven con nosotras —dijeron las dos ranas—. ¡Seremos las tres ranas más ricas del mundo!

29 Las tres ranas corrieron millas y millas. Finalmente, llegaron al final del arco iris. Allí vieron una cueva oscura sobre la falda de una colina.

30 —¡Oro! ¡Diamantes! ¡Perlas! —gritaron las ranas, mientras brincaban adentro de la cueva.

LECTURA ATENTA

31 Una víbora vivía allí dentro. Estaba hambrienta y había estado pensando en qué comer. Devoró a las tres ranas de un bocado.

32 *Las esperanzas más grandes pueden llevar a las más grandes decepciones.*

esperanzas cosas que uno piensa y cree que puede alcanzar

decepción sentimiento de no obtener lo que uno quiere

EL RATÓN EN LA ORILLA DEL MAR

LECTURA ATENTA

Determinar las ideas clave

<mark>Resalta</mark> una idea clave que explique por qué los padres tienen miedo.

alarmados que sienten miedo de un peligro que pudiera suceder

33 Un ratón les dijo a su madre y a su padre que iba a hacer un viaje hasta la orilla del mar.

34 —¡Estamos muy alarmados! —exclamaron—. El mundo está lleno de peligros. ¡No debes ir!

35 —Ya tomé la decisión —dijo el ratón con firmeza—. Nunca he visto el mar y ya es hora de que lo haga. Nada podrá hacer que cambie de opinión.

36 —Entonces, no podremos detenerte —dijeron la mamá y el papá—, pero, por favor, ¡ten cuidado!

37 Al día siguiente, con las primeras luces del amanecer, el ratón emprendió su viaje. Antes de que la mañana llegara a su fin, el ratón ya había conocido los problemas y los miedos.

38 Un gato saltó de atrás de un árbol.

39 —Te comeré de almuerzo —dijo.

40 El ratón apenas tuvo tiempo de huir. Corrió para salvar su vida, pero una parte de su cola se quedó en la boca del gato.

41 Hacia la tarde, el ratón ya había sido atacado por aves y perros. Había perdido el rumbo varias veces. Se había golpeado y había sangrado. Estaba cansado y atemorizado.

42 A la noche, el ratón subió lentamente la última colina y vio la orilla del mar que se extendía delante de él. Vio las olas rodar hacia la playa, una tras otra. Y los colores del atardecer cubrían el cielo.

43 —¡Qué hermoso! —exclamó el ratón —. Ojalá mamá y papá estuvieran aquí para verlo conmigo.

44 La luna y las estrellas empezaron a aparecer sobre el mar. El ratón se sentó en silencio en la cima de la colina. Estaba abrumado por un sentimiento de profunda paz y felicidad.

45 *Cada una de las millas de un arduo camino valen la pena si conducen a un momento de verdadera felicidad.*

LECTURA ATENTA

Identificar el tema

Subraya el tema de esta fábula. Luego, subraya una oración que apoye el tema.

felicidad
sentimiento de alegría

VOCABULARIO

Desarrollar el vocabulario

Mi TURNO En la tabla, escribe una palabra de vocabulario del recuadro que esté relacionada con una palabra de la primera columna.

rabia   esperanzas   decepción   alarmados   felicidad

Palabra	Palabra relacionada
cólera	rabia
deseos	
alegría	
sorprendidos	
frustración	

COMPRESIÓN TALLER DE LECTURA

Verificar la comprensión

Mi TURNO Vuelve a mirar los textos para responder a las preguntas. Escribe las respuestas.

1. ¿Cómo sabes que estos textos son fábulas?

2. ¿Por qué escribió el autor la oración en cursiva al final de cada fábula?

3. ¿En qué se parecen las ranas de "Las ranas al final del arco iris" y el ratón de "El ratón en la orilla del mar"? ¿En qué se diferencian?

LECTURA ATENTA

Identificar el tema

El **tema** es el mensaje o el significado de un cuento. En una fábula, la lección o moraleja es el tema.

Mi TURNO Mira las notas de Lectura atenta con tu maestro y determina el tema usando la evidencia del texto. Sigue las instrucciones para <u>subrayar</u> el texto. Usa el texto subrayado para completar la tabla.

Fábula	El texto que subrayé que apoya el tema	Cómo me ayuda a identificar el tema
"La gallina y el manzano"	"El lobo se dio cuenta de que la gallina había sido más lista que él".	El lobo se da cuenta de que no puede hacerse pasar por algo que no es: un árbol.
"Las ranas al final del arco iris"		
"El ratón en la orilla del mar"		

Determinar las ideas clave

Las ideas clave son ideas importantes del texto. Evaluar, o pensar, los detalles te ayuda a determinar las ideas clave.

Mi TURNO Mira las notas de Lectura atenta. Resalta los detalles que te ayudan a determinar las ideas clave de las fábulas. Usa lo que resaltaste para completar la tabla.

Detalles que resalté	Idea clave
"—Pues yo nunca he visto un árbol —dijo— que tenga diez dedos peludos en los pies".	El árbol se ve como un animal que se hace pasar por árbol.

41

RESPONDER AL TEXTO

Reflexionar y comentar

En tus palabras

Comenta la moraleja, o lección, que aprendiste en cada fábula. ¿Qué lección crees que es la más importante? ¿Por qué? Usa ejemplos de los textos para apoyar tu respuesta.

Una fábula siempre tiene una moraleja al final.

Seguir las normas acordadas para la conversación

En una conversación, todos deberían tener la oportunidad de hablar sobre el tema.

- Espera tu turno para hablar. Di lo que quieres decir y, luego, permite que hable otro.
- Escucha con atención a los demás.

Usa los siguientes comienzos de oración como ayuda para pedir tu turno respetuosamente.

Me gustaría decir...
Esa es una buena razón...
Me gustaría agregar que...

Pregunta de la semana

¿Qué lecciones podemos aprender de los cuentos tradicionales?

VOCABULARIO

PUENTE ENTRE LECTURA Y ESCRITURA

Puedo usar el lenguaje para hacer conexiones entre la lectura y la escritura.

Mi meta de aprendizaje

Vocabulario académico

Las **palabras relacionadas** son palabras que están conectadas. Pueden parecerse a palabras de otro idioma. Pueden compartir algunas de sus partes. Pueden tener significados similares u opuestos.

Mi TURNO Para cada palabra del vocabulario, escribe una palabra relacionada. Comparte tus palabras con la clase o agrégalas al mural de palabras.

Palabra	Palabra relacionada	Cómo está relacionada
comunicación	comunicar	Comparte una parte de la palabra.
cultura		
propósito		
creencia		
mantener		

TÉCNICA DEL AUTOR

Leer como un escritor, escribir para un lector

Los autores tienen un propósito. Incluyen detalles para cumplir con ese propósito.

Propósito del autor en "El ratón en la orilla del mar"	Detalles que apoyan ese propósito
Enseñar esta moraleja: "Cada una de las millas de un **arduo camino** valen la pena si conducen a un momento de **verdadera felicidad**".	Arduo camino: "Había perdido el rumbo varias veces. Se había golpeado y había sangrado. Estaba cansado y atemorizado". Verdadera felicidad: "Estaba abrumado por un sentimiento de profunda paz y felicidad".

Mi TURNO Imagina que estás escribiendo un cuento. Tu propósito es enseñar esta moraleja: **Las cosas buenas les llegan a aquellos que saben esperar.**

Escribe dos detalles que apoyen este propósito.

Esperar: _____

_____

Algo bueno: _____

ORTOGRAFÍA

PUENTE ENTRE LECTURA Y ESCRITURA

Escribir palabras con y, ll

Mi TURNO Clasifica las palabras de ortografía con y y con **ll**. Escríbelas en la categoría correcta.

y	ll

Mis palabras

Palabras de ortografía

yate
llamada
ella
apoyo
rellenar
yoyó
llover
yuca
llorar
payaso

Mis palabras

playa
lluvia

Escoge una de Mis palabras para completar cada oración.

1. En las vacaciones voy a la _____.

2. A mi mamá le gusta la _____.

45

LENGUAJE Y NORMAS

Verbos: El tiempo presente

Los **verbos** indican cuándo suceden las acciones. Los **verbos en tiempo presente** indican lo que pasa ahora. Los verbos cambian, o se conjugan, según el pronombre que acompañan. Lee estos ejemplos.

Yo camino. Tú corres. Él sube.

Pronombres	Verbo caminar
Yo	camino
Tú	caminas
Él/Ella	camina
Nosotros	caminamos
Ustedes	caminan
Ellos	caminan

Mi TURNO Corrige este borrador tachando cada verbo incorrecto. Escribe encima el verbo correcto que debe acompañar al pronombre.

Pepe comen avena en el desayuno. Él voy a la escuela en autobús. Pepe no caminamos por la calle. Pepe y su papá espero el autobús de la escuela.

POESÍA   **TALLER DE ESCRITURA**

Puedo usar el lenguaje figurado y recursos sonoros para escribir poesía.

Mi meta de aprendizaje

Poesía

En un poema, el poeta escoge cuidadosamente las palabras para expresar pensamientos y sentimientos. Las palabras están dispuestas en versos. A veces, las palabras que están al final de los versos riman.

El poeta quiere crear imágenes en la mente del lector. A veces, el poeta compara dos cosas.

Una manzana roja

Una manzana,
roja como un rubí, — **Compara el color rojo con el rubí.**
colgaba de una rama
que, entonces, sacudí.

La tomé y le di una mordida — **Palabras que riman.**
y sonó bien crocante.
Fue una dulce comida,
esa manzana brillante. — **Palabras que describen el sonido, el sabor y la apariencia.**

47

POESÍA

Generar ideas

Un poeta escoge un tema para escribir. Antes de empezar a escribir, el poeta genera, o piensa, ideas y sentimientos sobre el tema. Dibujar es una manera de generar ideas y sentimientos.

Mi TURNO Piensa en un tema para tu poema. Haz dos dibujos para mostrar lo que puedes escribir sobre ese tema.

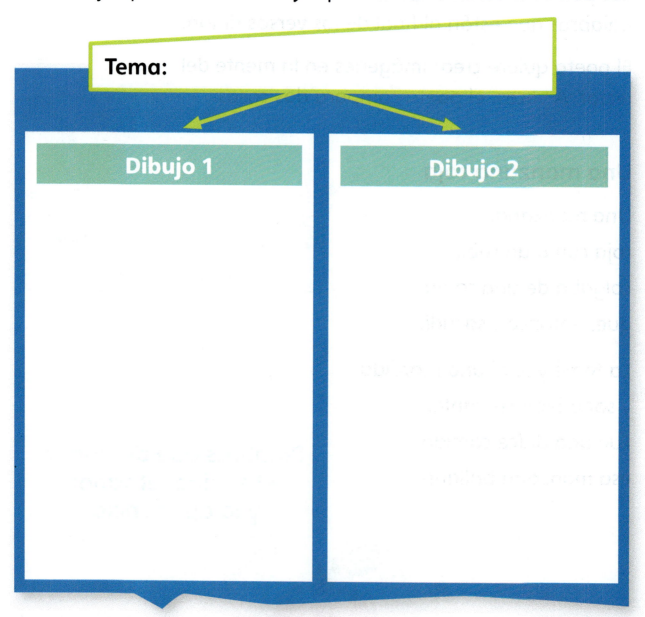

Tema:

Dibujo 1

Dibujo 2

TALLER DE ESCRITURA

Planificar tu poema

Los poetas planifican lo que van a componer, o escribir, en sus poemas. Hacer una lluvia de ideas es una manera de pensar en ideas para tu escritura. Los poetas desarrollan sus ideas escogiendo palabras que muestren detalles específicos y relevantes.

Mi TURNO Genera y desarrolla ideas para tu poema. Escribe el tema. Haz una lista de pensamientos o sentimientos sobre los que quieres escribir. Incluye cualquier palabra que quieras, incluso palabras que rimen.

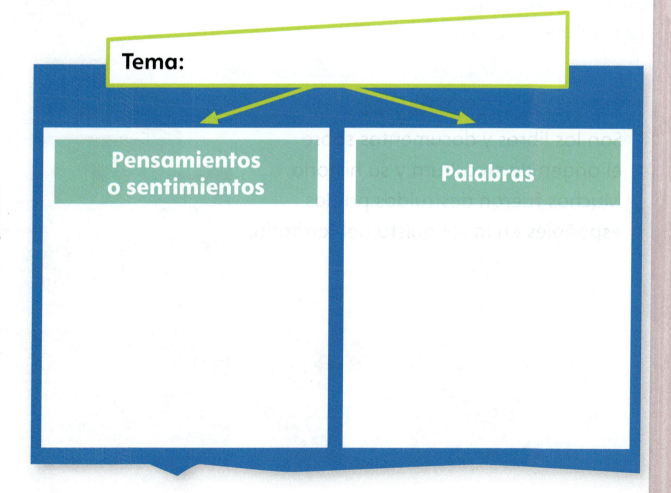

Tema:

Pensamientos o sentimientos	Palabras

PRESENTACIÓN DE LA SEMANA: INFOGRAFÍA

El mundo de cuentos mayas

La civilización maya es nativa de Mesoamérica. Sus cuentos explican el origen de todas las cosas del universo incluyendo al ser humano. Estos cuentos se conocen como mitos de creación.

Mesoamérica es la región del sur de México, Guatemala, Belice y parte de Honduras y El Salvador.

Los códices mayas

Son los libros y documentos sobre el origen de su cultura y su historia. Muchos fueron destruidos por los españoles en la conquista del territorio.

El calendario maya

Los mayas llevaban la cuenta de los días y los años según las posiciones del Sol, la Luna y los planetas en el cielo. En el calendario anotaban los sucesos más importantes de la vida.

La Tierra y el cielo

La observación del cielo y el movimiento de los astros eran muy importantes para el cultivo de alimentos y sucesos de su vida.

Pregunta de la semana

¿Qué cuentos cuentan las personas para comprender el mundo?

Mi TURNO

Lee la infografía sobre los mayas. ¿Qué más quisieras saber sobre ellos y su mundo? Piensa en qué se preguntaban los mayas sobre el mundo que los rodeaba. ¿Qué tipo de cuentos crees que habrán imaginado? Escribe tus ideas.

SEMANA 2

Observatorio astronómico del Caracol de Chichén Itzá

FONÉTICA

Los diptongos ia, ie, io, iu, ua, ue, eu, au

El **diptongo** es la combinación de dos vocales débiles o de una vocal débil y una fuerte en una misma sílaba. Las combinaciones de vocales para formar diptongo pueden ser: **ia, ie, io, iu, ua, ue, eu, au**, como en pueblo, cielo.

Mi TURNO Lee, o decodifica, las siguientes palabras. Subraya la sílaba con el diptongo en cada palabra.

diurno	cuaderno	automóvil	achiote
viaje	pueblo	piel	Europa

INTERCAMBIAR ideas Con un compañero, escribe una oración que contenga dos de las palabras de la tabla. Lee la oración a tu compañero en voz alta.

DESTREZAS FUNDAMENTALES

Los diptongos ia, ie, io, iu, ua, ue, eu, au

Mi TURNO Lee las siguientes palabras. Luego, escribe la palabra que falta para completar las oraciones.

fiesta	cuando	vecindario	nuevo
Europa	ciudad	pausa	fotocopias

1. El viernes es mi _____fiesta_____ de cumpleaños.

2. Mi mamá me lee un cuento _____ cada noche.

3. Mis primos viven en _____.

4. Mi gatito viene a saludarme _____ llego a casa.

5. Me gusta pasear por la _____ en familia.

6. Le mandé _____ de mis dibujos a mi tío.

7. Guadalupe se mudó a un _____ nuevo.

8. Haré una _____ para ir a jugar contigo.

PALABRAS DE USO FRECUENTE | TEXTO DE FONÉTICA

Mis palabras

Mi TURNO Lee las palabras de uso frecuente del recuadro. Recuerda que el dígrafo **qu** ante las vocales **e** o **i** tiene el sonido que escuchas al comienzo de **queso**. Escribe una oración con cada palabra.

| dio | quien | largo |

INTERCAMBIAR *ideas*

Intercambia tus oraciones con un compañero. Identifica las palabras de uso frecuente en su trabajo. Sugiere las correcciones necesarias.

Puedes leer más rápido y mejor cuando conoces las palabras de uso frecuente.

54

Los tres cerditos

Pepe, Pepo y Pepa son tres cerditos que viven en una granja cerca de la ciudad.

Pepe es un cerdito muy tímido. Habla con una voz muy suave. Pepo es el cerdito mayor y tiene un auto. Pepa es una cerdita pequeña y muy buena.

—Pepo, ¿nos llevas en tu auto a casa de Aura? —pregunta Pepa.

—¿Quién es Aura? —le dice Pepo.

—Es la vecina anciana. Le dio gripe y hoy es su cumpleaños.

1. ¿Dónde viven los tres cerditos?

2. ¿Adónde van Pepa, Pepo y Pepe?

3. Busca y escribe las palabras que contienen los diptongos **ia**, **ie**, **io**, **iu**, **ua**, **ue**, **eu** o **au**.

GÉNERO: CUENTOS TRADICIONALES

Mi meta de aprendizaje Puedo leer un cuento tradicional y entender el argumento.

Enfoque en el género

Cuentos tradicionales: Mitos

Un **mito** es un cuento imaginado que explica el origen de las cosas naturales del mundo. Los personajes pueden ser elementos de la naturaleza o tener alguna característica parecida. Estos cuentos han pasado de generación en generación oralmente o en libros. Los sucesos del mito son siempre fabulosos.

- Muchos mitos son cuentos imaginados que explican el origen de algo.
- Tienen un **argumento,** o trama, que cuenta diferentes sucesos, o acontecimientos.
- Tienen **principio**, **medio** y **final**.

Leer con fluidez Para leer con fluidez debes leer con prosodia, o expresión. Los cuentos tradicionales incluyen sucesos emocionantes. Esta puede ser una buena oportunidad para practicar cómo leer con expresión.

- Para leer con expresión, presta atención a la puntuación. Lee con expresión cuando veas signos de exclamación.
- Cuando leas un diálogo, usa diferentes voces para cada personaje.

TALLER DE LECTURA

Cartel de referencia: Mito

Propósito

Contar sobre el origen de algo real

Un mito

- Es un cuento imaginado con personajes y sucesos fabulosos.

- Explica el origen de las cosas naturales del mundo.

- Pasa de generación a generación de forma oral o escrita.

La noche que se cayó la luna

Primer vistazo al vocabulario

Busca estas palabras cuando leas *La noche que se cayó la luna: Un mito maya sobre la creación de la Vía Láctea*.

| tarareaba | cerbatana | ocasión | ajeno | destellos |

Primera lectura

Lee para entender el propósito de la autora.

Mira las ilustraciones.

Hazte preguntas sobre la secuencia de sucesos.

Habla sobre cómo este texto responde a la pregunta de la semana.

Conoce a la autora

Pat Mora es una muy reconocida escritora de libros para niños. Ha ganado 35 premios por sus libros. En 1996, fundó "El día de los niños, el día de los libros". Entre sus libros destacan: *¡Bravo, Chico Canta! ¡Bravo!* y *The Remembering Day: El Día de los Muertos*. Vive con su esposo en Santa Fe, Nuevo México.

Género Cuentos tradicionales: Mitos

La noche que se cayó la luna

por Pat Mora | ilustrado por Domix

Un mito maya sobre la creación de la Vía Láctea

AUDIO
Para escuchar y resaltar

ANOTAR

59

LECTURA ATENTA

Comentar el propósito del autor

<u>Subraya</u> las palabras que usa la autora para decir que el cuento sucede en algún momento desconocido del pasado.

tarareaba cantaba entre dientes sin palabras

cerbatana tubo corto para expulsar cosas soplando

1   Una noche hace tiempo, la luna tarareaba, desde lo alto del cielo, las estrellas brillaban y el viento amigo de Luna dormitaba cerca. Era una noche callada y serena.

2   De repente, ¡*uuchchcht!*, el cielo se estremeció y un gran zumbido sacudió las estrellas y asustó a Luna. Abuelo había disparado su cerbatana y, al saltar del susto, Luna perdió el equilibrio y comenzó a rodar y a rodar.

3   Rodó al pasar las estrellas, rodó al pasar las nubes. Siguió rodando y rodando. Cayó salpicando entre olas frías y oscuras, y se quebró en destellos y pedacitos brillantes contra el fondo arenoso del mar.

LECTURA ATENTA

Comentar el propósito del autor

Subraya las palabras y signos que la autora usa para mostrar lo que dicen los personajes.

4 El cielo inmenso quedó tan oscuro y quieto como el mar profundo. Las estrellas cerraron sus ojos, las flores doblaron sus pétalos, y todos los pájaros del mundo alzaron su vuelo para buscarla. Volaron entre tormentas ruidosas, buscaron entre oscuros barrancos y entraron veloces en cuevas enormes llamando:

5 —Trae tu luz, Luna. Vuelve. La oscuridad nos envuelve.

6 Silencio.

7 El viento amigo recorrió las montañas susurrando, y luego rugiendo:

8 —Trae tu luz, Luna. Vuelve. La oscuridad nos envuelve.

9 El mundo esperaba. El mundo escuchaba.

10 Silencio.

LECTURA ATENTA

Hacer conexiones

Resalta las palabras que demuestran los sentimientos de Luna al verse perdida. Piensa en cómo podrías ayudar a alguien que se ha perdido.

11 ¿Dónde estaba la luna?

12 Los pececitos del fondo del mar lo sabían porque habían visto su clara luz y escuchado su canción solitaria.

13 —¿Dónde está el cielo? ¿Dónde estoy? Quebrada, triste y perdida voy.

14 Nadando y nadando alrededor de los pedazos de Luna, los pececitos susurraban:

15 —¿Qué podemos hacer?

16 —Seremos tus amigos —dijo el pequeñito—. ¿Cómo te llamas?

17 —Luna —respondió entre sollozos.

18 —¿Eres la luz que tararea en lo alto del cielo? —le preguntó el gordito. Luna sollozó.

19 —Era esa luz, ¿pero dónde estoy? Quebrada, triste y perdida voy.

LECTURA ATENTA

Vocabulario en contexto

Algunas veces, puedes deducir el significado de una palabra desconocida leyendo las palabras que hay a su alrededor. Subraya las palabras en el texto que te ayuden a comprender el significado de **extrañar**.

20 Los pececitos y Luna levantaron sus ojos, pero solo vieron las profundas aguas. Los pececitos extrañaban la luz del cielo al anochecer, y los juegos bajo el claro de Luna.

21 Con voz triste suspiró Luna:

22 —Estoy triste; extraño mi casa. Pececitos, no sé qué pasa.

23 A los pececitos les dio lástima.

24 —¡Míranos! —le dijo el pequeñito, y comenzaron a hacer burbujas de formas maravillosas y chistosas para hacerla sonreír y reír.

25 —El mar está oscuro y frío, pero entre amigos río.

26 Los pececitos comenzaron a tararear y, poco a poco, Luna se unió a su canto y se fue arrullando hasta que se durmió.

LECTURA ATENTA

Comentar el propósito del autor

Subraya las palabras que la autora usa para describir el ambiente que rodea a Luna cuando se despierta.

27   Se despertó rodeada de colores y vio bosques de coral y algas marinas. Los peces dorados brillaban, los peces azules volaban y los caballitos de mar galopaban suavemente, mientras las estrellas marinas saludaban con sus brazos color lavanda.

28   —Sí —dijo el gordito—, nuestro mundo de agua también es hermoso.

29   —¡Aaaaaah! —dijo Luna asombrada al ver tantos remolinos y torbellinos de plata, y su ¡Aaaaaah! se elevó formando burbujas brillantes.

30   De repente, una sombra oscura y enorme, de ojos fríos como piedras, se acercó. Los pececitos salieron disparados, y Luna dejó de reír y rodó hasta una cueva cercana.

LECTURA ATENTA

Hacer conexiones

<mark>Resalta</mark> en estas dos páginas las palabras que recuerdan o cantan los personajes para hallar la solución al problema que tienen.

ocasión
oportunidad o momento justo para hacer o conseguir algo

ajeno que no es propio o es extraño

31 —Ya se fue, Luna —anunció el gordito—. Arriba o abajo, siempre hay peligro, pero sé que eres inteligente y valiente.

32 —¿Lo soy? —preguntó Luna, aunque sabía que lo era. Luego les contó que a su amigo el viento siempre le decía: "Busca en ti la solución, cuando llegue la ocasión".

33 —Luna —dijo el gordito—, busca la solución y te ayudaremos.

34 —Déjame pensar —dijo Luna. Pensó y pensó, mientras los pececitos tarareaban suavemente para ayudarla a pensar.

35 Luna se movía al vaivén de la música y los pececitos se movían también. Luna comenzó a tararear y a rodar, y aunque rodaba en un mar ajeno, comenzó a reponerse.

36 —¿En qué podemos ayudar? —preguntó el pequeñito.

37 Luna cantó: "Busca en ti la solución, cuando llegue la ocasión".

LECTURA ATENTA

Hacer conexiones

Resalta las palabras del texto que muestran cómo se oye la conversación que tienen los pececitos al buscar una solución. ¿Con quién conversas cuando tienes que pensar en la solución de un problema?

destellos ráfagas de luces que pasan rápidamente

38 Los pececitos pensaron y pensaron, y susurrando, *bsss, bsss, bsss, bsss,* supieron lo que tenían que hacer. Buscaron pedacitos brillantes de Luna entre las conchas y en las frías cuevas del mar. Con sus agallas plateadas, recogieron destellos y pedazos, y en un mar ajeno, Luna rodó y rodó hasta convertirse en luna llena. Luego pidió a sus amigos:

39 —Por favor, pececitos, alisen mis pedacitos.

40 Los pececitos nadaron alrededor de Luna, puliendo y alisando. Sus agallas de plata cepillaban para suavizarla y redondearla, mientras ella reía porque le hacían cosquillas.

41 Luna se miró y se dio cuenta de que solo necesitaba un poco de sus amigos para reponerse, y les preguntó amablemente:

42 —¿Parte de ustedes me darán? ¿Goma de plata serán?

LECTURA ATENTA

Comentar el propósito del autor

<u>Subraya</u> las palabras que usa la autora para describir el ambiente alrededor de Luna mientras se reponía.

43 Los pececitos se miraron, y luego pensaron y pensaron. Susurraron, *bsss, bsss, bsss, bsss*. Luna sonreía y tarareaba, y ellos se movían y bailaban. Luego supieron qué hacer. Sacudieron sus cuerpos para aflojar algunas escamas de plata, y con sus agallas pegaron la luna rodante.

44 A medida que la luna se reponía, las aguas a su alrededor brillaban y ella tarareaba radiante.

45 ¡Qué hermosa se veía redonda y entera otra vez! El mar profundo se bañó con su clara luz y mientras las olas se enroscaban formando un arco iris, los pececitos descansaban.

LECTURA ATENTA

Hacer conexiones

Resalta las palabras que dicen lo que sucede con Luna una vez que sus pedazos están unidos nuevamente. ¿Cómo te ayuda esto a comprender lo que sucede?

46 Luna les dijo:

47 —Por la goma de hoy, amigos, gracias les doy.

48 —Eres feliz, te ves como un globo —dijo el pequeñito, mirando cómo Luna comenzaba a flotar. Luna rio.

49 —Redonda y entera estoy, flotando a mi casa voy.

50 Los peces vieron cómo Luna flotaba despacio desde el fondo del mar y susurraron, *bsss, bsss, bsss, bsss,* y supieron lo que tenían que hacer. Agarrándose de las colas tejieron con sus cuerpos una red de plata a su alrededor y Luna les dijo:

51 —Me hacen cosquillas, pero los quiero invitar, conmigo en el cielo a nadar.

76

LECTURA ATENTA

Hacer conexiones

Resalta el texto que dice lo que sucede con las cosas del mundo una vez que Luna vuelve a su casa del cielo.

52   Despacio, pasaron nubes y pasaron estrellas. Cuando llegaron al cielo de la noche, Luna comenzó a tararear y el cielo de la noche comenzó a cambiar. La clara luz de Luna despertó las estrellas, y su amigo el viento sopló contento. Las flores levantaron sus pétalos, y los pájaros volaron muy alto. Luego cantaron una nota antes de acomodarse en sus nidos sobre árboles y techos.

53   Feliz en casa, Luna entonaba canciones de peces dorados, estrellas de mar, piedras de coral, algas marinas y de olas formando un arco iris.

LECTURA ATENTA

Comentar el propósito del autor

Subraya las palabras que la autora usa para describir los sentimientos de los personajes al final.

54 Los pececitos nadaban en el cielo inmenso de la noche, y la voz de Luna era más dulce que el olor de mil flores y más suave que el murmullo, *ssshhh, ssshhh, ssshhh,* de las olas de la madrugada.

55 Luna cantaba:

56 —El cielo es mi brillante mar. Amigos, quédense a nadar.

57 Y sus amigos se quedaron.

58 Mira hacia arriba. Alto muy alto, dormita el viento. Muy cerca, los pececitos nadan titilantes, mientras Luna sonríe radiante.

LECTURA ATENTA

Fluidez

Practica leer con fluidez apropiada. Lee en voz alta los párrafos 31 a 37 varias veces con un compañero. Lee el diálogo con expresión, o prosodia. Usa un tono de voz diferente para Luna y para el pececito gordito de manera que muestre sus puntos de vista.

VOCABULARIO

Desarrollar el vocabulario

Mi TURNO Escribe la palabra del recuadro que pertenezca a cada grupo.

| tarareaba | cerbatana | ocasión | ajeno | destellos |

1. canturreaba, arrullaba, _____

2. popote, tubito, _____

3. ráfagas de luces, resplandor, _____

4. extraño, pertenece a otra persona, _____

5. momento, oportunidad, _____

COMPRENSIÓN   TALLER DE LECTURA

Verificar la comprensión

Mi TURNO Vuelve a mirar el texto para responder a las preguntas. Escribe las respuestas.

1. ¿Cómo sabes que este texto es un mito?

2. Busca en el texto las palabras que la autora usa para imitar el sonido del cielo que asustó a Luna en el párrafo 2. ¿Cómo te ayuda a comprender mejor lo que sucede?

3. ¿En qué se parece este mito a otros cuentos que hayas leído? ¿En qué se diferencia?

LECTURA ATENTA

Comentar el propósito del autor

Los autores escriben por diferentes razones, o propósitos. Pueden escribir para entretener a los lectores o presentar información. Los autores usan la estructura del texto para hacer divertida la lectura. Por ejemplo, un autor puede empezar con un problema y esperar hasta el final para decir cómo terminó.

Mi TURNO Mira las notas de Lectura atenta. Subraya detalles que te ayudan a comentar el propósito de la autora. Luego, completa la tabla.

Párrafo	¿Qué subrayaste?	¿Cuál es el propósito de la autora?
1		
27		
54		

TALLER DE LECTURA

Hacer conexiones

Cuando lees, puedes hacer todo tipo de conexiones. Algunas conexiones que puedes hacer son:

Conexiones con experiencias personales

Conexiones con otros textos

Conexiones con la sociedad

Mi TURNO Mira las notas de Lectura atenta y resalta la evidencia del texto. Luego, completa la tabla. Por ejemplo, explica si hiciste alguna conexión con tu propia experiencia, con otros textos o con la sociedad.

Cuando leí	Hice conexiones con

RESPONDER AL TEXTO

Reflexionar y comentar

Escribir basándose en las fuentes

El mito *La noche que se cayó la luna* es un cuento sobre cómo se formó la Vía Láctea. Piensa en otros cuentos que hayas leído en la unidad. En una hoja de papel, escribe un párrafo sobre por qué las personas inventan cuentos para explicar cosas.

Enfocarse en una idea

Tu párrafo de opinión debería enfocarse en una idea principal, o central.

- Todas las oraciones deben relacionarse con la idea central.
- Desarrolla la idea con detalles específicos.

Comienza tu párrafo con una oración que enuncie tu idea principal. Usa detalles de los textos para apoyarla. Usa conectores, como **porque** y **también**, para unir las ideas.

Pregunta de la semana

¿Qué cuentos cuentan las personas para comprender el mundo?

VOCABULARIO — PUENTE ENTRE LECTURA Y ESCRITURA

Puedo usar el lenguaje para hacer conexiones entre la lectura y la escritura.

Mi meta de aprendizaje

Vocabulario académico

Los **sinónimos** tienen el mismo significado. **Grande** y **enorme** son sinónimos. Los **antónimos** tienen significados opuestos. **Oscuro** y **claro** son antónimos. A veces, puedes deducir el significado de una palabra buscando un sinónimo o un antónimo en el contexto.

MI TURNO Busca un sinónimo o un antónimo para cada palabra resaltada. Luego, explica qué significa la palabra.

Los peces se comunican con Luna. Los peces hablan con Luna.

Subraya un sinónimo. **Comunicar** significa _____.

Ayudar a Luna a volver a su casa es el propósito de los peces. Es una buena razón para hacerlo.

Subraya un sinónimo. **Propósito** significa _____.

Luna mantiene a sus amigos. No los cambia por otros.

Subraya un antónimo. **Mantener** significa _____.

El viento cree que Luna se ha perdido. No tiene ninguna duda.

Subraya un antónimo. **Creer** significa _____.

TÉCNICA DEL AUTOR

Leer como un escritor, escribir para un lector

Los autores organizan sus cuentos con una estructura. Incluyen un principio para empezar la acción y un final para terminarla.

Estructura de *La noche que se cayó la luna*	Lo que me cuenta
Principio: La luna se cae del cielo al mar.	Sé sobre quién es el cuento y cómo empieza la acción.
Final: Luna logra juntar sus pedazos con la ayuda de los peces y vuelve al cielo.	Sé cómo termina el cuento.

Mi TURNO Escribe una oración para empezar un cuento. Luego, escribe una oración para terminarlo.

ORTOGRAFÍA

PUENTE ENTRE LECTURA Y ESCRITURA

Escribir palabras con los diptongos ia, ie, io, iu, ua, ue, eu, au

Mi TURNO Completa las oraciones con las palabras de ortografía. Luego, escribe Mis palabras.

1. Una _____ es más grande que un pueblo.

2. Todos quieren al abuelo porque es muy _____.

3. El _____ rojo de Carlos es más grande que el verde.

4. Me gusta el _____ de Caperucita Roja.

5. Mis papás _____ que ir a la _____ a comprar cereal.

6. La _____ persigue a la cebra.

7. Cuando me enojo, hablo con tono _____.

8. Mi vecina es una _____ que tiene un gato muy _____.

Escribe Mis palabras y subraya el diptongo.

_____ _____

Palabras de ortografía

tienda
suave
hiena
tuvieron
anciana
ciudad
neutro
bueno
auto
cuento

Mis palabras

dio
quien

89

Verbos: El tiempo pasado y el tiempo futuro

Los **verbos** indican las acciones. Los **verbos en tiempo pasado** indican lo que ya sucedió. Los **verbos en tiempo futuro** indican lo que va a suceder más adelante. Los verbos cambian, o se conjugan, según el sujeto. Mira estos ejemplos.

Elena comió una pera. Yo pintaré mi cuarto.

Verbo	Pasado	Futuro
caminar	Ayer **caminé** de la casa a la escuela.	Mañana **caminaré** a la biblioteca.
comer	Mi hermano **comió** una manzana en el almuerzo.	Esta noche **comerá** una pera en la cena.
subir	Los niños **subieron** por las escaleras esta mañana.	Los niños **subirán** por el elevador mañana.

Mi TURNO Corrige este borrador tachando el verbo incorrecto. Escribe encima el verbo correcto ya sea en tiempo pasado o futuro. El primero está listo.

terminé
Yo ~~terminaré~~ la tarea la semana pasada. Ayer llamaré a mi papá por teléfono. Mi papá dijo que fue al museo mañana.

Él compró regalos para nosotros en la tienda del museo.

POESÍA

TALLER DE ESCRITURA

Puedo usar el lenguaje figurado y recursos sonoros para escribir poesía.

Mi meta de aprendizaje

Las imágenes literarias

Los poetas suelen usar palabras que ayudan al lector a imaginar cómo es algo. Las palabras crean una imagen en la mente del lector. Estas "palabras visuales" se llaman imágenes literarias.

> Una manzana roja rubí
> cuelga en lo alto de un árbol

¿Puedes imaginarte una manzana roja como una joya? ¿Está colgando de una rama alta de un árbol? Esa es una imagen literaria.

Mi TURNO Completa la siguiente tabla con dos poemas de la biblioteca de la clase.

Título del poema	Ejemplo de imagen literaria	Lo que me imagino

POESÍA

Los detalles sensoriales

Un poeta usa **detalles sensoriales**. Estos detalles describen lo que ves, saboreas, escuchas, hueles y tocas.

Vista: Una manzana roja rubí

Oído: y escuché algo bien crocante

Gusto: Esa jugosa manzana roja / hizo dulce mi almuerzo.

Olfato: dulce pan de canela al horno

Tacto: dando vueltas sobre la dura almohada

Mi TURNO Planifica los detalles sensoriales de tu poema. Algunos sentidos pueden incluir más detalles.

Tema:
Vista:
Oído:
Gusto:
Olfato:
Tacto:

TALLER DE ESCRITURA

La selección de palabras

Los poetas escogen cuidadosamente sus palabras. Escogen palabras coloridas, que suenan bien juntas. Escogen palabras que ayudan a los lectores a ver sus ideas.

> **El gato**
>
> El gatito negro

> **Dormía en un tapete.**
>
> Descansaba plácidamente en un tapete.

Mi TURNO Agrega o cambia palabras para mejorar esta oración. Escoge palabras que sean más interesantes para ayudar a los lectores a ver mejor la idea.

Una flor crecía en un terreno.

Mi TURNO Usa palabras interesantes para escribir tu poema.

PRESENTACIÓN DE LA SEMANA:
INFOGRAFÍA

Contar un cuento

El cuento de Cenicienta ya tiene cientos de años. Ha sido contado en diferentes países alrededor del mundo. Pero la historia no siempre es la misma.

En algunos cuentos, un hada madrina ayuda a Cenicienta. En otros, la ayuda un pájaro blanco de un árbol de los deseos.

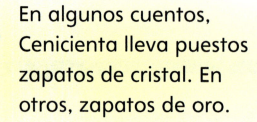

En algunos cuentos, Cenicienta lleva puestos zapatos de cristal. En otros, zapatos de oro.

En algunos cuentos, una calabaza se transforma en un carruaje y un ratón se transforma en cochero para llevarla al baile. Sin embargo, muchos cuentos no explican de qué manera llega al baile Cenicienta.

94

En algunos cuentos, Cenicienta debe abandonar el baile antes de la medianoche. En otros, ¡ella se marcha del baile solo porque está cansada!

SEMANA 3

Pregunta de la semana

¿Cómo se puede contar un cuento tradicional de diferentes maneras?

INTERCAMBIAR ideas

Cuenta el cuento de Cenicienta a un compañero. Primero, dibuja tu cuento. Dibuja el principio, dos sucesos importantes del medio y el final. Después, usa tus dibujos para contar el cuento. Usa detalles descriptivos para decir cómo lucía Cenicienta y cómo llegó al baile. Habla con claridad y con oraciones completas. Luego, comenta las similitudes y diferencias entre los cuentos de ambos.

FONÉTICA

Los prefijos co-, con-, com-, extra-

Los **prefijos** son partes de palabras que van delante de otras palabras. Tienen su propio significado. Al unirse a otras palabras, modifican el significado de la palabra base.

co-, con-, com-	extra-
significa unión o colaboración	significa fuera de o muy

co- + laborar = colaborar = trabajar con otras personas

con- + formar = conformar = unir varias cosas

com- + unidad = comunidad = grupo que tiene un bien en común

extra- + terrestre = extraterrestre = fuera de la Tierra

extra- + plano = extraplano = muy plano

Mi TURNO Lee, o decodifica, las siguientes palabras con prefijos. Encierra en un círculo el prefijo. Subraya la palabra base.

co-	con-	com-	extra-
cooperar	consentir	composición	extraliviano

INTERCAMBIAR ideas Con un compañero, vuelve a leer las palabras. Túrnate para usar las palabras en oraciones.

DESTREZAS FUNDAMENTALES

Los prefijos co-, con-, com-, extra-

Los prefijos **co-**, **con-**, **com-** y **extra-** se agregan al inicio de una palabra base para formar palabras nuevas.

Mi TURNO Lee las siguientes oraciones. Busca las palabras en **negrita** y encierra en un círculo el prefijo. Luego, encierra en un círculo el significado correcto.

1. Los niños **colaboraron** pintando el mural de la escuela.
   Colaboraron significa:
   a. trabajaron solos   b. trabajaron juntos

2. La gente se **concentró** en la plaza después del terremoto.
   Concentró significa:
   a. reunió   b. fue

3. Muchos niños **comparten** su almuerzo en la escuela.
   Comparten significa:
   a. reparten entre varios
   b. guardan

4. Mi lápiz tiene una punta **extraordinaria**.
   Extraordinaria significa:
   a. normal
   b. muy buena

Cuando veas una palabra desconocida, fíjate si tiene un prefijo o una palabra base que conoces.

Mis palabras

MI TURNO Lee las siguientes palabras de uso frecuente. Luego, lee las oraciones. Escribe las palabras que faltan. Una manera de escribir estas palabras es usando letra cursiva. Al escribir con letra cursiva, asegúrate de usar trazos que conecten las letras.

| aquella | cooperar | compuesto |

Para trabajar en equipo debemos _____ .

_____ manzana está madura.

Un cuento está _____ de personajes, ambiente y sucesos.

INTERCAMBIAR ideas Lee estas oraciones en voz alta con un compañero. Identifica las palabras de uso frecuente. Luego, escribe tus propias oraciones. Identifica y lee las palabras en lo que escribió tu compañero.

Aquella niña es mi hermana.
Todos tenemos que cooperar para hacer la fiesta escolar.
Un árbol está compuesto de raíces, tronco y hojas.

Palabras de uso frecuente: _____

DESTREZAS FUNDAMENTALES

¡Extraordinario!

Juan quiere escribir un cuento para el concurso de cuentos. Su hermana siempre tiene buenas ideas.

—Sofía, ¿quieres cooperar conmigo para escribir el cuento? —pregunta Juan—. Si el cuento es bueno y gana, podemos compartir el premio. Aquella niña, María, va a concursar también.

—Estoy segura de que su cuento será genial —dice Sofía—. Pero sé que si trabajamos juntos, ¡nuestro cuento será extraordinario!

1. ¿En qué tipo de concurso quiere participar Juan?

2. ¿Qué le propone Juan a Sofía?

3. ¿Por qué Sofía está segura de que Juan y ella ganarán?

4. Busca y escribe las palabras que contienen prefijos.

GÉNERO: CUENTOS TRADICIONALES

Mi meta de aprendizaje Puedo leer cuentos folclóricos y compararlos con otras versiones del mismo cuento.

Enfoque en el género

Cuentos tradicionales: Cuentos folclóricos

Los **cuentos folclóricos** son cuentos tradicionales, o muy conocidos, que las personas cuentan una y otra vez. Un cuento folclórico:

- tal vez se contó durante mucho tiempo antes de ser escrito.
- tiene un problema que solucionar.
- tiene personajes que son muy buenos o muy malos.
- podría tener variaciones, o **versiones**.

Establecer un propósito de lectura Cuando lees distintas versiones del mismo cuento puedes compararlas.

INTERCAMBIAR ideas El cuento de Cenicienta es un cuento folclórico. También se llama cuento de hadas porque en él suceden cosas mágicas. Comenta lo que sabes sobre este cuento. Mira los dibujos de *La Cenicienta interestelar* y *Cendrillon*. ¿En qué se parecen estos cuentos al cuento tradicional de Cenicienta? ¿En qué se diferencian?

TALLER DE LECTURA

Cartel de referencia: Cuento folclórico

Estos cuentos

- primero los contaron oralmente y después los escribieron
- tienen problemas para solucionar
- tienen personajes buenos y personajes malos

Cuentos folclóricos
- contados por diferentes personas
- con el tiempo se transformaron en diferentes versiones del mismo cuento folclórico
- contados en diferentes lugares

La Cenicienta interestelar

Primer vistazo al vocabulario

Busca estas palabras cuando leas *La Cenicienta interestelar*.

| varados | mecánico |

Primera lectura

Lee para alcanzar el propósito que estableciste.

Mira las ilustraciones para comprender mejor el texto.

Hazte preguntas sobre las partes confusas.

Habla sobre el texto con un compañero.

Conoce a la autora

Deborah Underwood quería ser astrónoma de adulta, pero terminó siendo cantante y escritora. Ha trabajado muy duro para escribir mejores cuentos que el primero que escribió. También escribe textos informativos y canta en un coro.

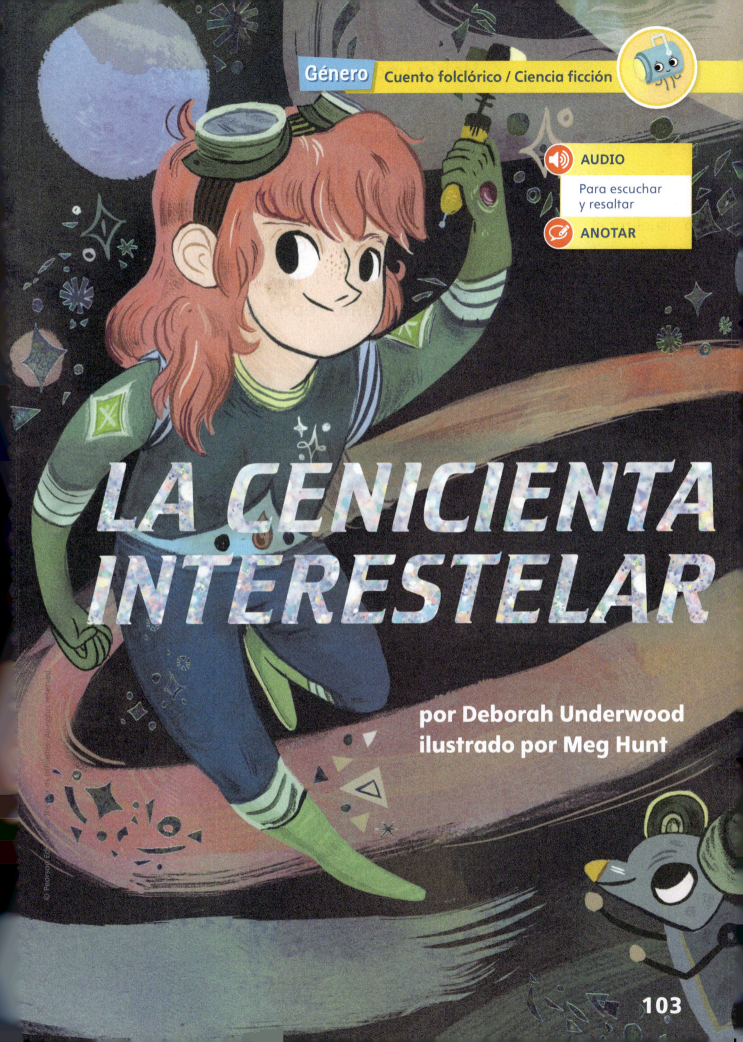

LECTURA ATENTA

Visualizar los detalles

Resalta las palabras que te ayudan a visualizar el lugar donde vive Cenicienta.

1   Había una vez en un planetoide, entre herramientas y engranajes, una niña llamada Cenicienta que soñaba con arreglar cohetes.

2   Reparaba los lavavajillas y barredores robot que le encargaban, pero tarde, por la noche, se escabullía a estudiar cómo reparar naves.

3   Un día, sus malvadas hermanastras llegaron entusiasmadas y elegantes.

4   —¡El Desfile Espacial Real del príncipe! ¡Nuestra familia está invitada!

5   —Ojalá pudieras venir, querida. ¡Pero no hay lugar! Aunque…, ¿por qué no reparas esa vieja nave y la haces volar hasta el espectáculo?

LECTURA ATENTA

varados detenidos y sin manera de irse a ningún lugar

6 —¡Mis herramientas! —exclamó—. Creo que nos quedamos aquí varados. Pero el ratón Murgatroyd envió un mensaje cósmico pidiendo ayuda.

7 —Aquí estoy, ¡tu hada madrina robot! Te daré nuevas herramientas. También necesitas un traje espacial por supuesto: ¡azul atómico con joyas! Esta gema mágica impulsará tu nave por todo el cielo estrellado. Pero solo dura hasta la medianoche. Después de esa hora tu nave no volará más.

8 —¡Oh, gracias! —dijo Cenicienta. Rápidamente reparó el cohete, luego guardó la llave inglesa sónica en el bolsillo de su traje espacial.

LECTURA ATENTA

Visualizar los detalles

Resalta las palabras que te ayudan a imaginar cómo volará la nave de Cenicienta.

9 Pasó zumbando entre estrellas y nebulosas, y se estacionó detrás de la luna. ¡El desfile espacial era glorioso! Todas las naves espaciales se lucían.

10 Finalmente, se acercó la nave real. Su corazón estaba lleno de anhelos. ¡Cenicienta vio la nave de sus sueños! ¡Pero, cielos, algo se estaba quemando!

11 La nave del príncipe se sacudía y zumbaba, dejando una nube de polvo. El príncipe salió de un salto.

12 —¡Oh, rayos! ¿Qué voy a hacer ahora? ¡Mi mecánico se fue!

13 Pero la Cenicienta interestelar sabía exactamente qué hacer. Hizo algunos movimientos rápidos con su llave inglesa ¡y la nave quedó como nueva!

14 El príncipe la invitó a bordo. ¿Última parada? ¡El salón galáctico!

15 —Espero que me acompañes al baile de gravedad cero —le dijo.

LECTURA ATENTA

Comparar y contrastar cuentos

Subraya dos detalles que sean iguales en el cuento tradicional de Cenicienta.

mecánico persona que trabaja reparando cosas

LECTURA ATENTA

Vocabulario en contexto

<u>Subraya</u> las palabras cercanas a **cosmos** que te ayudan a comprender su significado.

16   Hablaron durante horas sobre cohetes. El tiempo pasó zumbando. Luego, Cenicienta miró el reloj y dijo:

17   —¡Tengo que volar!

18   —¡Espera! —la llamó el príncipe—. Por favor, dime cómo encontrarte.

19   La joven ya no estaba, pero había dejado su llave inglesa.

20   El príncipe envió una señal a los límites más lejanos del espacio.

21   —Voy a buscarla por todo el cosmos. ¡Me hubiera gustado ver su rostro!

22 —¡La nave del príncipe! —gritó Grisilla. Su hermana chilló asustada.

23 —¡El príncipe no querrá casarse con ninguna de nosotras si Cenicienta está aquí!

24 Su madrastra dijo:

25 —No se preocupen. ¡No la podrá encontrar! La encerré en el ático junto con ese ratón robot inservible.

LECTURA ATENTA

Vocabulario en contexto

Subraya una palabra con un significado similar a **astronave**. ¿Qué dos palabras forman la palabra compuesta **astronave**?

26 La puerta de carga del príncipe mostraba una parte rota de la astronave.

27 —La joven que estoy buscando puede reparar naves. ¿Quién quiere comenzar?

28 El príncipe le dio la llave inglesa sónica a una y luego a la otra. Ay, ninguna pudo reparar la astronave (y tampoco su madre).

29   Cenicienta luchaba, pero la cuerda espacial estaba muy apretada. De pronto, los dientes robóticos de Murgatroyd cortaron la cuerda de un mordisco.

LECTURA ATENTA

Comparar y contrastar cuentos

<u>Subraya</u> un detalle que sea igual al cuento más conocido de Cenicienta. Luego, <u>subraya</u> un detalle que sea diferente.

30 —¡La nave! ¡Se está yendo! Un momento, ¿qué es esto?

31 Rápidamente reparó una mochila cohete llena de polvo, se la colocó y voló por el aire. Aterrizó junto al príncipe.

32 —Esa llave es mía —dijo. Enseguida reparó la nave averiada. Entonces, el príncipe le dijo:

33 —¡Sé mi esposa!

34 Cenicienta lo pensó cuidadosamente Su familia observaba con mucho miedo.

35 —Soy muy joven para casarme, ¡pero puedo ser tu mecánica!

36 Entre la flota de naves brillantes, y nuevos y viejos amigos, la feliz Cenicienta gritó:

37 —¡Estrellas mías! ¡Los sueños se hacen realidad!

Cendrillon: Una Cenicienta isleña

Primer vistazo al vocabulario

Busca estas palabras cuando leas *Cendrillon: Una Cenicienta isleña*.

| floración | costosos | perdonó |

Primera lectura

Lee para comparar y contrastar esta versión del cuento de Cenicienta con *La Cenicienta interestelar*.

Mira las ilustraciones para comprender mejor el texto.

Hazte preguntas sobre los personajes como **quién** y **dónde**.

Habla para replantear o sintetizar el texto.

Conoce a la autora

Tracey Baptiste creció en Trinidad, una isla del Caribe. Ella recopila versiones de "Cenicienta Cendrillon". Su novela *The Jumbies* está basada en un cuento folclórico de Haití. En ese cuento, una niña muy valiente llamada Corrine salva su isla natal de unas criaturas terroríficas llamadas *jumbies*.

Género Cuento folclórico

Cendrillon: Una Cenicienta isleña

**por Tracey Baptiste
ilustrado por Sophie Diao**

LECTURA ATENTA

Visualizar los detalles

Resalta las palabras que te ayudan a formar una imagen mental sobre el lugar donde vive Cendrillon.

floración cuando las flores de las plantas se abren o florecen

1   Una dulce brisa sopló sobre la pequeña isla. Pasó entre las palmeras y acarició los campos de arroz. Luego, se posó suavemente sobre una niña que regaba su naranjo. La floración del naranjo hacía que el aire tuviera un olor dulce. La niña se llamaba Cendrillon. Su mamá había plantado ese naranjo antes de enfermarse. Ahora, su mamá ya no estaba.

2   Cendrillon se sentía sola sin su mamá.

3   "Tengo que encontrar una nueva madre para mi niña", pensó su padre. Ese mismo día, más tarde, navegó hasta una isla cercana.

4   Unas pocas semanas después, su papá volvió junto a una hermosa mujer y sus dos hijas.

5   —Esta es tu nueva familia —le dijo a Cendrillon.

6   Al comienzo, la nueva familia de Cendrillon era amable con ella. Luego, la vida de Cendrillon cambió. Hubo un naufragio y su papá nunca regresó. La madrastra de Cendrillon se volvió fría y cruel. La envió a la cocina. La hacía fregar y barrer el piso. Cendrillon fregaba y barría hasta lastimarse los dedos.

7 Un día, llegó una carta muy elegante. Cendrillon la recogió, pero su madrastra se la arrebató de las manos y la leyó.

8 —¡El hijo del alcalde elegirá a su esposa! ¡Todas las jóvenes están invitadas al baile!

9 Durante días la madrastra y las hermanastras de Cendrillon salieron a comprar vestidos costosos para el baile. Cendrillon tenía que fregar, lavar, coser y barrer.

LECTURA ATENTA

Comparar y contrastar cuentos

Compara y contrasta este cuento con *La Cenicienta interestelar*. Subraya el detalle que es diferente en cada uno de los cuentos. Luego, subraya el detalle que es casi igual.

costosos que cuestan mucho dinero

LECTURA ATENTA

Visualizar los detalles

Resalta las palabras que te ayudan a crear una imagen mental sobre cómo trataban las hermanastras a Cendrillon.

10 La noche del baile, Cendrillon tenía muchas ganas de ir, pero sus hermanastras rasgaron su sencillo vestido y se fueron sin ella. Cendrillon se sentó a llorar bajo el naranjo.

11 Entonces, una dulce brisa hizo que cayeran las flores del naranjo sobre su cabello y la cubrió completamente de hojas, ¡creando un hermoso vestido nuevo!

12 —¡Vete al baile! —susurró la brisa.

13 Cuando Cendrillon llegó al baile, el hijo del alcalde solo tenía ojos para ella. Bailaron toda la noche al son de guitarras y tambores. A la medianoche las hojas y las flores comenzaron a secarse y caerse. Cendrillon corrió a su casa.

14 La madrastra de Cendrillon descubrió el caminito que dejaron las hojas del vestido.

15 —¡Tú estabas en el baile! —gritó.

16 Las llamadas a la puerta del frente la callaron. ¡Era el hijo del alcalde! Una de las hermanastras empujó a Cendrillon por la puerta trasera y cerró con llave, dejándola afuera.

17 —Busco a la joven del vestido de hojas —dijo el hijo del alcalde. Inmediatamente, vio el caminito de hojas. Lo siguió hasta la puerta trasera.

18 Allí estaba Cendrillon. El hijo del alcalde la reconoció enseguida. La tomó de la mano.

19 —¿Te casarías conmigo? —le preguntó.

20 Poco después, hubo una gran boda. Cendrillon se fue a vivir con su esposo a una casa muy grande. Perdonó a su madrastra y a sus hermanastras porque ella era una persona dulce y amable.

21 Y desde entonces, todos vivieron felices por siempre, animados por una dulce brisa que olía a flores de naranjo.

LECTURA ATENTA

Comparar y contrastar cuentos

Subraya un detalle clave que sea casi igual en *La Cenicienta interestelar* y este cuento. Luego, subraya un detalle clave que sea diferente.

perdonó dejó de estar enojado con alguien por algo que hizo

VOCABULARIO

Desarrollar el vocabulario

Mi TURNO Completa cada espacio en blanco. Encierra en un círculo las claves del contexto que te ayudaron a decidir qué palabra usar.

| varados | mecánico | floración | costosa | perdonado |

1. Los cerezos están en plena _____ o cubiertos de flores.

2. Cuando el carro se averió, todos los integrantes de la familia quedaron _____ y no podían volver a su casa.

3. No puedo comprar esa camisa tan _____. Cuesta más dinero que el que traigo conmigo.

4. Nuestro carro perdió mucho aceite. Llamamos a un _____ para que lo repare.

5. Ella hirió mis sentimientos, pero la he _____ y trato de olvidar lo que hizo.

COMPRENSIÓN   TALLER DE LECTURA

Verificar la comprensión

Mi TURNO Vuelve a leer el texto para responder a las preguntas. Escribe las respuestas.

1. ¿Qué partes, o características, del cuento de Cenicienta lo hacen un típico cuento de hadas folclórico?

2. ¿Por qué crees que las autoras quieren recontar el cuento de Cenicienta de una manera distinta?

3. ¿En qué sentido los personajes principales de estos cuentos son iguales a la Cenicienta de otras versiones de este cuento que conoces?

LECTURA ATENTA

Comparar y contrastar cuentos

Cuando **comparas** cosas, dices en qué se parecen.
Cuando **contrastas** cosas, dices en qué se diferencian.

Mi TURNO Mira las notas de Lectura atenta. Subraya los detalles que te ayudan a comparar y contrastar los cuentos. Usa lo que subrayaste para completar la tabla.

Cuento	En qué se parece a otros cuentos de Cenicienta	En qué se diferencia de otros cuentos de Cenicienta
La Cenicienta interestelar	Como en el cuento tradicional de Cenicienta:	A diferencia del cuento tradicional de Cenicienta:
Cendrillon: Una Cenicienta isleña	Como en *La Cenicienta interestelar*:	A diferencia de *La Cenicienta interestelar*:

TALLER DE LECTURA

Visualizar los detalles

Cuando visualizas detalles de un cuento, creas imágenes mentales. Esto significa que imaginas en tu mente los personajes del cuento, el ambiente y los sucesos. Visualizar los detalles te ayuda a tener una comprensión más profunda del texto.

Mi TURNO Vuelve a las notas de Lectura atenta. Resalta los detalles que te ayudaron a crear imágenes mentales de *La Cenicienta interestelar* y *Cendrillon: Una Cenicienta isleña*. Escoge un detalle que hayas resaltado. Cierra los ojos y crea una imagen en tu mente. Luego, dibuja la imagen.

El detalle que visualicé:

_____

_____

_____

_____

Responder al texto

Reflexionar y comentar

En tus palabras

Esta semana leíste dos versiones del conocido cuento de Cenicienta. Probablemente, hayas leído, escuchado o visto otras versiones de este cuento. Habla sobre las versiones que más te gustaron. Usa evidencia del texto para apoyar tu respuesta.

Mantenerse en el tema

Es importante compartir información e ideas relacionadas con el tema que se comenta.

- Sólo realiza comentarios sobre el tema.
- Si la conversación se desvía, busca la forma de volver al tema.

Usa estos comienzos de oración para ayudar a los demás a mantenerse en el tema.

> Me gustaría que siguiéramos hablando de...
> Es muy interesante, pero volvamos a...

Pregunta de la semana

¿Cómo se puede contar un cuento tradicional de diferentes maneras?

VOCABULARIO

PUENTE ENTRE LECTURA Y ESCRITURA

Puedo usar el lenguaje para hacer conexiones entre la lectura y la escritura.

Mi meta de aprendizaje

Vocabulario académico

Las **claves del contexto** son palabras que nos dan pistas sobre el significado de otras palabras. Puedes determinar el significado de una palabra desconocida buscando pistas en las palabras y las oraciones cercanas.

Mi TURNO Encierra en un círculo las claves del contexto que te ayudan a comprender las frases o palabras que están en **negrita**. Luego, determina el significado de la palabra y completa los espacios en blanco.

1. La niña estaba decidida a romper el juguete. Lo hizo **a propósito**.
   En esta oración, **a propósito** significa _____.

2. Conservar una casa vieja no es fácil. **Mantenerla** es muy costoso.
   En esta oración **mantenerla** significa _____.

3. Mario miró a Leo con **incredulidad**. No creía en él.
   En esta oración, **incredulidad** es lo opuesto a _____.

TÉCNICA DEL AUTOR

Leer como un escritor, escribir para un lector

Los autores escogen las palabras con mucho cuidado para contar los sucesos de sus cuentos.

Texto de *Cendrillon: Una Cenicienta isleña*	Lo que muestra esta elección de palabras
"Al comienzo, la nueva familia de Cendrillon era amable con ella. Luego, la vida de Cendrillon cambió. Hubo un naufragio y su papá nunca regresó. La madrastra de Cendrillon se volvió fría y cruel".	La madrastra de Cendrillon comenzó a tratarla diferente. Estas palabras presentan los sucesos que siguen.

Mi TURNO Imagina que estás escribiendo un cuento sobre Cenicienta. Comienza con esta oración y escribe dos más. Escoge las palabras que te ayuden a desarrollar los sucesos del cuento.

Las hermanastras de Cenicienta se estaban preparando para el baile.

ORTOGRAFÍA

PUENTE ENTRE LECTURA Y ESCRITURA

Escribir palabras con los prefijos co-, con-, com-, extra-

Para escribir palabras con prefijos, primero escribe el prefijo y luego piensa en cómo se escribe la palabra base. Por ejemplo: **co** + **piloto** forma la palabra **copiloto**.

Mi TURNO Clasifica las palabras de ortografía según el prefijo que tienen: **co-, con-, com-, extra-**.

co-

extra-

com-

con-

Palabras de ortografía

colaborar
compatriota
coautor
copiloto
extraescolar
extrafino
compartir
condominio
extraterrestre
extraplano

Mis palabras

extraordinario
cooperar

Escribe una de Mis palabras para contestar cada pista.

muy bueno _____

trabajar en grupo _____

Lenguaje y Normas

Los verbos irregulares

Los **verbos irregulares** son verbos que cambian su forma al usarlos en presente, pasado o futuro. El cambio puede suceder en la base del verbo, como en **decir-digo**, o en su terminación, como en **tener-tengo**.

Los verbos **ser** y **estar** también son irregulares. El verbo **ser** describe cómo es una persona, animal o cosa. El verbo **estar** dice dónde está o cómo se siente algo.

Ser		Estar		Decir	
Presente	Pasado	Presente	Pasado	Presente	Pasado
soy	fui	estoy	estuve	digo	dije
eres	fuiste	estás	estuviste	dices	dijiste
es	fue	está	estuvo	dice	dijo
somos	fuimos	estamos	estuvimos	decimos	dijimos
son	fueron	están	estuvieron	dicen	dijeron

Mi TURNO Corrige este borrador tachando el verbo incorrecto. Escribe encima el verbo correcto.

Yo soy muy contenta de verte. Berta deció que tal vez no vendrías. Bajo el árbol es tu regalo. Yo siempre diso que no hay que perder las esperanzas. El domingo estoy todo el día buscando un regalo perfecto para ti.

POESÍA   **TALLER DE ESCRITURA**

Puedo usar el lenguaje figurado y recursos sonoros para escribir poesía.

Mi meta de aprendizaje

El símil

Un poeta puede usar **símiles** para crear imágenes literarias o estimular la imaginación. Un **símil** compara dos cosas usando las palabras **como** o **tan… como**.

Come como un pajarito.

Estoy tan hambriento como un oso.

Mi TURNO Cambia la palabra o palabras subrayadas de cada oración por un símil. Escribe una nueva oración.

1. Mi mochila de libros pesa <u>mucho</u>.

_____

_____

2. Dormí <u>bien</u>.

_____

_____

Mi TURNO Incluye símiles mientras escribes tus poemas.

POESÍA

La aliteración

Los poetas a veces escogen palabras que tienen los mismos sonidos iniciales. Este patrón sonoro se llama **aliteración**. Los poetas usan la aliteración para hacer que sus poemas suenen agradablemente. Algunos ejemplos son estos versos de los poetas Rubén Darío y José Martí:

Ya se oyen los claros clarines.

Franco, fiero, fiel, sin saña.

Mi TURNO Piensa en maneras de usar la aliteración en tus poemas. Escribe tres frases que podrías usar.

Tema del poema	
Frase	
Frase	
Frase	

Mi TURNO Incluye aliteraciones cuando escribas tus poemas.

TALLER DE ESCRITURA

Grabación de audio

El sonido de un poema es tan importante como su significado. Los poetas se aseguran de que sus poemas suenen bien cuando se leen en voz alta.

Mi TURNO Realiza una grabación de tu poema. Luego, escúchalo prestando atención a los sonidos. Busca formas para que tu poema suene mejor.

1. Cuando escuché mi poema,

2. Para hacer que mi poema suene mejor, podría

PRESENTACIÓN DE LA SEMANA: INFOGRAFÍA | POEMA

Los tarahumaras

El pueblo tarahumara, o *rarámuri*, es un pueblo indígena nativo del noroeste de México, en el estado de Chihuahua. Su nombre se traduce al español como "los de pies ligeros". Pueden correr grandes distancias sin cansarse.

Escucho, escucho

por Pat Mora

Escucho el ritmo de los Tarahumaras,
pam, pam.
Escucho sus azadones en los campos de maíz,
pam, pam.
Los escucho amasando tortillas,
pam, pam.
Los escucho pastoreando sus cabras,
pam, pam.
Escucho sus pies descalzos en la tierra,
pam, pam.
Los escucho correr,
pam, pam.
Escucho el redoble
   de sus tambores,
pam, pam,
pam, pam,
pam, pam.

Pregunta de la semana

¿Qué forma parte de una tradición indígena?

El *rarajípari* es un juego que consiste en patear y perseguir una pelota hasta 200 km (124 millas) por casi dos días.

Escritura breve Lee la infografía y el poema. Identifica algunas de las tradiciones de los tarahumaras. ¿Cómo se reflejan esas tradiciones en el poema? ¿Qué incluirías en un poema sobre las tradiciones de tu familia?

La *rowena* es el juego que practican las mujeres. En vez de una pelota, usan un par de aros.

El tambor tarahumara se llama *kampore*. Acompaña casi todas sus actividades, como el nacimiento de un bebé, la cosecha y las fiestas.

FONÉTICA

Los sufijos -ado, -ada, -ido, -ida

Los **sufijos** son partes de palabras que se agregan al final de una palabra base. Los sufijos **-ado**, **-ada**, **-ido**, **-ida** forman adjetivos y sustantivos a partir de verbos.

-ado	-ada	-ido	-ida
pesado	mirada	crujido	dormida

pesar + -ado = pesado = adjetivo, algo que pesa mucho

mirar + -ada = mirada = sustantivo, acción de ver

crujir + -ido = crujido = sustantivo, un sonido particular

dormir + -ida = dormida = adjetivo, sin despertar

Mi TURNO Lee, o decodifica, las siguientes palabras con sufijos. Encierra en un círculo el sufijo. Subraya la palabra base.

-ado	-ada	-ido	-ida
pintado	salada	estallido	florida

INTERCAMBIAR ideas Con un compañero, vuelve a leer las palabras. Elige dos palabras y úsalas en oraciones. Comenta tus oraciones con tu compañero.

DESTREZAS FUNDAMENTALES

Los sufijos -ado, -ada, -ido, -ida

Mi TURNO Lee las siguientes palabras. Encierra en un (círculo) el sufijo de cada palabra. Luego, completa las oraciones con ellas.

| abandonado | rodeada | aullido | divertida |

1. La escuela está _____ de árboles de limón floridos.

2. Estás muy concentrado. La película debe ser muy _____.

3. Encontré dormido a un gatito _____ en la calle.

4. El _____ del perro me tuvo desvelado toda la noche.

Mi TURNO Subraya en las oraciones otras palabras que tienen los sufijos **-ado, -ada, -ido** o **-ida**. Lee las palabras.

PALABRAS DE USO FRECUENTE | TEXTO DE FONÉTICA

Mis palabras

Mi TURNO Lee las palabras de uso frecuente del recuadro. Luego, identifícalas y <u>subráyalas</u> en las oraciones.

| hubo | roto | ido |

Hubo un día en que Lin fue a la biblioteca. Alquiló un libro y luego vio que estaba roto. Quiso devolverlo, pero la bibliotecaria ya se había ido.

INTERCAMBIAR ideas Lee las siguientes oraciones con un compañero. Responde a las preguntas.

1. ¿**Hubo** alguna vez mascotas en tu familia?

2. ¿Alguna vez reparaste algo que estaba **roto**?

3. ¿Cómo te ha **ido** en la escuela este año?

Leer las palabras de uso frecuente con tu compañero te ayudará a aprenderlas.

DESTREZAS FUNDAMENTALES

El cuento

—¿Por qué es tan torcida y colorada esa flor? —preguntó un niño intrigado a la maestra cuentacuentos.

—Ah, es importante saberlo. Te contaré un cuento. Busca a los otros niños. Pídeles que nos acompañen.

La cuentacuentos se quedó sentada sobre un tronco cortado. Los niños se acomodaron sentados frente a ella.

Cuando terminó el cuento, todos habían comprendido por qué la flor era tan colorada.

1. ¿Por qué cuenta un cuento la cuentacuentos?

2. ¿Qué comprenden los niños?

3. Escribe cuatro palabras del cuento. Escribe una con cada sufijo: **-ado**, **-ada**, **-ida**, **-ido.**

GÉNERO: TEXTO INFORMATIVO

Mi meta de aprendizaje

Puedo aprender más sobre las tradiciones leyendo sobre la vida de los indígenas de América del Norte.

Texto informativo

El texto informativo presenta información sobre personas, cosas o sucesos reales. El texto informativo es distinto de otros tipos de texto.

- Los encabezados organizan la información.
- Las fotos muestran lo que estás leyendo.
- El texto suele estar escrito en presente.

INTERCAMBIAR ideas Trabaja con un compañero. Piensa en los cuentos tradicionales que has leído hasta ahora en esta unidad. Compáralos con un texto informativo. ¿En qué se parecen los dos géneros? ¿En qué se diferencian? Escribe tus ideas en las siguientes líneas.

TALLER DE LECTURA

Cartel de referencia: Texto informativo

Encabezados

- Son como títulos que describen la próxima parte de un texto.
- Suelen tener pocas palabras.
- Dividen el texto en secciones.
- Suelen tener las letras en negrita.
- Hacen que sea más fácil encontrar la información.

Los abenaki

Primer vistazo al vocabulario

Busca estas palabras cuando leas *Los abenaki*.

| naturales | sociedad | tradiciones | curar | respetar |

Primera lectura

Lee para aprender sobre los abenaki.

Mira las ilustraciones para entender mejor el texto.

Hazte preguntas para aclarar información.

Habla sobre el mensaje del autor.

Conoce al autor

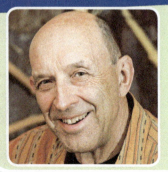

Joseph Bruchac ha escrito muchos libros infantiles sobre los indígenas de América del Norte. Es cuentista y músico cuentacuentos. Canta canciones en inglés y en la lengua de los abenaki.

Género Texto informativo

LOS ABENAKI

por Joseph Bruchac
ilustrado por Len Ebert

LECTURA ATENTA

Comentar el propósito del autor

Subraya las palabras que usa el autor para decir cuál es el tema de esta sección.

¿Quiénes son los abenaki?

1   Los abenaki son un grupo de indígenas de América del Norte. Su tierra natal es el noreste. Los indígenas fueron los primeros habitantes de América del Norte. Vivieron allí durante miles de años antes de que llegaran personas de Europa. Los abenaki vivían en el oeste de Nueva Inglaterra. Muchos de ellos siguen viviendo allí. Algunos viven en partes de Quebec, Canadá.

2   Abenaki significa "lugar del amanecer". El amanecer es el momento del día en el que sale el sol. El sol sale por el este, y las tierras natales de los abenaki están en el este. Su nombre significa los que viven en el este, por donde sale el sol. Los abenaki hablan su propio idioma, llamado algonquino.

OCÉANO ATLÁNTICO

¿Cómo vivían los abenaki en el pasado?

3   En el pasado, los abenaki vivían en pequeñas comunidades. Sus casas se llamaban *wigwams*. *Wigwam* significa "casa". Un *wigwam* estaba hecho de palos delgados de madera doblados. Los abenaki cubrían los palos con corteza de abedul. La corteza de abedul era una cubierta resistente. No dejaba entrar el viento ni la lluvia. Había muchos *wigwams* en las aldeas de los abenaki. Las puertas miraban al este, hacia el amanecer.

4   Los abenaki eran cazadores, pescadores y agricultores. Sobrevivían con los recursos naturales que estaban cerca de sus hogares. Pescaban en el océano, en ríos y lagos. Cazaban en los densos bosques. Plantaban cultivos como maíz, frijoles y zapallo. Además, hacían su ropa con piel de ciervo y de otros animales.

LECTURA ATENTA

Vocabulario en contexto

A veces puedes descubrir el significado de una palabra que no conoces buscando ejemplos en las palabras que la rodean. Subraya ejemplos de **cultivos** que te ayuden a entender qué es un cultivo.

naturales producidos por la naturaleza, no por las personas

LECTURA ATENTA

¿Cómo viven los abenaki hoy?

5   Hoy los abenaki son parte de la sociedad de Estados Unidos. Se visten y trabajan como otros estadounidenses. Ya no viven en *wigwams*; viven en casas modernas. Viven en pueblos y ciudades, principalmente en Nueva Inglaterra y Canadá. Aunque los abenaki viven como muchos otros estadounidenses hoy en día, mantienen vivas su cultura y tradiciones.

sociedad grupo de personas que viven juntas

tradiciones creencias, cuentos y estilos de vida que se transmiten de padres a hijos

¿Qué costumbres del pasado todavía son importantes para los abenaki?

6 Los abenaki conservan muchas tradiciones del pasado. Se visten con sus trajes tradicionales en festivales y grandes celebraciones llamadas *powwows*. Tres costumbres siguen siendo importantes para los abenaki:

contar historias, para enseñarles a los niños;

las plantas, para curar;

las canciones tradicionales, para dar las gracias.

LECTURA ATENTA

Hacer conexiones

Resalta palabras que muestran costumbres tradicionales que son importantes para los abenaki hoy en día. Haz conexiones con otro texto. ¿Cuál de estas costumbres conservan aún los tarahumaras?

LECTURA ATENTA

Hacer conexiones

Resalta palabras que indiquen cómo aparece la primera planta de maíz.

¿Sobre qué tratan los cuentos de los abenaki?

7   Muchos cuentos abenaki tratan sobre la naturaleza. Estos cuentos cuentan cómo nació el mundo natural. Un cuento relata cómo llegó el maíz a los abenaki. En el cuento, una hermosa mujer de cabello dorado ayuda a la gente. Ella se convierte en la primera planta de maíz. Otros cuentos tratan sobre niños. Muestran a los jóvenes la importancia de ser respetuosos y educados.

¿Para qué cuentan cuentos los abenaki?

8   Los cuentistas abenaki enseñan lecciones importantes a los niños. Los cuentos hacen que las lecciones sean divertidas y fáciles de recordar. Por ejemplo, el cuento sobre el maíz también enseña una lección sobre la agricultura. Cuenta cómo saber cuándo el maíz está listo para ser recogido. Otros cuentos enseñan a los niños cómo tratar bien a los ancianos.

LECTURA ATENTA

curar eliminar una enfermedad

¿Cómo usan plantas medicinales los abenaki?

9   Hace mucho tiempo, los abenaki aprendieron a usar plantas como remedio. Algunas plantas del bosque, tales como el pino, ayudaban a curar enfermedades. Hoy, los abenaki siguen haciendo té de agujas de pino. El té ayuda a curar el dolor de garganta y el resfriado. Los abenaki usan plantas medicinales y remedios modernos. De hecho, muchos remedios modernos, tales como la aspirina, vienen de las plantas.

¿Cómo agradecen los abenaki con canciones?

10   La naturaleza ha dado muchos regalos a la gente. Entre estos regalos se encuentran el alimento, el agua y las plantas medicinales. Los abenaki están agradecidos por estos regalos. Entonces, cantan para agradecer a la naturaleza. Una canción se llama la "Canción del maíz verde". Cada año, cuando el maíz está listo para ser cosechado, o recogido, los abenaki cantan esta canción. Dan las gracias por el regalo del maíz.

LECTURA ATENTA

Comentar el propósito del autor

Subraya las palabras que usa el autor para explicar cómo muestran su agradecimiento los abenaki.

LECTURA ATENTA

Comentar el propósito del autor

Subraya las palabras que usa el autor para presentar la idea principal del texto.

¿Por qué las tradiciones son importantes para los abenaki hoy en día?

11 Los abenaki creen que es importante preservar su cultura. Por eso, todavía cuentan cuentos, usan plantas medicinales y cantan canciones para agradecer. Estas costumbres y tradiciones conectan a los abenaki con el pasado. Los abenaki creen que conocer el pasado los ayuda a conocerse a sí mismos hoy en día.

12 Los abenaki no quieren perder sus tradiciones. Su cultura les enseña cómo comportarse. Les enseña que es bueno agradecer. Les enseña que es bueno respetar la naturaleza y a los mayores. Conocer las tradiciones da orgullo a los abenaki. Las tradiciones los ayudan a estar orgullosos de su cultura y su historia.

LECTURA ATENTA

respetar demostrar aprecio

VOCABULARIO

Desarrollar el vocabulario

Mi TURNO Usa las definiciones de las páginas de la selección para escribir lo que significa cada palabra.

Palabra	Significado
naturales	
sociedad	
curar	
tradiciones	
respetar	

COMPRENSIÓN

TALLER DE LECTURA

Verificar la comprensión

Mi TURNO Vuelve a mirar el texto para responder a las preguntas. Escribe las respuestas.

1. ¿Qué hace de este texto un texto informativo?

2. ¿Por qué el autor incluyó las preguntas en negrita en este texto?

3. ¿De qué manera la vida de los abenaki de hoy es igual a la vida de los abenaki del pasado?

LECTURA ATENTA

Comentar el propósito del autor

El propósito del autor es la razón por la cual el autor escribió un texto. Un autor puede escribir un texto para entretener, explicar o dar información. Las palabras y la estructura del texto que escoge el autor apoyan su propósito.

Mi TURNO Mira las notas de Lectura atenta. <u>Subraya</u> las palabras que muestran el propósito del autor y el uso de la estructura del texto. Usa lo que subrayaste para completar la tabla y comenta el propósito del autor.

¿Qué subrayaste?	¿Por qué crees que el autor eligió eso?

TALLER DE LECTURA

Hacer conexiones

A veces, las ideas de un texto te harán pensar en otro texto. Esa es una manera de hacer conexiones. Hacer conexiones al leer puede ayudarte a comprender un texto y recordar lo que lees.

Mi TURNO Mira las preguntas de Lectura atenta. Resalta las conexiones que puedes hacer en el texto. Usa lo que resaltaste para completar la tabla.

Cuando leí...	me acordé de...
que los abenaki tienen canciones tradicionales,	
sobre el cuento de cómo una mujer ayuda a la gente y se convierte en la primera planta de maíz,	

RESPONDER AL TEXTO

Reflexionar y comentar

Escribir basándose en las fuentes

Esta semana, leíste sobre tradiciones de los indígenas de América del Norte. ¿Qué propósito tienen las tradiciones en una sociedad? En una hoja de papel aparte, escribe un informe para contar por qué las tradiciones son importantes.

Las tradiciones son creencias, cuentos y estilos de vida que se transmiten de padres a hijos.

Usar datos y definiciones

Los datos y las definiciones ayudan a los lectores a comprender tu tema.

- Usa la información sobre los abenaki y los tarahumaras de los textos que leíste.
- Define palabras tales como **abenaki**, **tradiciones** y **sociedad**.
- Usa tus propias palabras cuando vuelvas a contar la información de los textos.

En tu informe, escribe una oración sobre por qué las tradiciones son importantes. Usa la información y definiciones de los textos de esta semana para apoyar y explicar tu tema.

Pregunta de la semana

¿Qué forma parte de una tradición indígena?

VOCABULARIO

PUENTE ENTRE LECTURA Y ESCRITURA

Puedo usar el lenguaje para hacer conexiones entre la lectura y la escritura.

Mi meta de aprendizaje

Vocabulario académico

Agregar un sufijo puede cambiar el significado de una palabra. Por ejemplo, una palabra puede pasar de ser un verbo a ser un sustantivo. Si sabes el significado de la palabra base, tal vez puedas hallar el significado de la palabra que tiene un sufijo.

La palabra **comunicación** está formada por dos partes:

comunicar   +   ción   =   comunicación

(palabra base)   (sufijo)   (palabra nueva)

Al agregar el sufijo **-ción** al verbo **comunicar** y eliminar la **r** se forma el sustantivo **comunicación**.

Mi TURNO Agrega el sufijo **-ción** a cada palabra para formar una palabra nueva. Luego, usa cada sustantivo en una oración.

Verbo	+ ción	Sustantivo
participar		
inflar		
contaminar		
introducir		

TÉCNICA DEL AUTOR

Leer como un escritor, escribir para un lector

Los autores organizan la información para que sus lectores puedan entenderla. En los textos de no ficción, la información suele organizarse en secciones con encabezados.

Texto de *Los abenaki*	Qué me dice esta organización
"¿Sobre qué tratan los cuentos de los abenaki?" Muchos cuentos de los abenaki tratan sobre la naturaleza. Estos cuentos cuentan cómo nació el mundo natural. Un cuento relata cómo llegó el maíz a los abenaki…"	El encabezado es una idea principal sobre la cual leeré. Las oraciones que están debajo del encabezado dan información sobre esa idea principal. Su orden tiene sentido.

Mi TURNO Lee el siguiente párrafo. Escribe un encabezado para el párrafo que diga cuál es la idea principal.

Hay muchas maneras de disfrutar la naturaleza. Empieza saliendo de tu casa. Busca seres vivos a tu alrededor. Luego, cierra los ojos y presta atención a lo que oyes y hueles.

ORTOGRAFÍA

PUENTE ENTRE LECTURA Y ESCRITURA

Escribir palabras con los sufijos -ado, -ada, -ido, -ida

Para escribir palabras con sufijos, primero escribe la palabra base. Luego, quita el final (**-ar**, **-er** o **-ir**) y añade el sufijo: **arropar - ar + ado = arropado**.

Mi TURNO Clasifica las palabras de ortografía según el sufijo que tienen: **-ado, -ada, -ido, -ida**.

-ado	-ada

-ido	-ida

Palabras de ortografía

pesado
aburrido
cansada
calzado
gruñido
perdido
sentada
molida
cosida
entrada
salado

Mis palabras

roto
ido

Completa las oraciones con Mis palabras.

1. Un plato se cae al suelo. El plato está _____.

2. El vendedor ya no está aquí. Él se ha _____.

Concordancia entre el sujeto y el verbo

En una oración, los **verbos** concuerdan con el **sujeto** en número y persona. El número indica si la acción la hace un sujeto o más de uno. Si hay dos sujetos, el verbo va en plural. Cuando el sujeto tiene varias personas, el verbo concuerda con el sujeto plural. Por ejemplo: Yo como. Juan y José juegan. María y yo corremos.

Ejemplo	Número y persona
Yo canto.	Primera persona, singular
Tú cantas.	Segunda persona, singular
Marisa canta.	Tercera persona, singular
Marisa y Ana cantan.	Tercera persona, plural
Pedro y yo cantamos.	Primera persona, plural

Mi TURNO Corrige este borrador. Tacha el verbo incorrecto. Escribe encima el verbo correcto. El primero está listo.

Luisa ~~caminan~~ *camina* todos los días a la escuela. Su mochila son muy pesada porque siempre lleva todos sus libros. Sus amigas vas en bicicleta y lleva menos libros. Ellas los deja en la escuela.

La maestra le dicen a Luisa que los libros pesa mucho y por eso siempre llega cansada.

POESÍA | TALLER DE ESCRITURA

Puedo usar el lenguaje figurado y recursos sonoros para escribir poesía.

Mi meta de aprendizaje

Revisar borradores reorganizando las palabras

Los autores reorganizan, o cambian, las palabras de lugar, para que su escritura sea más clara o interesante.
Por ejemplo:

>   que comeremos
> Los sándwiches ∧ están en el refrigerador ~~que comeremos~~.
> Versión revisada: Los sándwiches que comeremos están en el refrigerador.

>   sediento
> El niño ∧ bebió un vaso de agua. ~~Tenía sed~~.
> Versión revisada: El niño sediento bebió un vaso de agua.

Mi TURNO Revisa la siguiente oración. Reorganiza las palabras para hacerla más clara.

Con mis amigos me encontré para jugar en el área de juego.

_____

Mi TURNO Revisa tu poema reorganizando las palabras para hacerlo más interesante.

169

POESÍA

Corregir los adjetivos

Un **adjetivo** describe personas, lugares o cosas. Un adjetivo puede decir cuánto hay de algo y qué tamaño, color o forma tiene.

tres perros   árbol **alto**   manzana **verde**   hoyo **redondo**

Las palabras **un, una, unos, unas** son adjetivos especiales llamados artículos indefinidos.

un niño   **una** niña   **unos** animales   **unas** piedras

Los autores corrigen su escritura para asegurarse de haber usado correctamente los adjetivos y los artículos. Por ejemplo:

　　pequeña　　　　　　　alta y verde　　una

Vi una rana que saltó en la hierba y cayó sobre un hormiga.

Mi TURNO Corrige las oraciones. Usa al menos un adjetivo en la primera oración. Asegúrate de usar el artículo correcto en la segunda oración.

Un león ruge.

Un niños callados están cantando en la plaza.

Mi TURNO Corrige los adjetivos y los artículos de tu poema.

Corregir el tiempo pasado, presente y futuro

Los tiempos verbales cuentan lo que sucedió en el pasado, lo que sucede en el presente y lo que sucederá en el futuro. Los autores corrigen su escritura para asegurarse de haber usado los tiempos verbales correctamente. También, cuando usan verbos que no son de acción, como *ser* y *estar*, se aseguran de usar el verbo correcto según el contexto. El verbo *ser* se usa para características y estados permanentes y el verbo *estar* para ubicación y estado temporal. Por ejemplo:

> Yo ~~amaste~~ (amo) leer.
>
> Ayer papá me ~~compra~~ (compró) un libro.
>
> Mañana ~~seremos~~ (estaremos) en la biblioteca.

 Corrige las oraciones. Tacha el verbo incorrecto. Escribe el verbo correcto encima de él.

Tomás estará médico cuando termine la universidad.

Iremos al río la semana pasada.

 Corrige los tiempos verbales de tu poema.

PRESENTACIÓN DE LA SEMANA: INFOGRAFÍA

Platos tradicionales

Estos son platos tradicionales de distintas partes del mundo. La gente los ha preparado (¡y comido!) durante cientos de años.

Los mexicanos han comido enchiladas desde la época de los mayas. Son tortillas que envuelven carne o pescado.

MÉXICO

MARRUECOS

En Marruecos, se sirve una pasta llamada cuscús con carne o verduras.

SEMANA 5

Pregunta de la semana

¿Cómo ayuda la comida a formar una tradición?

Mi TURNO

Observa las imágenes de los platos de distintas partes del mundo. En una nota adhesiva, haz un dibujo de un plato tradicional que te gusta comer. Pega la nota en el mapa y traza una línea hasta el país de donde viene.

Las familias de China comen dumplings para el Año Nuevo Chino.

CHINA

INDIA

En India, la gente disfruta de un pan de trigo sin levadura llamado chapati.

FONÉTICA

Los sufijos -oso, -osa, -dor, -dora

Los **sufijos** son partes de palabras que se agregan al final de una palabra base y forman una palabra nueva.

-oso	-osa	-dor	-dora
amistoso	ruidosa	cortador	lavadora

amistad + -oso = amistoso = alguien simpático

ruido + -osa = ruidosa = algo o alguien que hace ruido

cortar + -dor = cortador = algo o alguien que corta

lavar + -dora = lavadora = algo que lava

Mi TURNO Lee las siguientes palabras con sufijos. Encierra en un círculo el sufijo. Subraya la palabra base.

-oso	-osa	-dor	-dora
valioso	sabrosa	comedor	corredora

INTERCAMBIAR ideas Con un compañero, vuelve a leer las palabras. Elige dos palabras y úsalas en oraciones. Comenta tus oraciones con tu compañero.

DESTREZAS FUNDAMENTALES

Los sufijos -oso, -osa, -dor, -dora

Mi TURNO Lee las siguientes palabras. Encierra en un círculo el sufijo de cada palabra. Luego, úsalas para completar las oraciones.

| goloso | cariñosa | pescador | aspiradora |

1. La gata de mi vecino es _____.

2. A un niño _____ le gustan las golosinas.

3. Vimos a un _____ con sus pescados en la playa.

4. Dora tiene una _____ muy ruidosa.

Mi TURNO Subraya en las oraciones otra palabra que tiene uno de estos sufijos. Lee la palabra.

PALABRAS DE USO FRECUENTE | TEXTO DE FONÉTICA

Mis palabras

Mi TURNO Lee las siguientes palabras de uso frecuente. Luego, identifícalas y subráyalas en la oración.

| plátano | hablador | famosa |

Un joven hablador contó una historia famosa sobre un plátano mágico.

Escribe una oración con cada palabra.

INTERCAMBIAR ideas Lee en voz alta las oraciones con un compañero. Pídele que halle y diga la palabra de uso frecuente que usaste en tus oraciones. Túrnate con tu compañero.

DESTREZAS FUNDAMENTALES

Dora, la sonadora

Mi gata Dora tiene un cascabel colgado de su cuello. Es dorado con puntos de cristal. Anoche Dora anduvo muy ruidosa. Me desperté sobresaltado con su "tin, tin, tin" de aquí para allá. La oí saltar de la ventana al sofá y de allí entrar al comedor.

Esta mañana no escuché el despertador. Estoy cansado y mis ojos están lagañosos. Y veo a Dora, ahora tan calmada. Está echada sobre mi cama.

Dora es ahora la roncadora.

1. ¿Por qué el personaje se despierta sobresaltado?

2. ¿Por qué ahora Dora es la roncadora?

3. Escribe una palabra del cuento con cada sufijo: **-osa**, **-oso**, **-dor** y **-dora**.

GÉNERO: FICCIÓN REALISTA / TEXTO DE PROCEDIMIENTO

Mi meta de aprendizaje

Puedo aprender más sobre las tradiciones leyendo un cuento sobre platos tradicionales.

Texto de procedimiento

Mi comida, tu comida es un cuento de ficción realista, que termina con una receta. Una receta es un ejemplo de un **texto de procedimiento**. Un texto de procedimiento tiene **instrucciones**, o pasos a seguir para completar una tarea. Suele incluir:

- **pasos numerados**, o una secuencia de acciones que te dicen qué hacer primero, después y por último.
- **encabezados** y **dibujos** para ayudarte a entender los pasos.

INTERCAMBIAR ideas Echa un vistazo a la receta de *Mi comida, tu comida*. Nombra dos tipos de elementos del texto incluidos en esta receta. Dile a un compañero cómo crees tú que estos elementos del texto te ayudarán a seguir lo que dice la receta.

TALLER DE LECTURA

Cartel de referencia: Texto de procedimiento

Propósito: decir cómo hacer algo

Elementos del texto de un texto de procedimiento

- Encabezados
- Rótulos para las imágenes
- Pasos numerados

Cómo comerse un yogur

1. Abre el envase de yogur.

2. Usa una cuchara para poner yogur en un tazón.

3. ¡Disfruta el sabor del yogur!

1.
yogur

2.
cuchara

3.

Mi comida, tu comida

Primer vistazo al vocabulario

Busca estas palabras cuando leas *Mi comida, tu comida*.

| salsa | sola | productos | picante | ingredientes |

Primera lectura

Lee para aprender sobre platos de distintas culturas.

Mira las ilustraciones como ayuda para comprender el texto.

Hazte preguntas para aclarar la información.

Habla sobre lo que te pareció interesante.

Conoce a la autora

Lisa Bullard escribe de todo, desde libros informativos hasta de misterio. También enseña a niños y adultos cómo escribir sus propios libros. Sus libros son sobre personas de todo el mundo, entre ellos: *My Clothes, Your Clothes* y *My Language, Your Language*.

Género: Ficción realista/Texto de procedimiento

Mi comida, tu comida

por Lisa Bullard
ilustrado por Christine M. Schneider

Capítulo uno
¡Es la Semana de la comida!

1. Hola, soy Manuel. Mi maestra, la Srta. Chen, dice que esta semana aprenderemos sobre comidas. Todos podemos comentar **algo especial que come nuestra familia.**

2. Le hablo al oído a la Srta. Chen para contarle de qué quiero hablar. **¡Voy a sorprender a la clase!**

LECTURA ATENTA

Comprender los elementos del texto

<u>Subraya</u> el rótulo que se refiere a un tipo de sopa sobre el cual están aprendiendo los estudiantes.

LECTURA ATENTA

Hacer inferencias

Resalta las palabras que te ayudan a inferir, o determinar, las comidas en las que estaría pensando Manuel cuando dice las palabras en negrita.

3 Esta noche, la abuela preparará una **cena deliciosa**. Ella cocina lo que comía durante su infancia, primero en México y luego en California.

4 ¡Sus burritos y su salsa me dejan la barriga contenta! Ahora no veo la hora de que sea mi turno para hablar el viernes.

¿Tu familia tiene un plato favorito para cenar?

LECTURA ATENTA

salsa líquido que se sirve con la comida para que tenga mejor sabor

Capítulo dos
Fideos de distintos lugares

Italia

espaguetis

5 El martes, en la escuela, es el turno de Tony para hablar.

6 —Mis tatarabuelos vinieron desde Italia —dice—. A mi familia le encantan los **espaguetis con salsa marinara.** Es un tipo de salsa de tomate.

7   La Srta. Chen nos cuenta que a Estados Unidos se han mudado personas de distintas partes del mundo. Siguen preparando muchos de los platos de sus países natales. **Los espaguetis con salsa marinara son un plato italiano.**

LECTURA ATENTA

Comprender los elementos del texto

Busca el elemento del texto que está en un recuadro con preguntas para ti. Subraya la primera pregunta.

¿De qué parte del mundo es tu familia? ¿Hay algún plato especial que les gusta de allá?

8 La Srta. Chen nos muestra otro tipo de plato con fideos. Se llama *yi mein*.

9 —Muchas culturas comen fideos —dice—. Mis padres vivían en China y se mudaron aquí. Ellos comen los fideos con **palillos**.

10   Un empleado de la cafetería nos trae pasta sola para que intentemos comer con los palillos. La Srta. Chen nos muestra cómo hacerlo.

11   **¡Qué resbalosos son los fideos!**

LECTURA ATENTA

Hacer inferencias

Resalta la oración que te ayuda a saber lo que piensa Manuel de comer fideos con palillos.

sola simple; sin aderezos ni condimentos

Los palillos son muy comunes en muchas partes de Asia. ¿Los sabes usar?

Capítulo tres
Pan chato, pan esponjoso

12 El miércoles, Marit y Raj hacen una presentación sobre panes. Me doy cuenta de que los dos panes son chatos y redondos como las tortillas de mi abuela.

13 El pan de Raj se llama *roti*. Su papá lo comía cuando era niño y vivía en la India. Es blando y rico.

14 El pan de Marit se llama *lefse*. Es de Noruega. Su familia es de ese país.

15 **Se me hace agua la boca.**

LECTURA ATENTA

Hacer inferencias

En la oración que tiene forma de arco, resalta las palabras que te ayudan a saber si a Manuel le gusta el *lefse*.

LECTURA ATENTA

Vocabulario en contexto

Subraya las palabras que te ayudan a entender lo que significa **sabbat**.

16   Después, Lara nos muestra un pan trenzado, llamado pan Jalá. Es esponjoso en vez de chato.

17   La familia de Lara es judía. Su familia come Jalá todos los viernes por la noche. Es parte de su tradición religiosa llamada sabbat.

18. La Srta. Chen nos cuenta que en muchas religiones hay tradiciones con la comida. Por ejemplo, algunas personas no comen cerdo debido a su tradición religiosa.

LECTURA ATENTA

Comprender los elementos del texto

Subraya el encabezado que te dice cuál es el tema de este capítulo.

Capítulo cuatro

Las familias toman decisiones diferentes

19 El jueves, Jayla nos muestra su caña de pescar. Dice que pesca con su papá. **Cocinan** y **comen** los pescados que pescan.

20 —Durante miles de años la gente ha tenido que pescar o cazar para comer —dice la Srta. Chen.

21 También dice que algunas familias deciden no comer carne o pescado. Otras no comen nada de origen animal.

22 **Eso significa que no comen carne ni huevos ni productos lácteos.**

LECTURA ATENTA

productos cosas que la gente usa o come

LECTURA ATENTA

Comprender los elementos del texto

Subraya las palabras escritas en negrita que cuentan qué sucede.

23 El jueves, después de clase, trabajo con la abuela en la cocina. **Estamos preparando el plato del que hablaré en la escuela.**

LECTURA ATENTA

Vocabulario en contexto

<u>Subraya</u> las palabras que te ayudan a saber qué es la **salsa**.

picante que pica y tiene un sabor fuerte

Capítulo cinco

Por fin viernes

24 Por fin llegó el viernes. ¿Adivinaste cuál es mi plato?

25 —La **salsa** es una comida típica de México —digo—. Mi abuela y yo la preparamos con tomates. Me gusta la salsa picante.

26 La Srta. Chen trajo salsa para todos.

27 —Muchos platos tienen tomate —dice—. Recuerden que la salsa marinara italiana de Tony también tenía tomate.

28 Esto es lo que aprendí esta semana: **¡aunque los platos sean diferentes, también pueden ser parecidos!**

LECTURA ATENTA

Comprender los elementos del texto

<u>Subraya</u> el paso numerado que describe lo que muestra el dibujo de esta página.

ingredientes alimentos que se usan para preparar un plato

29 Prepara tu propia salsa

Ingredientes

1 lata (28 onzas, o 794 gramos) de tomates en cubos

1 lata (4 onzas, o 113 g) de pimientos verdes en cubos

2 cebollas de verdeo, cortadas en tiras

1 diente de ajo picado

1 cucharada de jugo de limón o de lima

1/8 de cucharadita de sal

1/8 de cucharadita de pimienta

Instrucciones

¡Tú también puedes preparar salsa como Manuel! Necesitarás que un adulto te ayude a hacer algunas cosas, como abrir latas, picar y usar una licuadora.

1) Lávate las manos.

2) Escurre los tomates. Aparta ¼ de taza del jugo de tomate.

3) En un tazón grande, mezcla ¼ de taza de jugo de tomate, tomates escurridos y los otros ingredientes. Puedes dejar a un lado los pimientos verdes si no te gusta la comida picante.

4) Si quieres salsa con trocitos, ¡mézclala y disfrútala!

5) Si quieres una salsa más homogénea, pon todo en una licuadora. Licúa todo con la intensidad más baja durante unos pocos segundos. Sigue licuando, unos segundos a la vez, hasta que la salsa sea tan homogénea como quieras.

6) Sirve la salsa con nachos o con otras comidas mexicanas, como tacos o burritos.

LECTURA ATENTA

Vocabulario en contexto

Los antónimos son palabras con significados opuestos. <u>Subraya</u> una palabra que significa lo opuesto a **con trocitos**.

VOCABULARIO

Desarrollar el vocabulario

Mi TURNO Responde a las preguntas de la tabla. Usa las palabras de vocabulario en tus respuestas.

Palabra	Palabra relacionada
productos	¿Qué productos lácteos has probado?
salsa	¿Con qué tipo de salsa te gusta comer espaguetis?
sola, picante	¿Cómo te gusta más la comida: con salsa sola o con picante? ¿Por qué?
ingredientes	¿Cuál es tu ingrediente de pizza favorito? ¿Por qué?

COMPRENSIÓN TALLER DE LECTURA

Verificar la comprensión

Mi TURNO Vuelve a mirar el texto para contestar las preguntas. Escribe las respuestas.

1. ¿Qué parte del texto es ficción realista? ¿Qué parte del texto es texto de procedimiento, o con instrucciones que explican cómo hacer algo?

2. ¿Por qué crees que la autora incluyó una receta para preparar salsa? ¿Cuál es el primer paso de la receta?

3. ¿Cómo crees que se sienten los niños al compartir sus comidas especiales con la clase? ¿Cómo lo sabes?

LECTURA ATENTA

Comprender los elementos del texto

Los **elementos del texto** ayudan a los lectores a ubicar la información. Además, permiten que un texto sea más fácil de entender.

- Los **encabezados** indican sobre qué tratará parte del texto.
- Las **ilustraciones**, o imágenes, dan información adicional.
- Los **rótulos** dan más información sobre una imagen.
- El **texto dentro de recuadros** hace preguntas o muestra datos.
- Los **pasos numerados** dicen cómo hacer las partes de una tarea en orden.

Mi TURNO Mira las notas de Lectura atenta. Subraya los elementos del texto. Completa la siguiente tabla.

Elemento del texto que subrayé	Información que me ayudó a comprender

TALLER DE LECTURA

Hacer inferencias

Cuando haces inferencias, usas la evidencia y lo que ya sabes para apoyar tu comprensión de un texto.

Mi TURNO Mira las notas de Lectura atenta. Resalta las palabras que te ayudan a descubrir qué piensa Manuel. Usa lo que resaltaste para completar la tabla.

Lo que resalté	Lo que sé	Mi inferencia

Reflexionar y comentar

En tus palabras

Leíste sobre algunas comidas tradicionales. Habla sobre tus propias tradiciones. ¿Qué comidas tradicionales le gustan a tu familia? Escoge una y di cómo se prepara.

Dar y seguir instrucciones orales

Estos son algunos consejos para dar instrucciones claras.

- Di el orden que hay que seguir.
- Usa palabras como **primero**, **luego** y **por último**.

Cuando tu compañero te diga una receta, repítela.

- Vuelve a decir las instrucciones. Así sabrás si entendiste.

> Primero, pon 2 tazas de agua en una olla. Luego, agrega 1 taza de arroz.

Pregunta de la semana

¿Cómo ayuda la comida a formar una tradición?

VOCABULARIO

PUENTE ENTRE LECTURA Y ESCRITURA

Puedo usar el lenguaje para hacer conexiones entre la lectura y la escritura.

Mi meta de aprendizaje

Vocabulario académico

Aprendiste muchas palabras distintas en esta unidad. Una palabra que has aprendido es **cultura**. Completa la siguiente red de palabras con otras palabras que tengan que ver con **cultura**.

INTERCAMBIAR *ideas* Habla con un compañero sobre tu red de palabras. Explícale por qué escogiste tus palabras.

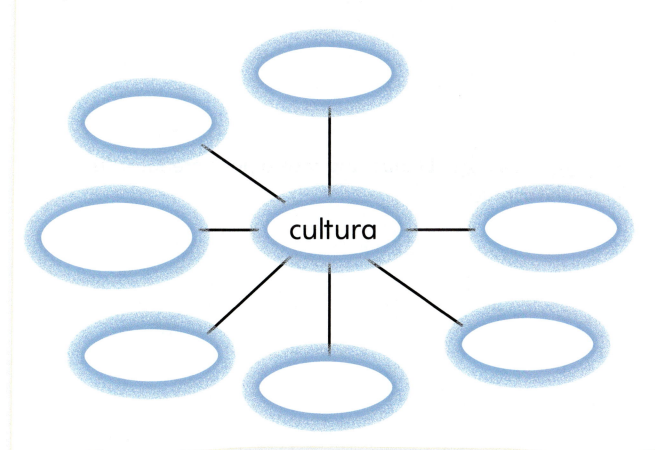

TÉCNICA DEL AUTOR

Leer como un escritor, escribir para un lector

Los autores organizan la información de su escritura para que sea clara para sus lectores. Vuelve a leer la receta del texto.

Texto de "Haz tu propia salsa"	Lo que me dice esta estructura
Ingredientes	Esta parte enumera lo que se necesita para preparar salsa. Es importante porque necesitas asegurarte de que tienes todo antes de comenzar.
Instrucciones	Esta parte da los pasos, en orden, para preparar salsa. Es importante porque necesitas seguir los pasos en orden para preparar la salsa correctamente.

 Escribe una receta para preparar tu sándwich favorito.

ORTOGRAFÍA

PUENTE ENTRE LECTURA Y ESCRITURA

Escribir palabras con los sufijos -oso, -osa, -dor, -dora

Mi TURNO Clasifica las palabras de ortografía con los sufijos **-osa, -oso, -dor, -dora**. Escríbelas en la columna correcta.

-osa	-oso

-dor	-dora

Palabras de ortografía

comedor
volador
jugador
secadora
nadadora
rugosas
goloso
sabrosa
valioso
pescador
pegajoso

Mis palabras

hablador
famosa

Elige una de Mis palabras para completar cada oración.

1. Celia es una cantante _____, conocida por todos.

2. El que habla mucho es un _____.

LENGUAJE Y NORMAS

Los adverbios

Los **adverbios** hablan sobre cómo suceden las cosas.

Un adverbio puede indicar	Ejemplo
cómo sucede algo.	Caminamos **rápido**.
el **tiempo**, o **cuándo** sucede algo.	Caminamos **temprano**.
un **lugar**, o **dónde** sucede algo.	Caminamos **afuera**.

Mi TURNO Edita este borrador agregando los adverbios a las oraciones. Puedes usar adverbios del banco de palabras.

Banco de palabras

despacio   pronto   anoche   afuera

Ayudé con la cena. Cociné en una olla grande la salsa.

Comimos en el patio. ¡Quiero volver a cocinar!

POESÍA | TALLER DE ESCRITURA

Puedo usar el lenguaje figurado y recursos sonoros para escribir poesía.

Mi meta de aprendizaje

Corregir los sustantivos

Los sustantivos nombran personas, lugares y cosas. Pueden ser singulares o plurales. Pueden ser comunes o propios. Los autores corrigen su escritura para asegurarse de haber usado los sustantivos correctamente.

Mi TURNO Corrige este borrador. Busca errores en los sustantivos singulares y plurales. Luego, busca errores en los sustantivos comunes y propios.

El Sábado pasado ayudé al sr. Chin a preparar una ensalada de frutas. Cortó un melón, dos plátano, tres duraznoses y una naranja. Mezclamos todas las fruta en un tazón grande. Luego agregué algunas uvas. Servimos la ensalada en plato pequeños a todos los joven que fueron al picnic de Verano.

Mi TURNO Corrige tu poema y asegúrate de que usaste los sustantivos correctamente.

POESÍA

Corregir las preposiciones y frases preposicionales

Las preposiciones son palabras como **en**, **sobre**.

Las frases preposicionales comienzan con preposiciones. Por ejemplo, **junto a**, **debajo de**.

Los autores corrigen su escritura para asegurarse de haber usado las preposiciones y las frases preposicionales correctamente.

Mi TURNO Corrige este borrador. Revisa que las preposiciones se hayan usado correctamente.

> Mi familia quería pedir pizza por la cena. Nos subimos al auto y cruzamos la ciudad sobre nuestro restaurante favorito. Nos sentamos encima de la mesa que estaba debajo de la puerta. Pedimos una pizza de champiñones. Cuando el mesero puso la pizza para la mesa, ¡no pude esperar para comer!

Mi TURNO Corrige tu poema y asegúrate de que usaste las preposiciones y frases preposicionales correctamente.

TALLER DE ESCRITURA

Publicar y celebrar

Lee tu poema a tus compañeros. Cuando leas, sigue estas sugerencias:

1. Habla de manera clara y con el volumen adecuado para que te escuchen bien y se entienda lo que dices.

2. Lee de manera expresiva.

3. No hagas una pausa al final de un renglón a menos que hayas colocado una coma o un punto allí.

4. Mira al público de vez en cuando.

Los poemas se escriben para leerse en voz alta, para que el público pueda escuchar los sonidos de las palabras.

Reflexionar

Mi TURNO Completa las oraciones.

Los detalles sensoriales que mejor crearon imágenes en mi poema son

Las palabras o frases que me parecieron más interesantes son

COMPARAR TEXTOS

TEMA DE LA UNIDAD
Nuestras tradiciones

INTERCAMBIAR *ideas*

Coméntalo Con tu compañero, escribe lo que hayas aprendido sobre los cuentos que cuentan las personas u otras cosas que comparten. Usa esta información como ayuda para responder a la Pregunta esencial.

SEMANA 3
La Cenicienta interestelar y *Cendrillon: Una Cenicienta isleña*

CLUB del LIBRO

SEMANA 2
La noche que se cayó la luna

CLUB del LIBRO

SEMANA 1
Fábulas

Los abenaki

SEMANA 4

SEMANA 5

Mi comida, tu comida

Pregunta esencial

Mi TURNO

En tu cuaderno, responde a la Pregunta esencial: ¿Qué son las tradiciones?

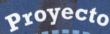

Proyecto

SEMANA 6

Llegó la hora de aplicar lo que aprendiste sobre las tradiciones en tu **PROYECTO DE LA SEMANA 6:** ¡Celebra en la escuela!

215

FONÉTICA

Las palabras con h, ch

La consonante **h** es muda, no se pronuncia, como en **hoja**. Cuando se combina con la **c** forma el dígrafo **ch**. Lee las siguientes palabras.

helado　　　　　chile　　　　　hacha

Mi TURNO　Lee, o decodifica, las siguientes palabras. Subraya las sílabas con **h** y las sílabas con **ch** en las palabras.

noche　　almohada　　hamaca　　colchón

INTERCAMBIAR *ideas*　Lee las siguientes oraciones en voz alta con un compañero. Subraya las palabras que tengan **h** o **ch**. Di qué sonidos representan en las palabras.

Panchita, vamos a la huerta a recoger chiles y quinchonchos.

Me gusta echarme a dormir en la hamaca.

Anoche Juan habló con su hermana que vive en China.

DESTREZAS FUNDAMENTALES

Las palabras con h, ch

Mi TURNO Practica la lectura de las palabras de la tabla. Luego, úsalas para completar las oraciones.

hilos	ahora	chía
mochila	hueso	chimenea

1. Mi tía Olivia usa _____ de colores para coser mis medias.

2. La _____ es una semilla comestible.

3. El perro abrió un hueco y escondió su _____ en el jardín.

4. Mi cuaderno está en la _____ morada.

5. Mi clase de Lectura empieza _____.

6. Busca la madera para poner en la _____.

PALABRAS DE USO FRECUENTE

Mis palabras

Mi TURNO Lee las palabras de uso frecuente que están en la tabla. Luego, identifícalas y subráyalas en la oración.

| ahora | hecho | fue |

Nuestra maestra dijo: "Ahora sabemos este hecho: sabemos quién fue el ganador del partido".

Las palabras **hecho** y **echo** son homófonos. Los **homófonos** son palabras que se pronuncian igual pero se escriben distinto y tienen significados diferentes. Las claves del contexto te ayudan a saber cuál es la ortografía correcta.

Mi TURNO Encierra en un círculo el homófono que completa correctamente cada oración. Luego, usa la palabra **hecho** en una oración en una hoja aparte.

1. El hecho / echo es que no llegó.

2. Primero bato los huevos y luego hecho / echo la mezcla.

ORTOGRAFÍA DESTREZAS FUNDAMENTALES

Escribir palabras con h, ch

Recuerda que la consonante **h** es muda. Se escribe pero no se pronuncia. Por ejemplo, en la palabra **hijo** la **h** no se pronuncia.

Mi TURNO Clasifica las palabras de ortografía según su letra y en orden alfabético. Si dos palabras comienzan con la misma letra, mira la siguiente letra para ver cuál viene primero. Luego, escribe Mis palabras.

ch	h
	Mis palabras

Palabras de ortografía

hoja
ahí
lechuza
noche
ocho
hacha
chorizo
leche
chile
chico

Mis palabras

ahora
hecho

INDAGAR

¡CELEBRA EN LA ESCUELA!

 INVESTIGACIÓN

Actividad

Las tradiciones escolares son importantes. Escribe una carta de opinión a tu director. Cuéntale sobre una tradición que crees que tu escuela debe empezar. Da razones para apoyar por qué la escuela debe tener esa tradición.

¡Vamos a leer!
Esta semana leerás tres artículos sobre tradiciones. El artículo de hoy explica qué es una tradición.

1. Una tradición para el recuerdo
2. ¡Lanzamiento con manta!
3. Cumpleaños en todo el mundo

Generar preguntas

COLABORAR Con un compañero, habla sobre las tradiciones de tu escuela. Comenta cómo se podría obtener información de tradiciones de otras escuelas. Genera preguntas para guiar la investigación.

PROYECTO DE INDAGACIÓN

Usa el vocabulario académico

COLABORAR Escoge una tradición escolar que quieras celebrar. Habla sobre ella con tu compañero. Usa el vocabulario académico que has aprendido. Usa estas palabras cuando le escribas la carta al director.

Vocabulario académico

creencia	propósito
cultura	mantener
comunicación	

Plan de investigación sobre tradiciones escolares

Completa este plan con la ayuda de tu maestro.

Día 1 Haz una lista de preguntas y palabras clave para guiar la investigación.

Día 2 _____

Día 3 Escribe una carta de opinión a tu director.

Día 4 _____

Día 5 Presenta tu carta a tus compañeros.

COLABORAR Y COMENTAR

Esto es lo que pienso

En un párrafo de opinión, un autor presenta el tema y dice su opinión sobre el tema. Una **opinión** es lo que alguien piensa. No podemos asegurarnos si lo que dice es verdadero o falso.

Después, el autor da las razones que apoyan su opinión. Una razón puede incluir **hechos**. Un **hecho** es un enunciado que puede probarse y determinar si es verdadero o falso. El autor también usa palabras conectoras para relacionar su opinión con las razones. Por último, vuelve a enunciar su opinión en una conclusión.

Frases de opinión: Creo que, el mejor, mi favorito

Palabras de enlace, o **conectores:** porque, y, también, por último

COLABORAR Con un compañero, lee "¡Lanzamiento con manta!". Luego, completa la tabla.

Tema del autor	
Opinión del autor	
Palabras que usa el autor para conectar ideas	
Razones y datos que da el autor	

HACER UNA INVESTIGACIÓN | PROYECTO DE INDAGACIÓN

Busca en línea

Tu carta al director será mejor si incluyes datos y hechos que apoyen tus opiniones. Las palabras clave pueden ayudarte a encontrar información en Internet. Escoge las mejores palabras clave para buscar información sobre tradiciones escolares.

1. _____

2. _____

Usa las palabras clave para identificar y reunir fuentes e información relevantes para responder a tus preguntas sobre las tradiciones escolares. Es una fuente relevante si responde a tus preguntas. Si no comprendes una fuente, pregúntale a un adulto o busca otra fuente que sí comprendas.

COLABORAR ¿Qué información aprendiste buscando con palabras clave? ¿Fue relevante? ¿La comprendiste? ¿Respondió a tus preguntas? Coméntalo con tu compañero. ¿Qué otras palabras clave deberías probar?

_____

_____

COLABORAR Y COMENTAR

Carta de opinión

Los autores usan frases de opinión y palabras de enlace para decir y apoyar sus opiniones. En una carta, el autor usa una letra mayúscula en el saludo y en el cierre.

12 de marzo de 2020

Estimado Director Booth:

Creo que nuestra escuela necesita una nueva tradición. Deberíamos organizar un campamento de fin de año para los estudiantes, sus familias y los maestros. Creo que esta es la mejor tradición porque los estudiantes trabajarían mucho todo el año para poder ir al campamento. Además, los estudiantes recordarían el campamento por el resto de su vida. ¡Sería una gran manera de terminar el año!

Atentamente,

Allie Hernández

Tema/Opinión

Palabras de opinión

Conectores

Cita las fuentes

Una fuente primaria viene de alguien que vio un suceso. Una fuente secundaria viene de alguien que se enteró del suceso por otras fuentes. Cuando usas fuentes primarias y secundarias, debes citarlas, o nombrarlas. Esto les dice a los lectores dónde obtuviste la información.

Esta es la información que necesitas para citar un artículo en línea:

1. Nombre del autor (apellido, nombre)
2. Título del artículo (entre comillas)
3. Título de la página de inicio (en itálicas)
4. Sitio web
5. Fecha en la que leíste la información

> Ejemplo: Wallis, Camden. "Otro picnic genial". *Noticias de la escuela*. Sitio web. 16 de marzo de 2020.

COLABORAR Cita una fuente en línea que hayas usado. Indica si es una fuente primaria o secundaria.

AMPLIAR LA INVESTIGACIÓN

Escribe una nota de agradecimiento

Después de enviarle una carta de opinión a tu director, puedes escribirle una nota de agradecimiento. Agradece a tu director por haber leído tu carta y por haber considerado tu idea. Una nota de agradecimiento suele tener cinco partes. El cuerpo suele ser más corto que el de una carta amistosa.

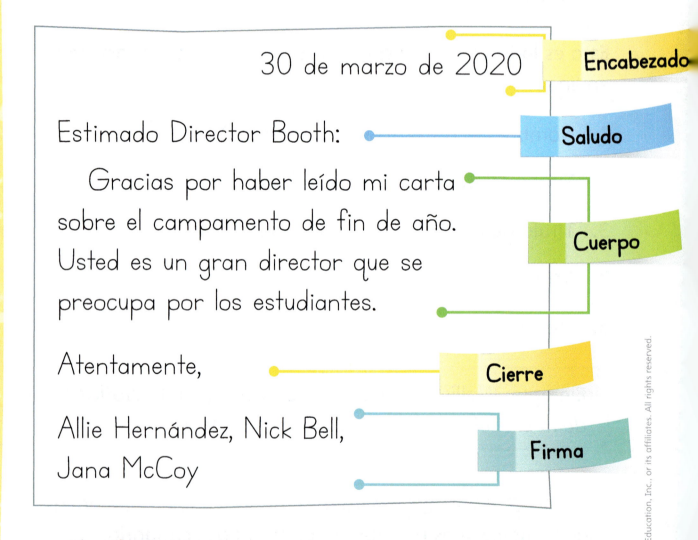

COLABORAR Con un compañero, planifica y escribe una nota de agradecimiento a tu director. Agradécele por haber considerado tu idea sobre una nueva tradición escolar.

COLABORAR Y COMENTAR **PROYECTO DE INDAGACIÓN**

Revisa

COLABORAR Cuando revisas, es útil leer tu escritura en voz alta. Tal vez necesites agregar, borrar o reorganizar palabras, frases o, incluso, oraciones. Vuelve a leer tu carta de opinión con tu compañero. ¿Cómo suena?

¿Te aseguraste de

- [ ] haber enunciado tu opinión claramente?
- [ ] haber dado razones que apoyen tu opinión?
- [ ] haber usado palabras de opinión?
- [ ] haber usado conectores para relacionar tus razones con tu opinión?

Corrige

COLABORAR A medida que corriges tu carta de opinión con tu compañero, piensa en las normas que has aprendido esta semana.

¿Te aseguraste de

- [ ] usar una letra mayúscula en el saludo y en el cierre de la carta?
- [ ] escribir el mes en minúscula?

CELEBRAR Y REFLEXIONAR

Comenta

COLABORAR Con tu compañero, lee tu carta de opinión a otra pareja de estudiantes. Pídeles que pretendan ser el director y que hagan preguntas sobre tu opinión. Recuerda seguir las normas de conducta para hablar y escuchar.

- Habla claramente y a un ritmo adecuado, que no sea ni muy rápido ni muy lento.
- Permite que el público haga preguntas.
- Escucha atentamente las preguntas.
- Haz preguntas después de que tu compañero lea su carta.

Reflexiona

Mi TURNO Completa las oraciones.

Lo que más me enorgullece de mi carta es _____

porque _____

_____

La próxima vez que escriba una carta de opinión _____

_____

_____

REFLEXIONAR SOBRE LA UNIDAD

Reflexiona sobre tus metas

Vuelve a leer las metas de la unidad que están al comienzo de esta unidad. Usa un color diferente para calificarte de nuevo.

 Completa las oraciones.

Reflexiona sobre tu lectura

Le diría a mi amigo que lea

de esta unidad porque

Reflexiona sobre tu escritura

Lo que más me gustó escribir fue

porque

UNIDAD 4

Marcar la diferencia

Pregunta esencial

¿Por qué es importante relacionarse con otras personas?

▶ **Mira**

el video de la Unidad 4. Aprende a conectarte con otras personas en una comunidad.

¿Cómo marca la diferencia cada persona en el video? Coméntalo con un compañero.

PEARSON realize.

Puedes hallar todas las lecciones EN LÍNEA.

- VIDEO
- AUDIO
- JUEGO
- ANOTAR
- LIBRO
- INVESTIGACIÓN

Enfoque en la biografía

Taller de lectura

Infografía: Personas pioneras

¿Quién dijo que las mujeres no pueden ser doctoras? La historia de Elizabeth Blackwell .... Biografía
por Tanya Lee Stone

Infografía: Obras de arte

Imitar la naturaleza: La vida de Antoni Gaudí .... Biografía
por Rachel Rodríguez

Infografía: Sembradores de bienestar

El jardín de la felicidad .... Ficción realista
por Érika Tamar

Infografía: Arte al aire libre

Carlos Cruz-Diez: Todo es color y movimiento .... Biografía
por Andrés Pi Andreu

Infografía: ¡Mira lo que podemos hacer!

Generadores de cambio .... Texto persuasivo
por Libby Martínez

Puente entre lectura y escritura

No ficción narrativa

- Vocabulario académico
- Leer como un escritor, escribir para un lector
- Ortografía • Lenguaje y normas

Taller de escritura

No ficción narrativa

- Introducción e inmersión
- Desarrollar elementos • Desarrollar la estructura
- Técnica del escritor • Publicar, celebrar y evaluar

Proyecto de indagación

La cápsula del tiempo .... Lista

231

LECTURA INDEPENDIENTE

Lectura independiente

Cuando leas de manera independiente, escoge los libros sobre el tema de la unidad que quieras leer.

Mientras lees, asegúrate de entender el texto. Si no, puedes hacer lo siguiente:

1. **Volver a leer.** Vuelve a leer las oraciones. Mira si has pasado por alto información importante.

2. **Usar conocimientos previos.** Piensa en lo que ya sabes sobre el tema. Eso te ayudará a entender la información nueva.

3. **Buscar pistas visuales.** Fíjate si hay fotografías, ilustraciones u otros elementos gráficos que ayudan a explicar el texto.

4. **Hacer preguntas.** Pregunta a otros que han leído el libro si pueden explicarte algo que no entiendes. También pide ayuda a tu maestro.

Mi registro de lectura

Fecha	Libro	Páginas leídas	Minutos leídos	Cuánto me gusta
				😊 😐 ☹️
				😊 😐 ☹️
				😊 😐 ☹️
				😊 😐 ☹️
				😊 😐 ☹️

INTRODUCCIÓN

Metas de la unidad

En esta unidad

- leerás no ficción narrativa.
- escribirás una narración personal.
- aprenderás sobre la conexión entre las personas.

 **Colorea** los dibujos para responder.

| Sé sobre no ficción narrativa y entiendo sus elementos. | | |

| Puedo usar el lenguaje para hacer conexiones entre la lectura y la escritura de no ficción narrativa. | | |

| Puedo usar elementos de la no ficción narrativa para escribir una narración personal. | | |

| Puedo hablar con otros sobre por qué es importante conectarse con otras personas. | | |

Vocabulario académico

| relacionar | comentar | igual | mejorar | responsable |

En esta unidad, leerás sobre personas reales que marcaron la diferencia. También **comentarás** sobre por qué es importante **relacionarse** con otras personas y **mejorar** tu comunidad. Piensa en quién es **responsable** de hacer del mundo un lugar mejor. ¿Tenemos todos el mismo rol por **igual**?

INTERCAMBIAR ideas Usa las palabras del vocabulario académico para hablar con tu compañero sobre cómo pueden los niños marcar la diferencia. Las imágenes pueden servirte de ayuda.

PRESENTACIÓN DE LA SEMANA: INFOGRAFÍA

Personas pioneras

Algunas personas son las primeras en lograr algo importante. Son personas pioneras. Inspiran a otros a seguirlas.

La astronauta Ellen Ochoa fue la primera mujer hispana en volar al espacio. Pasó 40 días en el espacio y realizó cuatro misiones diferentes.

El Dr. Norman Shumway fue el primer doctor de Estados Unidos en hacer un trasplante de corazón. Su trabajo ayudó a que muchas personas tuvieran una vida más larga.

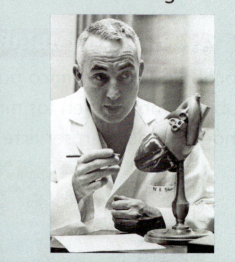

La piloto Bessie Coleman fue la primera mujer afroamericana en convertirse en piloto de avión. También tenía ancestros indígenas norteamericanos. Coleman hizo espectáculos aéreos femeninos individuales.

Pregunta de la semana

¿Cómo nos inspiran otras personas a alcanzar una meta?

El beisbolista Jackie Robinson fue el primer afroamericano en jugar en las Grandes Ligas de béisbol. Antes de Robinson, los afroamericanos no podían formar parte de la liga. Robinson participó en el Juego de las Estrellas.

¿Te inspira leer sobre estas personas? ¿Qué otra persona te sirve de inspiración? Escribe aquí tus ideas.

FONÉTICA

Los diptongos ai (ay), ei (ey), ui (uy)

El **diptongo** es la unión, o combinación, de dos vocales en una misma sílaba. Estas son algunas de las vocales que se unen para formar diptongos: **ai (ay)**, **ei (ey)**, **ui (uy)**, como en **ca**imán, **ace**ite, **ru**ido.

Mi TURNO Lee o decodifica las siguientes palabras. Escucha los sonidos de los diptongos. Subraya las vocales que forman el diptongo.

peineta	bailarín	buitre	aire
muy	virrey	paila	veinte

INTERCAMBIAR ideas Con un compañero, elige dos palabras de la tabla. Escribe una oración con cada una de las palabras. Intercambia las oraciones con tu compañero y subraya las palabras con diptongo.

Los diptongos ai (ay), ei (ey), ui (uy)

Mi TURNO Lee las siguientes palabras. Luego, úsalas para completar las oraciones.

paisaje	treinta	Luis	caimán
ruido	Cairo	aceite	ruinas

1. Los camiones hacen mucho _____.

2. Me faltan _____ tarjetas para completar mi colección.

3. El _____ de la montaña es hermoso.

4. Mis vecinos van al _____ de vacaciones.

5. Las papas fritas se fríen en _____.

6. Las _____ de los incas son impresionantes.

7. En el lago del parque vi un _____.

8. La mamá de _____ es maestra en la escuela.

PALABRAS DE USO FRECUENTE | TEXTO DE FONÉTICA

Mis palabras

Mi TURNO Hay palabras que se usan a menudo. Se llaman palabras de uso frecuente. Son palabras para recordar y practicar. Puedes deletrearlas para ayudarte a recordarlas. Lee las siguientes palabras. Identifica y subraya las palabras en el párrafo que sigue.

hay	salud	muy

Hay que cuidar nuestra salud. Una manera es alimentarse muy bien. ¿Qué más podemos hacer por nuestra salud?

INTERCAMBIAR ideas Trabaja con un compañero. Decide cuál de las palabras anteriores completa las siguientes oraciones. Puedes practicar y desarrollar el uso de la letra cursiva al escribir estas palabras. Escribe las letras cuidadosamente mientras trazas cada palabra. Cuando escribas con letra cursiva, asegúrate de unir correctamente las letras de una misma palabra.

1. Lo opuesto a enfermedad es _____.

2. Si estoy agotada, estoy _____ cansada.

3. En la nevera _____ algo para comer.

DESTREZAS FUNDAMENTALES

La dama de la peineta

Ana y sus amigas quieren aprender a bailar.

Hay una escuela de baile. La maestra lleva un traje negro y rojo. En el cabello lleva una peineta.

—No sé qué tipo de baile es este —dice Ana—. La maestra se ve muy seria.

—Este baile se llama flamenco —dice la dama de la peineta—. Vengan conmigo y verán que el flamenco es una fiesta.

1. ¿Dónde lleva la peineta la maestra de baile?

2. ¿Qué tipo de baile enseñan en la escuela?

3. ¿Qué dice Ana sobre la maestra?

4. Busca y escribe las palabras que contienen los diptongos ai (ay), ei (ey), ui (uy).

GÉNERO: NO FICCIÓN NARRATIVA

Mi meta de aprendizaje — Sé sobre no ficción narrativa y entiendo sus elementos.

Enfoque en el género

Biografía

Una **biografía** cuenta la historia verdadera de la vida de una persona real escrita por otra persona. Puede contar toda la vida de la persona o solo una parte. En una biografía, el autor:

- cuenta los sucesos, o acontecimientos, en orden cronológico, o en el orden en que sucedieron.
- usa palabras como **una vez, al principio** y **finalmente** para hablar de los sucesos que ocurrieron.
- muchas veces cuenta los logros de la persona.

INTERCAMBIAR *ideas* Cuéntale a un compañero sobre un texto que has leído. Vuelve a leer los elementos de una biografía. Comenta con tu compañero si el texto que leíste era o no era una biografía. Toma notas sobre la conversación.

TALLER DE LECTURA

Cartel de referencia: Biografía

escritores

inventores

estrellas deportivas

científicos

Biografías
Cuentos reales sobre personas admirables del presente o del pasado

presidentes

estrellas de TV

artistas

músicos

astronautas

¿Quién dijo que las mujeres no pueden ser doctoras?

Primer vistazo al vocabulario

Busca estas palabras cuando leas *¿Quién dijo que las mujeres no pueden ser doctoras? La historia de Elizabeth Blackwell.*

| permitido | desafío | decidida | se negaba | aceptar |

Primera lectura

Mira el título y las ilustraciones.

Hazte preguntas sobre el texto antes de leerlo.

Lee para saber más sobre Elizabeth Blackwell.

Habla sobre lo que te pareció más interesante.

Conoce a la autora

Tanya Lee Stone ha ganado muchos premios literarios con sus libros para niños y adolescentes. Le gusta escribir libros sobre mujeres desconocidas o poco conocidas y personas de color.

Género Biografía

¿Quién dijo que las mujeres no pueden ser doctoras?

La historia de Elizabeth Blackwell

**por Tanya Lee Stone
ilustrado por Marjorie Priceman**

LECTURA ATENTA

permitido que se puede hacer

1 Me imagino que habrás conocido a muchos doctores en tu vida. Y me imagino que muchas eran mujeres.

2 Bueno, no vas a creer esto, pero en una época las mujeres no tenían *permitido* ser doctoras.

3   Allá por 1830, había muchas cosas que las jóvenes no podían hacer. Se esperaba que ellas solo se casaran y fueran madres. O tal vez, maestras o costureras.

4   Ser doctora, definitivamente, no era una opción.

5   ¿Qué crees que pudo cambiar todo eso? O debería decir… ¿QUIÉN?

LECTURA ATENTA

Identificar la estructura del texto

Una biografía está escrita en orden temporal, o cronológico. La autora comienza contando cuando la persona era joven. Subraya las palabras que la autora usó para decir cuándo comienza esta biografía.

LECTURA ATENTA

6   Elizabeth Blackwell, ella fue quien lo hizo. Una diminuta joven que quería explorar cada esquina y que nunca se rindió frente a ningún desafío.

desafío algo difícil que requiere trabajo adicional

LECTURA ATENTA

Hacer y responder preguntas

Resalta todas las partes del texto sobre las que puedes hacer preguntas. ¿Qué pregunta podrías hacer sobre el texto que resaltaste?

7   Ella fue la joven que en una ocasión levantó a su hermano sobre su cabeza hasta que él se rindió en la pelea.

8   La joven que intentó dormir sobre el suelo duro y sin mantas, solo para aprender a ser más fuerte.

9   Una joven que se subió hasta el techo de su casa y extendió lo más que pudo su catalejo para ver qué pasaba lejos, al otro lado de la ciudad.

249

10   Pero ella no siempre quiso ser doctora. De hecho, la sangre le daba náuseas. En una ocasión, su maestra mostró a los estudiantes cómo funciona el ojo, usando el ojo de un toro. A Elizabeth le repugnó.

11   Tampoco le gustaba ayudar a los enfermos. No tenía paciencia ni para estar enferma ella misma. Cada vez que se sentía mal, simplemente salía a dar un paseo. Una vez, cuando era pequeña, se escondió dentro de un armario hasta que se sintió mejor. Odiaba que estuvieran fastidiándola porque estaba enferma.

12 Entonces, ¿cómo llegó a ser la primera mujer doctora? Pues una persona creía que podría llegar a serlo. Le dijo a Elizabeth que ella era el tipo de muchacha inteligente y decidida que podía cambiar el mundo.

13 Esa persona fue Mary Donaldson. Cuando Elizabeth tenía veinticuatro años, fue a visitar a su amiga Mary que estaba muy enferma. Mary le dijo a Elizabeth que prefería que la examinara una mujer. Y le insistió a Elizabeth en que se convirtiera en doctora.

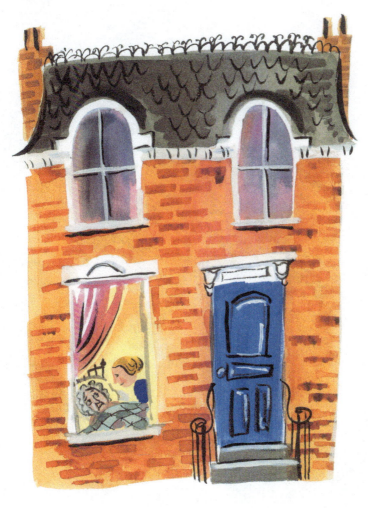

LECTURA ATENTA

Identificar la estructura del texto

Subraya las palabras que dicen cómo Elizabeth Blackwell decidió convertirse en doctora.

decidida que tiene un propósito firme y no quiere renunciar

14 Al principio, Elizabeth no podía creer lo que escuchaba. Aun si una joven *pudiera* llegar a ser doctora, ¿por qué querría serlo?

15 Pero la idea de Mary la carcomía.

16 Una mujer doctora.

17 Elizabeth pensaba en eso apenas se despertaba.

18 Pensaba en eso en las reuniones de costura.

LECTURA ATENTA

Vocabulario en contexto

Subraya las palabras de esta página que te ayudan a entender qué quiere decir **carcomía**.

19 Pensaba en eso durante el té.

20 Y hasta soñaba con eso cuando dormía.

21 Finalmente, Elizabeth les preguntó a algunos doctores y amigos. Algunos creyeron que era una buena idea, pero no creían que eso fuera posible. Otros decían que no era apropiado.

LECTURA ATENTA

Hacer y responder preguntas

Resalta todas las partes del texto sobre las que puedes hacer preguntas.

22 "Las mujeres son muy débiles para un trabajo así".

23 "Las mujeres no son tan inteligentes".

LECTURA ATENTA

Identificar la estructura del texto

Subraya las palabras que muestran por qué Elizabeth trabajó como maestra.

24   Incluso, algunas personas se rieron. Pensaron que estaba bromeando. Elizabeth no le encontraba *ninguna* gracia a la idea de que una mujer se convirtiera en doctora.

25   Elizabeth pensaba que era una buena idea y su familia la apoyaba. Trabajó como maestra para ganar dinero e intentó inscribirse en varias escuelas de medicina. Pero todas le respondieron lo mismo:

NO.

26   No se permitían mujeres. Intentó en otras escuelas. Más cartas llegaron a su puerta. Una por una, la respuesta era siempre la misma.

27   Fueron veintiocho NO los que recibió.

28   De distintas maneras, todas las cartas decían lo mismo:

Las mujeres *no pueden* ser doctoras.

No *deberían* ser doctoras.

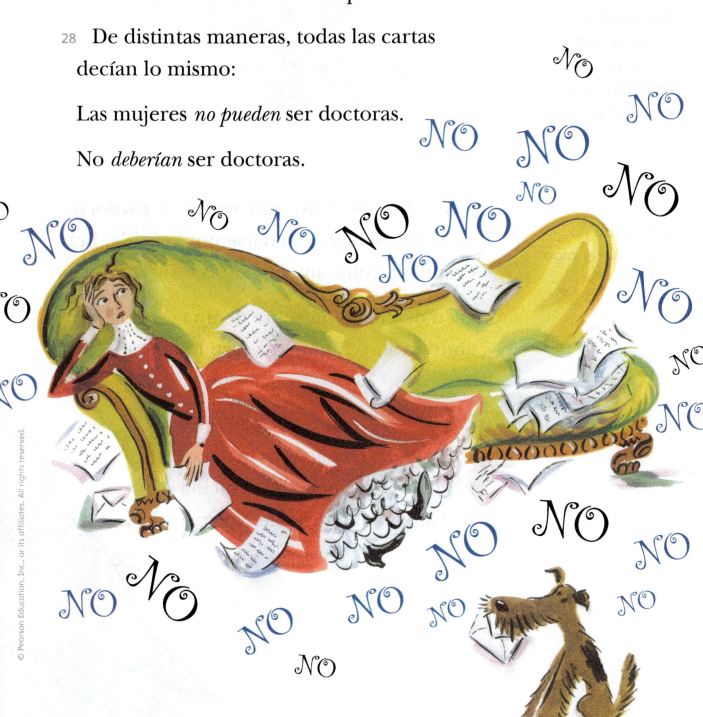

LECTURA ATENTA

Identificar la estructura del texto

<u>Subraya</u> las palabras que muestran el efecto, o el resultado, de que Elizabeth no se diera por vencida.

se negaba no quería hacer algo

29 Pero Elizabeth no creía en los *no pueden* o *no deben*. Se negaba a darse por vencida. Era obstinada como una mula. ¡Por suerte!

30 Un día, llegó un sobre de una escuela. Lo abrió y todo cambió. La respuesta era:

31 Elizabeth empacó sus maletas para ir a la Escuela de medicina de Ginebra, al norte de Nueva York.

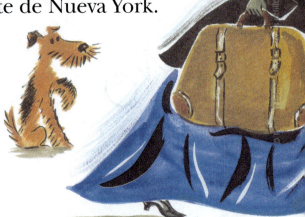

258

32 La gente del pueblo la estaba esperando.

33 Cuando caminaba por la calle, algunos la señalaban y se le quedaban mirando. Susurraban que debía estar fuera de sí, o loca.

34 Elizabeth pensó que al menos los estudiantes estarían contentos de tenerla allí.

35 Pero no fue así.

LECTURA ATENTA

Hacer y responder preguntas

<mark>Resalta</mark> todos los detalles sobre los que tienes preguntas.

aceptar recibir algo o darle entrada

36   Los profesores habían dejado que los estudiantes votaran si aceptaban o no que Elizabeth fuera a estudiar. Y los muchachos, imaginando que la escuela nunca iba a aceptar a una muchacha, dijeron que sí. Intentaron convertir todo en una gran broma.

37   ¡Pero la broma les salió al revés!

38 Cuando la delicada Elizabeth tomó asiento todos se quedaron mudos.

39 Todos se preguntaban qué tipo de muchacha era.

40 Ella era el tipo de muchacha que no mordería el anzuelo.

41 Algunos pensaron que no sería capaz de mantener el ritmo.

42 Pero Elizabeth sí que lo mantenía. A veces estudiaba más allá de la medianoche.

43 Elizabeth demostró que era tan inteligente como un hombre.

44 Y muy pronto, todos querían saber qué pensaba ella sobre esto o aquello.

45 A las personas del pueblo les tomó más tiempo aceptarla. Algunas personas pueden tener miedo de lo nuevo o lo diferente.

46 Pero Elizabeth no tenía ese miedo.

LECTURA ATENTA

Hacer y responder preguntas

Resalta todos los detalles sobre los que puedes hacer preguntas para mejorar tu comprensión.

LECTURA ATENTA

Identificar la estructura del texto

<u>Subraya</u> las palabras que dicen cuándo Elizabeth llegó a ser doctora.

47 El 23 de enero de 1849, Elizabeth se graduó… ¡con las notas más altas de la clase!

48 Se convirtió en la primera mujer doctora de Estados Unidos.

49 Y aunque algunos estaban orgullosos, otros estaban enfadados. Un doctor llegó a escribir: "Espero, por el honor de la humanidad, que sea la última".

50　Pero como ya sabes,

NO fue así.

VOCABULARIO

Desarrollar el vocabulario

INTERCAMBIAR ideas Hay palabras que pueden tener significados parecidos. **Caminar** y **andar** son dos palabras diferentes, pero que tienen significados similares. Trabaja con un compañero. Mira las notas de Lectura atenta para buscar palabras del vocabulario que tengan un significado similar a otra de la tabla. Luego, trabaja con tu clase para escribir la definición de cada palabra de vocabulario.

permitido   desafío   decidida   se negaba   aceptar

Palabra	Palabra de vocabulario	Significado
rechazaba		
valiente		
recibir		
posible		
reto		

266

COMPRESIÓN   TALLER DE LECTURA

Verificar la comprensión

Mi TURNO Vuelve al texto para contestar las preguntas. Escribe las respuestas.

1. ¿Por qué este texto es una biografía?

2. ¿Cómo te ayudan las ilustraciones a comprender el texto?

3. Alguien que te **inspira** hace que te esfuerces más. ¿Quién inspiró a Elizabeth Blackwell a alcanzar la meta de convertirse en doctora?

Identificar la estructura del texto

La información de un texto puede estar organizada de muchas maneras. En una estructura de causa y efecto, un autor muestra de qué manera una cosa (la causa) lleva a otra (el efecto).

Puedes reconocer el efecto preguntando: "¿Qué sucede?".
Puedes reconocer la causa preguntando: "¿Por qué sucede?".

Mi TURNO Mira las notas de Lectura atenta sobre la estructura del texto. Subraya la evidencia del texto en la que se puede ver la relación de causa y efecto. Utiliza lo que subrayaste para completar la tabla.

Causa: ¿Por qué sucedió?	Efecto: ¿Qué sucedió?
	Elizabeth decidió convertirse en doctora.
	Elizabeth trabajó como maestra.
Elizabeth se negaba a darse por vencida.	

TALLER DE LECTURA

Hacer y responder preguntas

Cuando generas, o haces, preguntas antes, durante y después de leer, profundizas tu comprensión.

Mi TURNO Escribe una pregunta que tenías antes de leer. Vuelve a las notas de Lectura atenta y al texto resaltado. Escribe una pregunta de un detalle resaltado. Luego, escribe una pregunta que todavía tengas después de leer el texto.

Antes de leer
Pregunta:

Respuesta:

Durante la lectura
Pregunta:

Respuesta:

Después de leer
Pregunta:

Respuesta:

RESPONDER AL TEXTO

Reflexionar y comentar

En tus palabras

¿Crees que una persona puede motivar a otra cuando le dice lo que **puede** o **no puede** hacer? Utiliza ejemplos del texto para apoyar tu respuesta.

Comentar opiniones

Cuando comentes tu opinión, pregunta gentilmente si puedes hablar. Deja en claro tu posición y escucha lo que los otros dicen. Puedes cambiar de opinión y ¡eso está bien!

- Deja en claro cuál es tu opinión y da tus razones.
- Escucha la opinión de los demás con la mente abierta.

Usa estos comienzos de oración para comentar tus opiniones. Ahora comenta tus ideas.

Pienso que...
porque...
Tienes toda la razón sobre...

Pregunta de la semana

¿Cómo nos inspiran otras personas a alcanzar una meta?

VOCABULARIO

PUENTE ENTRE LECTURA Y ESCRITURA

Puedo usar el lenguaje para hacer conexiones entre la lectura y la escritura de no ficción narrativa.

Mi meta de aprendizaje

Vocabulario académico

A veces, cuando agregas un sufijo a una palabra base, la palabra base cambia. La palabra resultante es una palabra relacionada. Las palabras relacionadas te ayudan a desarrollar tu vocabulario. El verbo **comentar** tiene un significado parecido a **conversar**. Para formar la palabra relacionada **conversación**, borras la **r** final y agregas el sufijo **-ción**. Los sufijos **-xión, -sión** y **-ción** significan "actos de". Por tanto, **conversación** es "el acto de conversar".

Mi TURNO Lee cada verbo y la palabra relacionada con el sufijo. Escribe qué significa la nueva palabra. Luego, usa cada palabra con sufijo en una oración.

Verbo	Palabra relacionada con sufijo	Lo que significa la nueva palabra
conectar	conexión	
igualar	igualación	
dividir	división	

TÉCNICA DEL AUTOR

Leer como un escritor, escribir para un lector

Los autores suelen usar palabras que significan exactamente lo que dicen, o lenguaje **literal**. Pero a veces usan palabras con un significado inusual, o lenguaje **figurado**. Los **modismos** son un tipo muy común de lenguaje figurado.

Palabras del autor	Lo que significan las palabras
"las mujeres no tenían permitido ser doctoras".	Las mujeres no podían ser doctoras (literal).
"la idea de Mary la carcomía".	Elizabeth pensaba mucho en la idea (figurado).

INTERCAMBIAR *ideas* Con la ayuda de tu maestro, identifica en estas oraciones el lenguaje literal y el lenguaje figurado. Comenta la diferencia entre uno y otro.

Trabajó como maestra para ganar dinero.

Los muchachos se quedaron mudos al verla.

Subraya el modismo en esta oración. Explica qué significa.

Era el tipo de muchacha que no mordería el anzuelo.

Escribe una oración con lenguaje figurado. Escribe otra con el modismo **tirar la toalla**.

ORTOGRAFÍA

PUENTE ENTRE LECTURA Y ESCRITURA

Escribir palabras con los diptongos ai (ay), ei (ey), ui (uy)

Mi TURNO Completa las oraciones con las palabras de ortografía.

1. Para arreglarnos el cabello usamos un _____.
2. Los aviones hacen _____ al pasar.
3. Ayer _____ a ver a mis abuelos.
4. Hay que tener _____ al cruzar la calle.
5. La nueva _____ de medioambiente protege el _____ y el agua.
6. Yo _____ mejor en matemáticas que en _____.
7. Me gusta el olor de las _____.
8. Un juez trabaja en un _____.

Escribe Mis palabras y subraya el diptongo.

9. _____
10. _____

Palabras de ortografía

fui
baile
fuimos
aire
aceitunas
ley
peine
ruido
juicio
cuidado

Mis palabras

muy
hay

LENGUAJE Y NORMAS

Los adjetivos y los adverbios

Los **adjetivos** describen a las personas, los lugares y las cosas. Es decir, describen a los sustantivos. Los **artículos el, la, los, las** y **un, una, unos, unas** acompañan al sustantivo y concuerdan en género y número con el sustantivo. Hay **artículos** definidos e indefinidos.

El caballo negro corre. Una tortuga albina nada.

Los **adverbios** describen acciones. Esto significa que describen verbos. También pueden describir adjetivos y otros adverbios. Los adverbios dicen cómo, dónde o cuándo.

Hoy jugamos afuera alegremente.

Mi TURNO Corrige este borrador. Tacha los artículos, adjetivos y adverbios incorrectos. Escribe encima los correctos.

El gata de Luisa se porta muy malo. Una día traté de acariciarla y me arañó el mano. Grité mucho fuerte y las gata se escapó rápido. Luisa vino asustada y cuando vio la arañazo me trajo unas bandita y me la puso cuidado.

NARRACIÓN PERSONAL　　　　**TALLER DE ESCRITURA**

Puedo usar elementos de la no ficción narrativa para escribir una narración personal.

Mi meta de aprendizaje

Narración personal

En una **narración personal**, un autor cuenta sucesos reales de su vida. El autor, o narrador, es la persona que cuenta el suceso y usa palabras como **yo**, **me** y **mi**. Las narraciones personales tienen principio, medio y final. Además, el autor incluye detalles que ayudan a que los sucesos cobren vida.

Mi viaje al Gran Cañón

Un caluroso y soleado verano viajé con mi familia al Gran Cañón. Al comienzo yo estaba muy contento, pero cuando caminamos por el borde del Cañón, ¡me detuve! ¡Era tan profundo! No me quería acercar más. Después, mi hermanito me pasó y se asomó. Pensé: "Tengo que poder hacerlo". Caminé muy lentamente por el borde del cañón y me detuve nuevamente, pero no por miedo. ¡El cañón era increíble! Muchas capas de rocas coloridas y de distintas formas se extendían por millas y millas. Nunca había visto algo tan hermoso. Al final del día en el Gran Cañón supe que, cuando fuera más grande, querría ser geólogo.

Principio

Detalle

Final

NARRACIÓN PERSONAL

Generar ideas

Antes de comenzar a escribir, un autor hace una lluvia de ideas o piensa en ideas nuevas. En una narración personal, un autor toma en cuenta sucesos de su vida que les pueden resultar interesantes a los lectores. Por ejemplo, un momento especial que puede ser divertido, triste o tenebroso.

Mi TURNO Piensa en momentos especiales de tu vida. Haz una lista de tres posibles temas para tu narración personal.

Temas

Usa esta lista para decidir qué tema usar.

- ☐ Este es un suceso de mi vida real.
- ☐ Se enfoca en un solo suceso.
- ☐ Tiene un claro principio, medio y final.
- ☐ Puedo incluir detalles interesantes para hacer que el cuento cobre vida.

TALLER DE ESCRITURA

Planificar tu narración personal

Los autores organizan sus ideas para planificar lo que van a escribir.

Mi TURNO Decide un tema para una narración personal. Usa el organizador para planificarla. Luego, comenta tus ideas en el Club de escritura. Escucha los comentarios.

Tema

Dónde y cuándo sucedió

Principio	Detalles

Medio	Detalles

Final	Detalles

PRESENTACIÓN DE LA SEMANA: INFOGRAFÍA

Obras de arte

El arte no solo son pinturas colgadas en una pared. Los edificios también son producto del trabajo creativo del arte.

La Torre CN en Toronto, Ontario, Canadá, tiene un observatorio circular con hermosas vistas y un lugar para comer. Esta torre fue diseñada en su mayor parte por John Andrews.

El edificio del Museo Guggenheim de Nueva York es una obra de arte en sí mismo. El arquitecto que lo diseñó fue Frank Lloyd Wright.

El Pabellón Pritzker, en Chicago, se utiliza para realizar espectáculos al aire libre. Fue diseñado por el arquitecto Frank Gehry.

Pregunta de la semana

¿Cómo pueden tener nuestras creaciones un efecto en los demás?

Mi TURNO

¿De qué manera los edificios tienen un efecto en nosotros como comunidad? ¿Crees que hay algún edificio que ayuda a tu comunidad? Dibuja el edificio en una hoja de papel. O dibuja un edificio que te gustaría ver construido algún día.

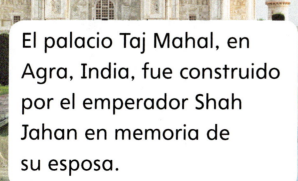

El palacio Taj Mahal, en Agra, India, fue construido por el emperador Shah Jahan en memoria de su esposa.

279

FONÉTICA

Los hiatos ae, ao, ea, ee, eo, oa, oe, oo

El hiato es la combinación de dos vocales en una misma palabra, pero que pertenecen a sílabas distintas. Por ejemplo, **oeste (o-es-te)**.

Las combinaciones de vocales fuertes que forman hiato en las palabras son **ae, ao, ea, ee, eo, oa, oe, oo**.

Mi TURNO Lee, o decodifica, las siguientes palabras. Subraya las vocales que forman el hiato.

caoba	caer	héroe	recreo
aseo	leer	oasis	aloe

INTERCAMBIAR ideas Vuelve a leer las palabras anteriores con un compañero. En una hoja aparte, escribe cada una de las palabras separándolas en sílabas. Comenta la lista con tu compañero.

DESTREZAS FUNDAMENTALES

Los hiatos ae, ao, ea, ee, eo, oa, oe, oo

Mi TURNO Lee las siguientes palabras. Luego, úsalas para completar las oraciones.

caoba	ahorro	héroe
recreo	leer	aéreo

1. La _____ es un tipo de madera.

2. En el _____ puedo jugar con mis amigos.

3. Hay tres tipos de transporte: _____, terrestre y acuático.

4. Juan es el _____ del vecindario por bajar gatos de los árboles.

5. Saber _____ es importante para la vida.

6. Todos los días _____ para comprar una bicicleta.

PALABRAS DE USO FRECUENTE | TEXTO DE FONÉTICA

Mis palabras

Mi TURNO Lee las siguientes palabras. Completa las oraciones usando las palabras.

| arquitecto | idea | traer |

1. Se me ocurrió una _____ genial para un dibujo.

2. Estoy cansado de llevar y _____ cajas por las escaleras.

3. Un _____ es quien diseña los edificios.

INTERCAMBIAR ideas Lee las oraciones en voz alta con un compañero. Luego, escribe tus propias oraciones con cada una de las palabras anteriores. Intercambia y lee las oraciones de tu compañero.

El bosque de caobos

Los animales del bosque están tristes. Alguien está talando el bosque de caobos. Para algunas personas, el bosque y sus animales no son importantes.

El águila hace un paseo aéreo. Desde arriba ve un oasis con un lodo que es bueno para hacer casas. ¡El águila tiene una idea!

—Topo, ¿puedes hacer una casa de lodo? —pregunta el águila—. Si las personas aprenden a hacer sus casas de lodo, no cortarán los caobos.

El topo les enseñó a las personas a usar el lodo.

¡Ahora los animales ven al águila y al topo como héroes!

1. ¿Por qué estaban tristes los animales?

2. ¿Por qué es importante que las personas aprendan a usar el lodo?

3. Busca y escribe las palabras con hiato.

GÉNERO: NO FICCIÓN NARRATIVA

Mi meta de aprendizaje Puedo leer una biografía y usar elementos gráficos e impresos.

Enfoque en el género

Biografía

Una **biografía** es un tipo de texto informativo. Cuenta la vida de una persona real, pero está escrita por otra persona. Una biografía incluye las **ideas principales** y los **detalles** importantes sobre la persona.

- Puede incluir toda la vida de una persona o solo una parte.
- Puede incluir **elementos gráficos**, como **fotos** e **ilustraciones**, que hacen que el texto sea más fácil de comprender.

En una biografía, puedo mirar las fotos para aprender más sobre la persona.

Leer con fluidez Cuando practicas cómo leer con la fluidez apropiada, lee a la misma velocidad con la que hablas, ni más rápido ni más lento. Además, lee con una expresión que se corresponda con el sentimiento y la puntuación del texto. Por ejemplo, cambia la expresión cuando haya signos de interrogación. Leer con una expresión que suena como el discurso hablado se llama prosodia.

284

TALLER DE LECTURA

Cartel de referencia: Biografía

Una biografía

es sobre la vida de una persona real.
tiene imágenes como fotos o ilustraciones.
presenta los hechos sobre la persona.
describe los detalles especiales de esa persona.

Abraham Lincoln fue presidente de Estados Unidos de 1861 a 1865.

Amelia Earhart fue la primera mujer piloto en cruzar el océano Atlántico volando sola.

Imitar la naturaleza

Primer vistazo al vocabulario

Busca estas palabras cuando leas *Imitar la naturaleza: La vida de Antoni Gaudí*.

| observa | arquitecto | monumentos | creaciones | arcos |

Primera lectura

Lee para entender el tipo de arte que hacía Antoni Gaudí.

Mira las ilustraciones como ayuda para entender el arte.

Hazte preguntas con **quién** o **dónde** para hacer más clara la información.

Habla sobre lo que te ha parecido interesante.

Conoce a la autora

Rachel Rodríguez fue a diferentes escuelas, porque su familia se mudaba con frecuencia. Leer libros la ayudó a adaptarse cuando era la "niña nueva". Ahora disfruta de su vida en San Francisco.

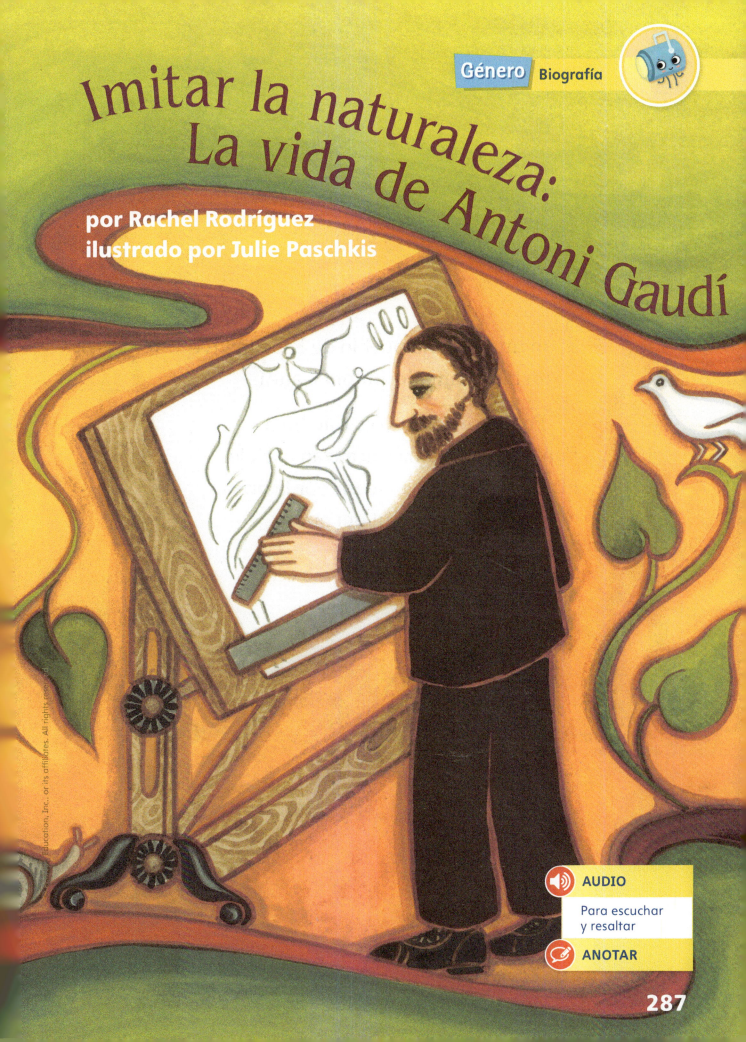

Género Biografía

Imitar la naturaleza: La vida de Antoni Gaudí

por Rachel Rodríguez
ilustrado por Julie Paschkis

1. En un pequeño pueblo de España vive un niño llamado Antoni Gaudí.

2. Para él, el mundo es Cataluña. Puntas de montañas alcanzan el cielo. Plateados olivos se mecen por la brisa. Destella el azul del mar.

3   El pequeño Gaudí a menudo se enferma. Le duelen sus huesos y articulaciones. No siempre puede correr y jugar con su hermana y su hermano.

4   Pero Gaudí tiene tiempo para prestar atención. Con sus ojos bien abiertos, observa el mundo. A su alrededor está la luz, la forma y el Gran libro de la naturaleza, libro que leerá durante toda su vida.

LECTURA ATENTA

Usar los elementos del texto

Subraya las palabras que dan más detalles sobre la ilustración.

observa mira con atención

5   El padre de Gaudí trabaja con cobre y fuego. La familia de su madre también es una familia de herreros. Él mira, una y otra vez, de qué manera las piezas planas de metal se convierten en figuras con espacios vacíos en su interior.

6   Gaudí va haciéndose más fuerte. Se hace amigo de dos niños. Juntos exploran un antiguo monasterio. Él sueña con reconstruir esas ruinas.

LECTURA ATENTA

Vocabulario en contexto

En algunas ocasiones puedes descubrir el significado de una palabra desconocida leyendo las otras palabras que la rodean. <u>Subraya</u> las palabras que te ayudan a comprender el significado de **ruinas**.

LECTURA ATENTA

Hacer conexiones

<mark>Resalta</mark> los detalles que muestran cómo aprendió Antoni Gaudí a ser arquitecto. ¿Quién lo ayudó en este aprendizaje?

arquitecto persona que diseña edificios

monumentos edificios, estatuas y lugares hechos en honor a una persona o un suceso

7 Después de la secundaria, Gaudí va a Barcelona para ser arquitecto.

8 Estudia los monumentos importantes y lee en la biblioteca. Sus maestros son otros arquitectos.

9 Gaudí se viste con finos trajes y galera. Asiste a la ópera y va a la iglesia.

10 Diseña su propio escritorio. Crea faroles para la ciudad.

11 Muy pronto, las personas buscan a Gaudí para que les construya algo.

12 Su primer gran proyecto es la Casa Vicens.

13 Hay azulejos de cinias florecidas por todas partes. La casa parece un tablero de ajedrez colorido. Los caminantes se paran a observarla. No están acostumbrados a los colores brillantes de Gaudí.

14 Gaudí también lleva a la naturaleza dentro de la casa.

15 Hojas que trepan las paredes. Cerezas que cuelgan de los techos. Pájaros que giran y se elevan al cielo.

LECTURA ATENTA

Hacer conexiones

Resalta las palabras que te ayudan a comprender que Gaudí crea cosas que pueden resultarles divertidas a las personas.

creaciones cosas que se hacen o se producen

16 Gaudí trabaja en muchos proyectos al mismo tiempo. Comienza a diseñar la Basílica de la Sagrada Familia. Por años, la planifica y la hace realidad. Su fe inspira su trabajo.

17 Para Gaudí, los edificios son muy importantes. Todo debe tener una función. Sin embargo, no tiene miedo de usar su imaginación.

18 Cada vez que los visitantes usan la aldaba de la puerta para llamar, aplastan un chinche.

19 La mirilla de la puerta se parece a un panal de abejas.

20 Gaudí logra que las personas se fijen en sus pequeñas creaciones.

21 Diseña la entrada de la casa de campo de su amigo Güell. Un dragón descansa en lo alto, entre rombos y cuadrados, mostrando sus colmillos y su lengua resbalosa. Sus creaciones se vuelven cada vez más audaces.

22 Para el Palacio Güell, en la ciudad, Gaudí construye una rampa curva que llega hasta un establo subterráneo. Los caballos bajan a paso firme. Por arriba, la luz del sol entra a través de una cúpula en el techo. La familia disfruta de su salón bajo un cielo estrellado.

LECTURA ATENTA

Usar los elementos del texto

Subraya las palabras que se pueden comprender mejor mirando las ilustraciones.

23 ¿Cómo se construye una capilla subterránea? Gaudí estudia este gran problema durante diez años.

24 Crea un modelo invertido que recuerda a una colonia de murciélagos.

25 Gaudí aprende a trabajar con columnas y arcos. Los voltea y comienza a construir la Cripta de la Colonia.

LECTURA ATENTA

arcos estructuras curvas que por lo general se encuentran sobre las puertas, las ventanas y los portales

26 En la Casa Batlló, una chimenea se esconde debajo del sombrero de un hongo. Los corredores lucen como cavernas subacuáticas. La casa brilla como el mar.

27   Los arcos del techo son la espina dorsal del dragón. Los pilares son las patas de este animal gigante, los balcones son sus huesos y las paredes redondeadas son suaves como la piel de una serpiente. Una torre con forma de espada está lista para rebanar a la bestia.

LECTURA ATENTA

Vocabulario en contexto

Subraya las palabras que te ayudan a deducir el significado de **rebanar**.

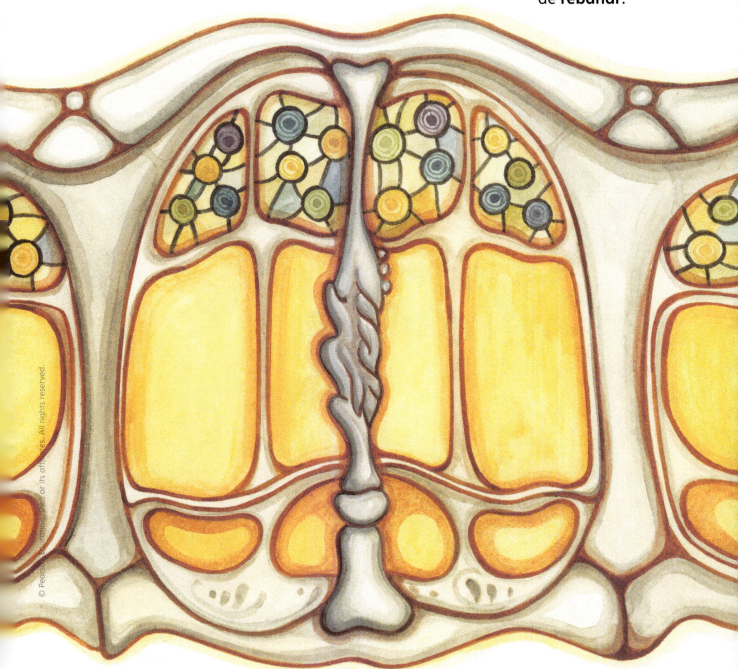

28 Todos admiran cómo vuela la imaginación de Gaudí. Pero no todos disfrutan de sus extraños edificios. Gaudí no presta atención a lo que dicen. Solamente se escucha a sí mismo.

²⁹ La casa Milà tiene curvas y ondas. Los espacios redondeados se agrupan formando una gran colmena. Gaudí convierte la naturaleza en arte.

³⁰ Decora las chimeneas del techo, un mundo de maravillas en movimiento. El patio de la azotea parece un barco. Los visitantes sienten en sus pies las ondas de las olas del mar.

LECTURA ATENTA

Usar los elementos del texto

Subraya los nombres de las cosas que se comprenden mejor mirando las ilustraciones.

301

31 La casa Milà causa alboroto. Algunas personas incluso la odian.

32 —¿Qué es esto? —preguntan.

33 —Una montaña —opinan algunos.

34 —Un nido de avispas.

35 Tal vez es un castillo de arena o un pastel gigante.

36 Algunos dicen que el edificio de Gaudí se ríe de los otros edificios en la misma calle. La Casa Milà fascina a todos.

37 El Parque Güell es un mundo de fantasía en la ladera de una colina. La portería saluda torciéndose y ondeándose. Una lagartija de mosaicos monta guardia.

38 Un largo banco serpentea alrededor del patio de juegos. Los obreros de Gaudí rompen en pedazos mosaicos viejos, vidrios y platos. Decoran el interminable banco curvo. Gaudí celebra a sus talentosos trabajadores.

39 Los visitantes llegan de a miles a celebrar cómo Gaudí ve a Cataluña.

LECTURA ATENTA

Usar los elementos del texto

Subraya tres ejemplos de cosas coloridas que se nombran en el texto y se pueden ver en las ilustraciones.

LECTURA ATENTA

Usar los elementos del texto

Subraya las palabras que se representan en la ilustración. ¿Cómo ayuda la ilustración a que el autor logre su propósito?

40 Gaudí envejece y, aun así, trabaja en su Basílica de la Sagrada Familia. Aplica lo aprendido de sus otros edificios y le dedica sus últimos años de vida.

41 Los azulejos y vidrios venecianos van incrustados en las torres elevadas hacia el cielo. Adentro, la luz se filtra por un bosque de piedra.

42 La Basílica de Gaudí reluce sobre Barcelona como en un sueño.

LECTURA ATENTA

Hacer conexiones

Resalta las palabras que te ayudan a comprender qué le dejó Gaudí a la sociedad.

43   Gaudí deja tras de sí pocas palabras y pocos planos. Sus osadas obras hablan por él. Ellas cuentan sus cuentos. Son el poema que Gaudí le deja al mundo.

44   Los edificios de Gaudí se curvan y se arquean. Brillan, relucen y susurran alegría.

45   Estas obras te esperan para que las veas con tus propios ojos.

LECTURA ATENTA

Fluidez

Practica leer con fluidez. Lee varias veces en voz alta los párrafos 28 a 36 con un compañero. Lee al ritmo con que hablas y agrupa las palabras dándoles una expresión adecuada.

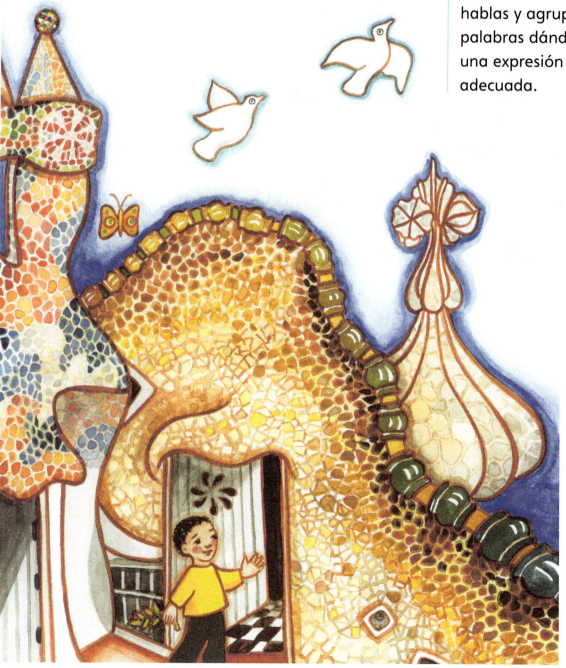

VOCABULARIO

Desarrollar el vocabulario

Mi TURNO Escribe las palabras del recuadro para completar el artículo de periódico.

observa   arquitecta   monumentos   creaciones   arcos

Conoce a Jenna Caro

Jenna Caro es una _____ famosa de nuestra ciudad. _____ cómo vive y trabaja la gente. Luego, ella y sus socios diseñan edificios, casas y otras _____. Acaban de terminar dos _____ que se encuentran sobre una acera. Ahora están trabajando en tres _____ en honor a los maestros.

COMPRENSIÓN **TALLER DE LECTURA**

Verificar la comprensión

Mi TURNO Vuelve a leer el texto para responder a las siguientes preguntas. Escribe las respuestas.

1. ¿Cómo te indica el título que este texto es una biografía?

2. ¿Cómo te ayudan las ilustraciones a comprender cómo se ven los edificios de Gaudí?

3. ¿De qué manera afectó la enfermedad infantil de Gaudí a su obra como arquitecto?

LECTURA ATENTA

Usar los elementos del texto

Los títulos, ilustraciones, fotografías y palabras en negrita son todos **elementos del texto**. Los autores usan los elementos impresos y gráficos del texto con los siguientes propósitos:

- para darles a los lectores información adicional.
- para que sea más fácil localizar y comprender la información.

Mi TURNO Lee las notas de Lectura atenta. Sigue las instrucciones para subrayar el texto. Para completar la tabla, escoge tres ilustraciones que coincidan con las partes que subrayaste. Comenta por qué el autor usó esas ilustraciones.

Ilustración	Propósito del autor con las ilustraciones
Gaudí caminando cerca de los árboles	Muestra cómo Gaudí observaba la naturaleza cuando era niño.

TALLER DE LECTURA

Hacer conexiones

Cuando lees, puedes hacer conexiones con:

- experiencias personales o cosas que has hecho.
- ideas de otros textos que has leído.
- la sociedad u otras personas.

Mi TURNO Lee las notas de Lectura atenta y resalta el texto. Completa la tabla con conexiones con tu propia experiencia, otros textos o con la sociedad.

Cuando leí...	me hizo recordar...
sobre la vida de Gaudí mientras estaba estudiando para ser arquitecto,	
sobre las cosas que creó Gaudí para que la gente las disfrutara,	
lo que Gaudí le dejó a la sociedad,	

RESPONDER AL TEXTO

Reflexionar y comentar

Escribir basándose en las fuentes

Esta semana, la lectura que hiciste contaba cómo Gaudí y otros crearon edificios y objetos fascinantes. A algunas personas les gustan, pero a otras no. Describe tu conexión personal con dos de los edificios. En una hoja de papel, escribe un párrafo breve con tu opinión sobre los edificios.

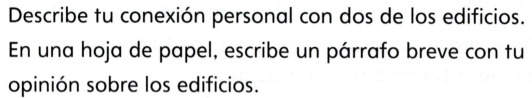

Escribir una opinión

Tu opinión expresa lo que tú piensas o sientes.

- Expresa tu opinión claramente.
- Da razones y ejemplos para apoyar tu opinión.
- Usa palabras que expresen una opinión, tales como: **yo creo**, **prefiero** y **el mejor** o **el peor**.

Elige dos edificios de los textos que leíste. Expresa tu opinión sobre cómo te afectaron estos edificios. Utiliza adjetivos para describir los edificios. Incluye detalles que muestren tu comprensión de los textos.

Pregunta de la semana

¿Cómo pueden tener nuestras creaciones un efecto en los demás?

VOCABULARIO

PUENTE ENTRE LECTURA Y ESCRITURA

Puedo usar el lenguaje para hacer conexiones entre la lectura y la escritura de no ficción narrativa.

Mi meta de aprendizaje

Vocabulario académico

Los **antónimos** son palabras con sentidos opuestos. Puedes encontrar antónimos en un diccionario de sinónimos y antónimos, y usarlos en tu escritura.

Mi TURNO Explica el significado de cada palabra en negrita. Luego, identifica su antónimo. Usa un diccionario de sinónimos y antónimos si lo necesitas. En una hoja de papel, escribe una oración en la que uses una palabra y su antónimo.

Palabra	Significado	Antónimo
persona **irresponsable**		
destruir un edificio		
debate con ella		
desconectar los cables		

TÉCNICA DEL AUTOR

Leer como un escritor, escribir para un lector

Los autores incluyen un lenguaje descriptivo para ayudar a sus lectores a comprender e imaginar lo que leen. Usan palabras claras y precisas. Incluyen detalles relacionados con los sentidos: vista, oído, olfato, gusto y tacto.

Detalles del autor	Lo que me muestran los detalles
"Un dragón descansa en lo alto, entre rombos y cuadrados, mostrando sus colmillos y su lengua resbalosa".	Puedo imaginar estos edificios muy claramente.
"Los pilares son las patas de este animal gigante, los balcones son sus huesos y las paredes redondeadas son suaves como la piel de una serpiente".	Puedo sentir cómo son esas paredes: suaves y curvas.

INTERCAMBIAR ideas Conversa con un compañero sobre el uso de detalles descriptivos que hace la autora. ¿Por qué usa esas palabras?

Mi TURNO En una hoja de papel, escribe dos o tres oraciones que describan tu salón de clases. Incluye detalles relacionados con los sentidos.

ORTOGRAFÍA

PUENTE ENTRE LECTURA Y ESCRITURA

Escribir palabras con los hiatos ae, ao, ea, ee, eo, oa, oe, oo

Mi TURNO Vuelve a ordenar las letras para formar las palabras de ortografía. Escribe cada palabra.

Palabras de ortografía				
veo	caer	golpea	poeta	leer
tarea	mareo	boa	paseo	teatro

1. ove _____
2. raeta _____
3. bao _____
4. trotea _____
5. sapeo _____

6. rele _____
7. goalpe _____
8. potae _____
9. cera _____
10. romea _____

Mis palabras

idea   traer

Completa las oraciones con Mis palabras.

Tengo una _____ para el fin de curso.

Pueden _____ a la escuela sus libros favoritos.

315

LENGUAJE Y NORMAS

Los adjetivos comparativos y superlativos

Los **adjetivos comparativos** y **superlativos** comparan sustantivos. Los adjetivos comparativos comparan sustantivos por grado de superioridad, igualdad e inferioridad. Hay dos tipos de superlativos: relativos y absolutos (que terminan en *-ísimo/-ísima*).

Tipo de adjetivo	Estructura
Comparativo de superioridad	más + alto + que
Comparativo de igualdad	tan + alto + como
Comparativo de inferioridad	menos + alto + que
Superlativo relativo	el más + alto
Superlativo absoluto	altísimo/altísima

Hay otros superlativos que son irregulares, como: el/la mejor, el/la peor, el/la mayor, el/la menor.

Mi TURNO Corrige este borrador. Tacha los adjetivos incorrectos. Escribe encima los adjetivos correctos.

El libro de lectura es muy pesado como el de matemáticas.

Pero el libro de matemáticas es muy pesado que el de ciencias. Los tres libros son muy pesados que los cuadernos.

Mi mochila siempre es más pesada.

NARRACIÓN PERSONAL

TALLER DE ESCRITURA

Puedo usar elementos de la no ficción narrativa para escribir una narración personal.

Mi meta de aprendizaje

Escribir el ambiente

El ambiente, o escenario, es cuándo y dónde se desarrolla un cuento. El autor de una narración personal utiliza detalles sensoriales para describir con vivacidad el ambiente.

Mi TURNO Completa la tabla para planificar cuál será el ambiente de tu narración personal. Escribe al menos tres detalles. Luego, escribe el ambiente de tu narración personal en tu cuaderno del escritor.

Cuándo

Dónde

Detalles sensoriales

317

NARRACIÓN PERSONAL

El narrador: Tú

El narrador de una narración personal es el autor. En una narración personal, los autores describen un suceso y cuentan qué pensaban y sentían en ese momento.

Mi TURNO Completa la tabla para planificar sobre qué escribirás. Luego, escribe tu narración personal.

Qué sucedió

Qué estaba pensando

Qué sentía

TALLER DE ESCRITURA

Problema y solución

Una narración personal tiene principio, medio y final. En el principio, el autor le cuenta al lector el **problema** o la experiencia. En el medio, el autor cuenta cómo intenta resolver el problema. En el final, o **solución**, cuenta cómo se resolvió el problema.

Mi TURNO Completa la tabla para planificar el problema y la solución sobre los que escribirás. Luego, escribe tu narración personal.

Tema

Problema

Solución

PRESENTACIÓN DE LA SEMANA: INFOGRAFÍA | POEMA

Sembradores de bienestar

Podemos entre todos recoger las hojas secas del parque.

Podemos marcar la diferencia en nuestras comunidades de muchas maneras. Nuestras acciones o gestos amables nos hacen sentir bien a todos.

Podemos pintar un mural muy colorido para embellecer una calle.

Podemos ser amables y ofrecer nuestra ayuda a otros que la necesiten.

Si en tu comunidad
hay algo que tú piensas
que puede mejorar,
reúne a tus amigos,
traten de persuadir,
organícense y verán
que podrán contribuir.

SEMANA 3

Pregunta de la semana

¿Qué pueden hacer las personas para marcar la diferencia en su comunidad?

INTERCAMBIAR ideas

Lee el poema con un compañero. ¿Cómo se relaciona el poema con lo que hacen las personas de la infografía?

Conversa con un compañero sobre tu propia experiencia. ¿Has ayudado o visto personas ayudando a otras de la comunidad? Luego, escribe un poema o dibuja sobre el tema.

321

FONÉTICA

Los prefijos i-, in-, im-, des-, re-

Los **prefijos** son partes que se añaden al principio de una palabra base para cambiar su significado. Cada prefijo tiene su propio significado. Por ejemplo, al agregar el prefijo *in-* a una palabra, se forma una nueva palabra que significa lo opuesto a la palabra base. El prefijo *in-* se convierte en *im-* si la palabra base comienza con las letras *b* o *p* y se debe duplicar la letra *r* si la palabra base comienza con *r*, como en *irracional* (i + r + racional).

i-, in-, im-	des-	re-
lo opuesto a	lo opuesto a	repetición

i + r + real = irreal = no es real

in + útil = inútil = no es útil

im + par = impar = no es par

i + lógico = ilógico = no es lógico

des + atar = desatar = sin atar

re + leer = releer = volver a leer

Mi TURNO Lee las siguientes palabras. Identifica el prefijo y enciérralo en un círculo. Subraya la palabra base.

imperfecto	irregular	desordenar	despeinar
impaciente	deshacer	recaer	incorrecto

INTERCAMBIAR ideas Elige dos palabras de la tabla y escribe una oración con cada una. Intercambia las oraciones con tu compañero.

DESTREZAS FUNDAMENTALES

Los prefijos i-, in-, im-, des-, re-

Mi TURNO Lee las siguientes palabras. Luego, úsalas para completar las oraciones.

| irrompible | inútil | imbebible | desatar | rearmar |

1. Tendré que _____ la torre de cartas otra vez.

2. El agua contaminada es _____ .

3. La cuerda tiene un nudo muy difícil de _____ .

4. ¡Mi juguete es _____ !

5. Es _____ tratar de cortar la cuerda sin tijeras.

PALABRAS DE USO FRECUENTE | TEXTO DE FONÉTICA

Mis palabras

Mi TURNO Lee las siguientes palabras. Identifica y subraya las palabras en el párrafo. Luego, escribe tus propias oraciones. Usa cada palabra. Traza las letras correctamente mientras escribes. Usa trazos que conecten las letras de una misma palabra.

| antes | repetir | irresistible |

Antes de cenar, me lavé las manos. Mamá hizo de postre una tarta irresistible. Me gustó tanto que tuve que repetir.

INTERCAMBIAR ideas Lee las oraciones en voz alta con un compañero. Comenta sus oraciones y ayúdalo con los errores.

DESTREZAS FUNDAMENTALES

El misterio del helado de fresa

—Es increíble que la caja del irresistible helado de fresa haya desaparecido —dijo Susana.

—Es extraño que se llevaran el helado de fresa antes que el de vainilla. Totalmente inexplicable —dijo Elena.

Las niñas rebuscaron por toda la casa, pero no encontraron nada. Fue una búsqueda inútil.

Susana y Elena están listas para descubrir el misterio.

1. ¿Qué desapareció?

2. ¿Por qué pensó Elena que era extraño?

3. Busca y escribe las palabras que contienen los prefijos **i-**, **in-**, **im-**, **des-**, **re-**.

GÉNERO: FICCIÓN REALISTA

Mi meta de aprendizaje Puedo aprender más sobre marcar la diferencia leyendo un cuento.

Ficción realista

Una ficción realista es un cuento inventado que podría suceder realmente. Tiene personajes, un ambiente y sucesos que forman el principio, el medio y el final del cuento. La ficción realista suele tener un **tema**, o idea principal, sobre la vida. Para determinar el tema:

- Mientras lees, haz pausas para preguntarte de qué se trata el cuento hasta allí.
- Conecta los sucesos para ver cómo están relacionados.
- Después de leer, pregúntate qué mensaje quiere el autor que aprendas.

El tema de un cuento es verdadero para todos, no solo para sus personajes.

Establecer un propósito El propósito de leer una ficción realista es disfrutar de un buen cuento y entender su tema o su mensaje sobre la vida.

INTERCAMBIAR ideas Trabaja con un compañero para establecer un propósito de lectura para *El jardín de la felicidad*.

TALLER DE LECTURA

Cartel de referencia: Ficción realista

Ficción realista

- **El ambiente** es dónde y cuándo tiene lugar el cuento.

- **Los personajes** son las personas o cosas sobre las que trata el cuento.

- **Los sucesos del argumento** realista conforman el principio, el medio y el final del cuento.

- **El tema** es la gran idea, o lección, que el autor quiere que comprendas del cuento.

El jardín de la felicidad

Primer vistazo al vocabulario

Busca estas palabras cuando leas *El jardín de la felicidad*.

| inhaló | parcelas | mural | se marchitaban | derrumbado |

Primera lectura

Lee para entender el tema.

Mira las ilustraciones como ayuda para entender el texto.

Hazte preguntas sobre cuáles son las ideas importantes.

Habla sobre el mensaje del autor.

Conoce a la autora

Erika Tamar se mudó de Austria a Estados Unidos cuando tenía cuatro años. Siempre le ha gustado contar cuentos. Erika Tamar trabajó en películas y en programas de TV antes de convertirse en escritora de libros para niños y adultos.

Género: Ficción realista

El jardín de la felicidad

por Érika Tamar
ilustrado por Bárbara Lambase

1   En la cuadra de Marisol, cerca de la calle East Houston, había un terreno baldío, lleno de basura y cosas rotas y destartaladas. Despedía un mal olor que le hacía fruncir la nariz cada vez que pasaba por allí.

2   Una mañana de abril, Marisol se sorprendió al ver a varios adultos muy ocupados en el terreno. El Sr. Ortiz llevaba una puerta de refrigerador oxidada. La Sra. Willie Mae Washington recogía periódicos. Y el Sr. Singh hacía rodar una llanta.

LECTURA ATENTA

Comprender nuevos conceptos

Resalta las palabras del texto que describen lo que Marisol descubre una mañana.

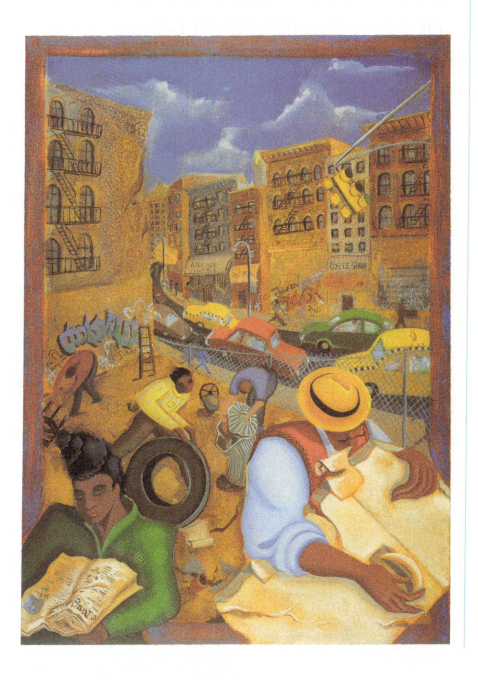

3 A la tarde siguiente, Marisol vio gente desenterrando piedras. El Sr. Ortiz trabajaba con un pico.

4 —¿Qué pasa? —preguntó Marisol.

5 La Sra. Willie Mae Washington se inclinó sobre su pala, se limpió la frente y dijo:

6 —Voy a sembrar frijoles chinos, vegetales y papa dulce, como hacíamos en la granja de mi padre en Alabama. No más coles compradas para mí.

7 —Lo llamaremos "El jardín de la felicidad" —dijo el Sr. Singh—. Yo estoy plantando una hermosa planta de lavandas y rojos. Sí, todos se alegran cuando ven este frijol de Bangladesh.

8 Otro día, Marisol vio al Sr. Castro preparando la tierra. La Sra. Rodríguez arrastraba una carretilla llena de musgo de turbera. Marisol inhaló el olor de la tierra fresca de la primavera.

9 —Ay, ¡quiero plantar algo en El jardín de la felicidad! —dijo Marisol.

10 —Demasiado tarde, niña —dijo el Sr. Ortiz—. Ya no quedan parcelas.

LECTURA ATENTA

Determinar el tema

Subraya los nombres de los adultos que trabajan en el jardín desde el párrafo 3. Luego, subraya las palabras con las que el Sr. Singh nombra al jardín.

inhaló respiró o tomó aire

parcelas pequeños espacios de terreno que se usan para un propósito

333

LECTURA ATENTA

Comprender nuevos conceptos

Resalta las palabras del texto que describen la parcela de Marisol.

11 Marisol buscó por todas partes una parcela libre, pero el terreno estaba entrecruzado por estacas y cuerdas. Buscó y buscó. Y justo fuera de la cerca metálica halló un pedacito de tierra donde la acera se había quebrado.

12 —¡Mira! ¡Aquí está mi pedacito! —exclamó Marisol. No era más grande que su mano, pero era suyo. Quitó las piedritas y escarbó la tierra con un palito.

LECTURA ATENTA

13 Marisol notó a un grupo de adolescentes al otro lado de la calle frente al terreno. Estaban mirando una pared de ladrillos. Era una pared triste y toda cerrada, sin ventanas. Marisol cruzó la calle para preguntar qué estaban haciendo.

14 —Artes de Ciudad nos ha dado pintura para hacer un mural en la pared —le dijo una niña.

mural pintura grande hecha sobre una gran pared

15 —¿Y qué van a pintar? —preguntó Marisol.

16 —Todavía no lo sabemos —dijo uno de los muchachos más grandes—. Todavía no lo hemos decidido.

17 —Yo estoy haciendo un jardín —dijo Marisol—. Y tampoco he decidido qué plantar.

18 En El jardín de la felicidad, la tierra se había vuelto suave y oscura. El Sr. Castro les hablaba a sus semillas mientras las disponía en filas:

19 —Vamos, pequeñitas, crezcan lindas y grandes para mí.

335

LECTURA ATENTA

Determinar el tema

<u>Subraya</u> las palabras que muestran qué recogió Marisol para su parcela.

20 Marisol no tenía semillas ni gajos ni raíces. ¿Qué podía hacer? Pensó dónde podía hallar algo para plantar.

21 Fue hasta la esquina, donde la Sra. García estaba alimentando a las palomas.

22 Marisol tomó una semilla grande y chata. Las aves se agitaron enojadas.

23 —Solo una —les dijo—, para mi jardín.

24   Marisol volvió saltando a su parcela. Hizo un pocito con el dedo, dejó caer la semilla y presionó la tierra alrededor. Todos los días durante esa primavera, Marisol fue hasta el terreno con una regadera y le dio a su semilla un poco de agua fresca.

LECTURA ATENTA

Vocabulario en contexto

Subraya las palabras que te ayudan a entender el significado de **brote**.

25   Y no mucho después, un brote verde apareció en la parcela de Marisol. Incluso en los días de lluvia, ella iba corriendo hasta allí a verlo. Pronto nacieron dos hojitas del tallo fuerte y derecho, y luego, cuatro. ¡Creció tanto que ya le llegaba a la rodilla!

26 Por todas partes crecían brotes verdes en El jardín de la felicidad. Las diminutas semillas del Sr. Castro se convirtieron en grandes arbustos con tomates maduros brillantes como rubíes.

27 —¿Qué es mi planta? —preguntó Marisol. Ahora le llegaba al hombro—. ¿Cómo será?

28 —Ni idea —respondió la Sra. Willie Mae Washington—, pero seguro *es especial*.

LECTURA ATENTA

Comprender nuevos conceptos

<mark>Resalta</mark> los detalles de lo que sucedía con la pared.

29 Marisol quitaba las malezas a la tardecita, cuando ya no había tanto sol.

30 A veces observaba a los muchachos de enfrente. Medían la pared. Hablaban y conversaban sobre lo que iban a pintar.

31 Otras veces, Marisol veía al Sr. Ortiz en su parcela, descansando en una silla.

32 —Vuelvo de la fábrica y vengo a respirar aire fresco —decía—. Me siento junto a mis habichuelas, mi pequeño pedacito de Puerto Rico.

33 —¿Mi planta es de Puerto Rico? ¿Sabe de qué es? —preguntó Marisol.

34 El Sr. Ortiz sacudió la cabeza y sonrió:

35 —¡Es muy grande! Tal vez es el frijol mágico del cuento de hadas.

36 A finales de julio, la planta de Marisol había crecido por encima de su cabeza. Y entonces, muy en la punta, Marisol vio un capullo. Se hacía cada día más gordo. La niña no podía esperar a que abriera.

37 —No lo estés mirando tanto —le dijo la Sra. Willie Mae Washington, riéndose entre dientes—. Se va a abrir a tus espaldas, justo cuando estés pensando en otra cosa.

38 Una mañana, Marisol vio algo asombroso a mitad de la cuadra. Corrió la otra mitad. Y allí, más alta que las demás plantas y enredaderas del jardín, había una flor ¡grande como un plato! El capullo se había convertido en pétalos amarillos y dorados.

39 —¡Un girasol! —exclamó la Sra. Anderson, mientras empujaba su carrito de compras—. Me recuerda a mi infancia en Kansas.

40 La Sra. Majewska iba apurada hacia el metro, cuando de una patinada se detuvo.

41 —¡Ah, *słoneczniki*! ¡Tan bellos en los campos de Polonia!

LECTURA ATENTA

Vocabulario en contexto

Subraya las palabras que te ayudan a entender el significado de **patinada**.

LECTURA ATENTA

Comprender nuevos conceptos

Resalta las palabras que usa la autora para describir dónde crecen los girasoles.

42 La Sra. García sacudió la cabeza.

43 —No, no, los girasoles son de México, donde alegran los bordes de los caminos.

44 —Creo que los girasoles se sienten en casa en cualquier lugar de esta Tierra besado por el sol —dijo la Sra. Willie Mae Washington.

45 —Incluso aquí en la ciudad de Nueva York —dijo Marisol orgullosa.

46 La flor era un círculo resplandeciente, más brillante que el amarillo de un taxi. "Una flor del color del sol", pensó Marisol. "La planta más feliz de El jardín de la felicidad".

47 Durante todo el verano, hizo que la gente que pasaba se detuviera y sonriera.

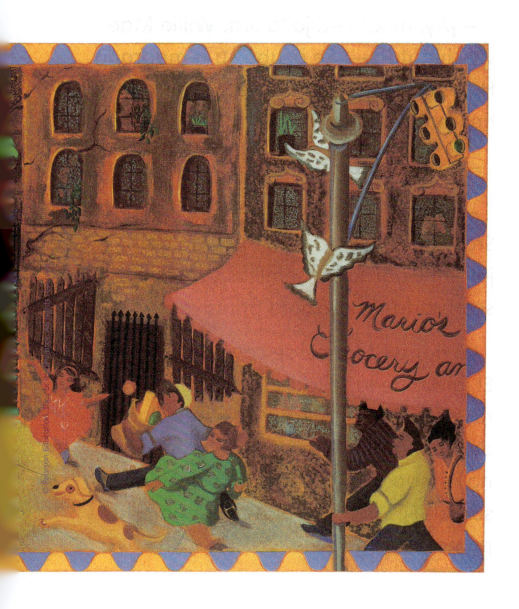

LECTURA ATENTA

Comprender nuevos conceptos

Resalta las palabras que describen lo que le sucede a la flor de Marisol antes de que ella hable con la Sra. Willie Mae Washington. ¿Por qué cree Marisol que falta tanto para la primavera?

se marchitaban perdían frescura o color

derrumbado que se cayó

48 Marisol regaba tanto el girasol que el agua corría por la acera. Pero las hojas de su planta comenzaron a caerse.

49 —Por favor, ponte bien de nuevo —le susurraba Marisol.

50 Cada día, más pétalos dorados se doblaban y se marchitaban.

51 —Mi girasol está enfermo —se lamentó—. ¿Qué debo hacer?

52 —¡Ay, niña! —dijo la Sra. Willie Mae Washington—. Se acabó su temporada. Hay un tiempo para florecer y otro tiempo para morir.

53 —¡No quiero que mi flor se muera!

54 —Mi cariño, no llores —dijo la Sra. Rodríguez—. Así es la vida del jardín. Guarda las semillas y vuelve a sembrarlas la próxima primavera.

55 La flor de Marisol se cayó al suelo. El jardín de la felicidad ya no era tan feliz. Las enredaderas se habían derrumbado. Los arbustos verdes ya no estaban. Guardó las semillas en su bolsillo, pero faltaba tanto para la primavera siguiente.

LECTURA ATENTA

Comprender nuevos conceptos

Resalta las palabras que describen cómo se siente Marisol después de que su flor muere. ¿Por qué no quiere mirar el lugar donde estuvo su flor?

56 Marisol estaba demasiado triste como para seguir yendo a ese lugar vacío. Durante toda una semana, ni siquiera pudo mirar hacia allí, donde solía estar su flor.

57 Hasta que un día oyó que alguien la llamaba.

58 —¡Marisol! ¡Ven!

59 —¡Marisol! ¡Apúrate! ¡Ven rápido!

LECTURA ATENTA

Determinar el tema

<u>Subraya</u> los detalles que muestran a las personas de la comunidad, emocionadas por el mural. El tema del cuento tiene que ver con la comunidad. ¿Qué efecto tuvieron el jardín y el mural en la comunidad?

60 Una luz dorada brillaba en la calle. Había una gran multitud, como en una festividad. La música de la bodega sonaba fuerte y clara. Y lo que Marisol vio la hizo reír y bailar y aplaudir.

VOCABULARIO

Desarrollar el vocabulario

Mi TURNO Para cada palabra o frase de la tabla, escribe una palabra del vocabulario que tenga un significado similar. Luego, escribe un significado de cada palabra.

inhaló   parcelas   mural   se marchitaban   derrumbado

	Palabra del vocabulario	Significado
pintura	mural	pintura de gran tamaño sobre una pared
se secaban		
olió		
derrumbado		
porciones de tierra		

COMPRENSIÓN

TALLER DE LECTURA

Verificar la comprensión

Mi TURNO Vuelve a leer el texto. Escribe comentarios breves para responder a las preguntas.

1. ¿Por qué este cuento es una ficción realista?

2. ¿Cómo te ayudan las ilustraciones a entender el cuento?

3. ¿Qué crees que es lo mejor de El jardín de la felicidad?

LECTURA ATENTA

Determinar el tema

El **tema** es la lección o el mensaje principal de un cuento. Para determinar, o identificar, el tema de un cuento, piensa en lo que sucede en ese cuento y pregúntate: "¿Cuál es la idea más importante del cuento?".

Mi TURNO Vuelve a las notas de Lectura atenta. Sigue las instrucciones para subrayar el texto. Con tu clase, usa tres de las partes que subrayaste para completar la tabla.

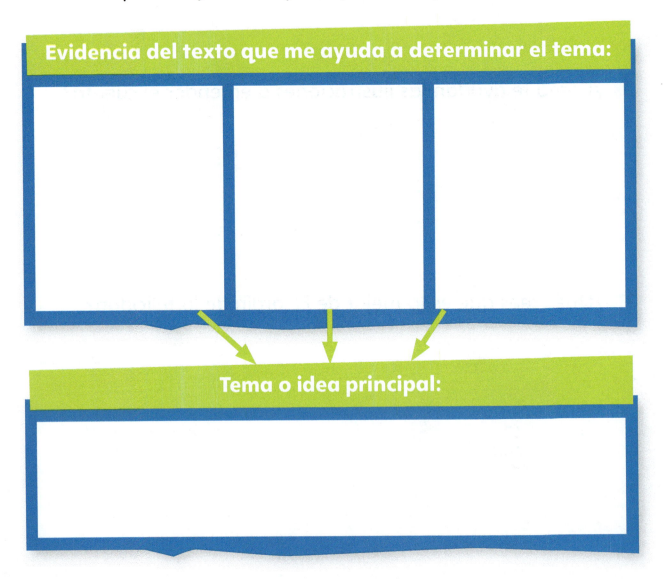

TALLER DE LECTURA

Comprender nuevos conceptos

Cuando resumes información, combinas lo que sabes y lo que has aprendido para entender algo nuevo.

| Una parte de información | + | Otra parte de información | = | ¡Comprensión nueva! |

Mi TURNO Vuelve a las notas de Lectura atenta y resalta el texto. Usa tres de las partes que resaltaste para completar la tabla.

Lo que resalté	Otra parte de información	Mi comprensión nueva

RESPONDER AL TEXTO

Reflexionar y comentar

En tus palabras

¿Crees que a las personas de tu comunidad les gustaría un jardín? ¿Qué otras cosas podrían hacer tú y tus vecinos para mejorar su comunidad? Habla en clase sobre este tema. Usa evidencia de los textos que leíste esta semana para apoyar tus ideas.

Hacer comentarios y desarrollar ideas
En una conversación, es importante enfocarse en el tema y usar oraciones completas al hablar.

- Asegúrate de que tus comentarios tengan que ver con el tema.
- Si te sales del tema, pide disculpas y retómalo.

Usa estos comienzos de oración como ayuda si necesitas volver al tema.

> Volviendo al tema, quería decir...
> Siento haberme alejado del tema. Creo que...

Pregunta de la semana

¿Qué pueden hacer las personas para marcar la diferencia en su comunidad?

VOCABULARIO

PUENTE ENTRE LECTURA Y ESCRITURA

Puedo usar el lenguaje para hacer conexiones entre la lectura y la escritura de no ficción narrativa.

Mi meta de aprendizaje

Vocabulario académico

Puedes usar las **claves del contexto** para entender el significado de palabras que no conoces. También puedes usarlas para determinar cuál es la palabra correcta entre dos términos que usualmente se confunden.

MI TURNO Lee los pares de oraciones. Busca claves del contexto para determinar cuál de las palabras que usualmente se confunden es la opción correcta en cada caso. Encierra en un (círculo) las palabras que completan correctamente la oración.

1. Los niños deben comentar **por qué** / **porque** eligieron esa respuesta.
   Debemos comentar la idea entre todos **por qué** / **porque** así la entendemos mejor.

2. No solo se parece, **sino** / **si no** que es igual a su mamá.
   Sino / **Si no** me sale igual el dibujo, lo intentaré de nuevo.

3. Debemos identificar la respuesta y **tan bien** / **también** escribirla en la línea.
   ¡Se sabe relacionar **tan bien** / **también** con la gente!

4. El responsable debió haber **hecho** / **echo** mejor las cosas.
   Si **hecho** / **echo** líquido sobre la mesa, seré el responsable de limpiarlo.

TÉCNICA DEL AUTOR

Leer como un escritor, escribir para un lector

Los autores escriben los cuentos desde el **punto de vista** de un narrador. Si el cuento está contado en **primera persona**, el narrador es un personaje del cuento y usa los pronombres **yo** o **nosotros**. Si el cuento está contado en **tercera persona**, el narrador no es un personaje del cuento y usa los pronombres **él**, **ella** o **ellos**.

Palabras del autor	Punto de vista
"Ella no podía esperar a que abriera".	Tercera persona; no lo cuenta un personaje del cuento.
"Mamá estaba lejos esa noche y yo no podía dormir".	Primera persona; lo cuenta un personaje del cuento.

Mi TURNO Subraya los pronombres. Indica si la oración está en primera o tercera persona.

1. Yo le dije que quería contar todas las estrellas del cielo.

_____

2. Ellos hablaban y conversaban sobre lo que iban a pintar.

_____

3. Escribe dos oraciones en primera o tercera persona. Identifica qué punto de vista usaste.

_____

ORTOGRAFÍA

PUENTE ENTRE LECTURA Y ESCRITURA

Escribir palabras con los prefijos i-, in-, im-, des-, re-

Para escribir palabras con prefijos, primero escribe el prefijo y luego piensa en cómo se escribe la palabra base. Por ejemplo: **des + hacer** forma la palabra **deshacer**.

Mi TURNO Clasifica las palabras de ortografía según su prefijo.

in-

im-

des-

re-

i-

Palabras de ortografía

imposible
inexacto
desafinado
impar
descubrir
deshacer
recortar
ilógico
inesperado
reaparecer

Mis palabras

repetir
irresistible

Elige una de Mis palabras para completar cada oración.

Tuve que _____ la tarea porque se mojó.

Me encanta jugar al fútbol. Es un deporte _____ .

359

LENGUAJE Y NORMAS

La puntuación en las fechas y en las cartas

Cuando se escribe una carta, es importante usar la puntuación correcta.

Entre la ciudad y la fecha se usa coma	Después del saludo se usan dos puntos	Después de la despedida se usa coma	Al final de cada oración se usa punto
Orizaba, 15 de mayo de 2018	Querida mamá:	Un abrazo, Paula	En verano iré a visitarlos.

Mi TURNO Corrige este borrador. Tacha los signos de puntuación incorrectos. Escribe los signos correctos donde sean necesarios.

Lima 8, de marzo de 2018

Querida tía Juana.

La próxima semana termino la escuela, Ha sido un año muy agotador. Tengo dos meses de vacaciones y trabajaré sembrando árboles en el vecindario:

Me gustaría mucho que, tú me ayudaras a hacerlo. Tú eres una experta. y me encantaría verte.

Un abrazo

Juliana

NARRACIÓN PERSONAL

TALLER DE ESCRITURA

Puedo usar elementos de la no ficción narrativa para escribir una narración personal.

Mi meta de aprendizaje

La secuencia de sucesos

Los autores organizan los sucesos de una narración personal en el orden, o **secuencia**, en que suceden. Usan palabras como las siguientes para mostrar la secuencia:

| primero | después | por último | luego | más tarde | finalmente |

Mi TURNO Desarrolla la estructura de tu narración personal. Organiza los sucesos en una secuencia en la tabla. Luego, usa tus ideas para escribir un borrador en tu Cuaderno del escritor.

NARRACIÓN PERSONAL

La conclusión

Los autores escriben una **conclusión** para una narración personal. La conclusión finaliza el cuento de manera interesante. En la conclusión, el autor podría:

- comentar algo que aprendió a partir de esa experiencia.
- decir cómo se siente por esa experiencia.
- decir por qué esa experiencia fue importante.

Mi TURNO Planifica la conclusión para tu narración personal. Luego, usa tus notas para escribir un borrador en tu Cuaderno del escritor.

¿Qué aprendiste de la experiencia?

¿Cómo te hizo sentir la experiencia?

¿Por qué fue importante la experiencia para ti?

TALLER DE ESCRITURA

Los detalles

Los autores usan palabras o elementos visuales para agregar detalles a su narración personal. Estos detalles ayudan al lector a imaginar la experiencia. Mediante detalles interesantes y sensoriales, se describe lo que sucede y se muestran las acciones, los pensamientos y los sentimientos del narrador.

Mi TURNO Escribe detalles para incluir en tu narración personal. Agrega elementos visuales para presentar con mayor claridad tus ideas, pensamientos y sentimientos. Comenta tu borrador y tus elementos visuales en el Club de escritura. Escucha las correcciones.

Detalles externos	Detalles internos
Vi	Pensé
Oí	
Olí	
Toqué	Sentí
Probé	

PRESENTACIÓN DE LA SEMANA: INFOGRAFÍA

Arte al aire libre

El espacio público al aire libre es el que compartimos con los demás. Los artistas llenan estos espacios con su arte para embellecerlos y relacionarse con más personas.

Antoni Gaudí fue un gran arquitecto nacido en Barcelona, España. Diseñó el Parque Güell de Barcelona.

Anish Kapoor es un escultor británico nacido en Bombay, India. La escultura *Cloud Gate (Puerta de la nube)* es conocida también como *The Bean (El frijol)*. Está en el Parque del Milenio (Millenium Park) de Chicago, Illinois.

Banksy es un reconocido artista británico que se hizo muy famoso a través de sus grafitis en las calles de Londres, Inglaterra.

Pregunta de la semana

¿Cómo podemos relacionarnos con otras personas?

Hay muchas maneras en que podemos marcar la diferencia en nuestras comunidades. Según la información de la infografía, ¿cómo logran estos artistas conectar y relacionarse con el público? ¿Qué tipo de arte público diseñarías para una comunidad? Escribe o dibuja tus ideas. Coméntalas con tu compañero.

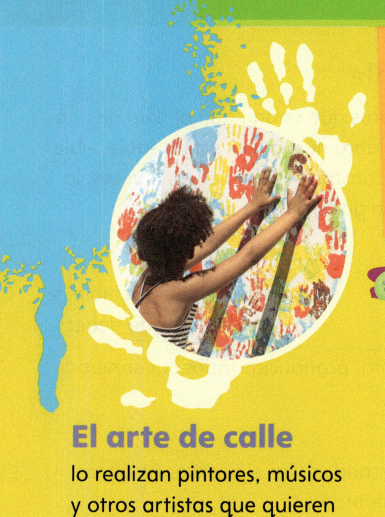

El arte de calle

lo realizan pintores, músicos y otros artistas que quieren divertir y agradar a los paseantes de estos espacios públicos.

FONÉTICA

Los sufijos -able, -ible

Los **sufijos** son partes de palabras que se agregan al final de una palabra base y forman una palabra nueva. Los sufijos **-able, -ible** hacen que la palabra base se transforme en adjetivo. A veces, la palabra tiene que cambiar para poder añadir el sufijo.

Por ejemplo:

agradar + -able = agrad**able** = alguien o algo que agrada

beber + -ible = beb**ible** = algo que se puede beber

Cuando decodificas una palabra, pronuncias todos sus sonidos, uno por uno.

Mi TURNO Lee, o decodifica, las siguientes palabras. Subraya los sufijos en cada palabra.

| amable | usable | comestible | sumergible |
| posible | lavable | notable | creíble |

INTERCAMBIAR ideas Con un compañero, vuelve a leer las palabras. Identifica el significado de cada palabra. Túrnate con tu compañero para usarlas en oraciones.

DESTREZAS FUNDAMENTALES

Los sufijos -able, -ible

Los sufijos **-able**, **-ible** se agregan al final de una palabra base para formar una palabra nueva. A veces hay que cambiar la terminación de la palabra base para añadir el sufijo.

Mi TURNO Lee cada oración. Busca las palabras en **negrita** y subraya el sufijo. Luego, encierra en un círculo la letra que indica su significado.

1. La carpa es de un material **lavable**.

   a. No se puede lavar.   b. Se puede lavar.

2. Todas las plantas del huerto son **comestibles**.

   a. Se pueden comer.   b. No se pueden comer.

3. Es **posible** que llueva hoy.

   a. Puede llover.   b. No puede llover.

4. Mi submarino es un juguete **sumergible**.

   a. No se puede sumergir.   b. Se puede sumergir.

Cuando veas una palabra desconocida, fíjate si tiene una palabra base o un sufijo que conozcas.

PALABRAS DE USO FRECUENTE | TEXTO DE FONÉTICA

Mis palabras

Mi TURNO Lee las siguientes palabras. Luego, identifica y escribe la palabra para completar cada oración.

| material | reciclable | variable |

1. La pintura es un _____ importante para hacer arte.

2. Un material _____ se puede usar una y otra vez.

3. El tiempo será _____. Por la mañana, hará frío y por la tarde, mucho calor.

INTERCAMBIAR ideas Trabaja con un compañero. Túrnate con tu compañero para responder a estas preguntas. Usa Mis palabras en tus respuestas.

1. Nombra tu material favorito. Luego, nombra algo que está hecho de ese material.

2. Describe un objeto reciclable de tu salón de clases. Di qué otros usos puede tener. Puedes usar palabras como **reciclar** o **reciclado**.

3. Nombra dos cosas que sean variables, como el clima. Comenta tus respuestas con tu compañero.

La casa del señor Ramón

La casa del señor Ramón necesita arreglos. El señor Ramón no es muy amable. Por eso los vecinos no quieren ayudar.

Mis papás y yo ayudaremos, aunque me parece una tarea imposible.

Hay mucho que hacer. Debemos llevar herramientas portables para poder trabajar.

Mi mamá y mi tío se encargarán de llevar los comestibles.

Espero que algunos vecinos cambien de idea y vengan a ayudar.

1. ¿Qué pasa con la casa del señor Ramón?

2. ¿Por qué los vecinos no quieren ayudar?

3. Busca y escribe las palabras que contienen los sufijos **-able, -ible**.

GÉNERO: NO FICCIÓN NARRATIVA

Mi meta de aprendizaje Puedo leer una biografía y comprender la estructura del texto.

Enfoque en el género

Biografía

Una **biografía** es la historia de la vida de una persona real contada desde el punto de vista de otra persona.

- Cuenta toda la vida de una persona o una parte de ella.
- Cuenta **sucesos reales**.
- Suele seguir un **orden cronológico** mediante palabras como **primero, después** y **por último**.
- Relata algo **importante** que hizo la persona, por ejemplo, cómo resolvió un **problema**.
- Se cuenta desde el punto de vista de una **tercera persona**. El narrador usa los pronombres **él** o **ella**.

INTERCAMBIAR ideas Cuenta acerca de una persona real sobre la que hayas leído. ¿Quién era la persona? ¿Qué aprendiste sobre su vida?

Establecer un propósito Antes de leer, mira las primeras páginas de *Carlos Cruz-Diez: Todo es color y movimiento*. ¿Qué quieres aprender, o averiguar, de este texto?

TALLER DE LECTURA

Cartel de referencia: Biografía

Propósito
Dar información sobre la vida de una persona real

Elementos
- Está escrita por otra persona.
- Trata sobre la vida entera, o una parte, de la persona.
- Cuenta cómo la persona produjo un efecto en otras personas.

Estructuras del texto
- Orden cronológico, o temporal
- Descriptivo
- Causa y efecto
- Problema y solución

Rosa Parks luchó para dar a los afroamericanos los mismos derechos que tenían los demás.

Carlos Cruz-Diez: Todo es color y movimiento

Primer vistazo al vocabulario

Busca estas palabras cuando leas *Carlos Cruz-Diez: Todo es color y movimiento*.

| serenatas | integrar | legado | interacción | satisfecho |

Primera lectura

Mira el texto. Haz dos predicciones.

Lee con el propósito que estableciste.

Hazte preguntas para saber si tus predicciones se cumplieron en el texto. Adáptalas o confírmalas.

Habla sobre la manera en que el texto responde a la pregunta de la semana.

Conoce al autor

Andrés Pi Andreu nació en Cuba. Su trabajo ha obtenido reconocimientos y premios. *Lo que sabe Alejandro, La ventana infinita* y *274* son algunos de sus libros más destacados. Pi Andreu vive con su familia en Miami, Florida.

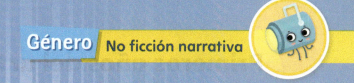

Carlos Cruz-Diez:
Todo es color y movimiento

por Andrés Pi Andreu

Carlos Cruz-Diez con el famoso barco que pintó en Liverpool, Inglaterra

Primeros años del artista

1. Carlos Cruz-Diez nació el 17 de agosto de 1923, en el barrio de La Pastora, en Caracas, Venezuela. Fue el único hijo de Carlos Cruz y de Mariana Diez. De ambos padres heredó su pasión por el arte y la cultura.

2. Desde muy pequeño Cruz-Diez pasó el tiempo inventando juguetes y dibujando. Entonces, soñaba con ser aviador o conductor de locomotoras.

3   Su familia tenía una fábrica de botellas de gaseosas. Allí, el niño Cruz-Diez observaba cómo las botellas reflejaban colores cuando les daba la luz del sol. El reflejo coloreaba todo lo que había alrededor, incluso a él mismo.

Mira los colores reflejados en la ilustración.

LECTURA ATENTA

Identificar la estructura del texto

Subraya en estas dos páginas las palabras del texto que identifican de quién se habla, así como el lugar y la fecha de su nacimiento.

375

4 Su abuela le servía el desayuno sobre un mantel blanco. Por una ventana de vidrio de colores entraba la luz del sol. Allí veía cómo el mantel se cubría de colores. Al pasar una nube, los colores cambiaban.

Cruz-Diez recuerda sus años de infancia cuando descubrió la magia de la luz.

5 Cuando tenía 14 años, tuvo otro sueño: quería dibujar tiras cómicas para todos los periódicos del mundo. Para lograrlo, escribió una carta a una gran distribuidora de cómics. En ella les preguntaba cómo podía hacer para venderles sus tiras cómicas.

LECTURA ATENTA

Confirmar o adaptar las predicciones

Resalta en estas páginas las palabras que te ayudaron a hacer una predicción sobre el niño Cruz-Diez.

LECTURA ATENTA

Identificar la estructura del texto

<u>Subraya</u> las frases que dicen cuándo empezó a estudiar en la Escuela de Bellas artes.

6 A los 17 años, en 1940, su pasión por el dibujo aumentó aún más. Decidió que quería ser pintor. Cuando se lo dijo a sus padres pensó que no lo dejarían. Pero, por el contrario, sus padres lo apoyaron. Muy pronto empezó a estudiar en la Escuela de Bellas Artes de Caracas.

Cruz-Diez con sus hijos, Jorge y Carlos

LECTURA ATENTA

serenatas música que se canta o se toca en la calle durante la noche para celebrar a alguien

Cruz-Diez y su esposa, Mirtha

7   En su juventud, se reunía con sus amigos artistas y músicos. Daban serenatas junto a las ventanas de las señoritas caraqueñas. Así conoció a su esposa Mirtha Delgado. Tuvieron tres hijos: Carlos, Jorge y Adriana.

Estudios y primeros trabajos

8 Al terminar sus estudios, Carlos Cruz-Diez se graduó de profesor de Arte de la Escuela de Bellas Artes de Caracas. Y comenzó a trabajar.

9 Trabajó haciendo muchísimas cosas. Pero todas tenían que ver con el color y el dibujo.

Cruz-Diez en su taller en Caracas, Venezuela

LECTURA ATENTA

Identificar la estructura del texto

<u>Subraya</u> las fechas y los trabajos que realizó Cruz-Diez durante ese tiempo.

Aquí vemos a Carlos Cruz-Diez trabajando en una revista.

10   En 1944, trabajó como diseñador gráfico. Hizo ilustraciones para periódicos, revistas y libros. Hasta dibujó tiras cómicas para muchos periódicos venezolanos.

11   En 1946, fue director de arte de una agencia publicitaria.

12   En 1947, expuso sus pinturas por primera vez.

13   Y, en 1956, fue ilustrador del periódico *El Nacional*.

LECTURA ATENTA

integrar hacer que algo o alguien forme parte de algo

14 En 1957, fundó el Estudio de Artes Visuales en Caracas, una oficina dedicada al diseño gráfico y al arte.

15 Cruz-Diez quería integrar el arte en la vida cotidiana de las personas. Así, poco a poco creó diseños y modelos de objetos que eran también obras de arte.

Telón del Teatro Teresa Carreño, en Caracas

16 Estas butacas fueron diseñadas por él para un teatro en su ciudad natal, Caracas. ¿Ves cómo todas son de diferentes colores? El telón también es de muchos colores.

17 Estos objetos ofrecen un ambiente muy alegre y festivo a las personas.

LECTURA ATENTA

Confirmar o adaptar las predicciones

Resalta en estas páginas las palabras que hablan sobre lo que logró hacer Cruz-Diez. ¿Coinciden tus predicciones con el texto o el texto te sorprendió?

Butacas del Teatro Municipal de Chacao, en Caracas

383

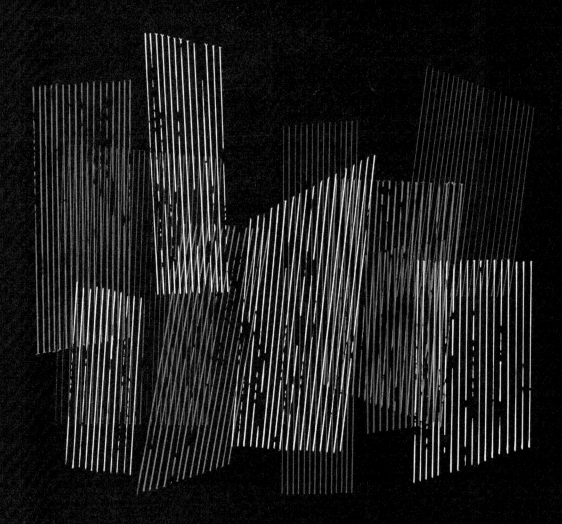

Amarillo Aditivo, 1959

18 En 1959, realizó sus dos primeras piezas de arte sobre el color. Las llamó Color Aditivo y Fisiocromía 3. En ellas, se puede ver cómo los colores se transforman al mezclarse unos con otros.

19 Estas primeras obras fueron sus primeros pasos en la observación del comportamiento del color.

20 El interés de Cruz-Diez ha sido siempre el color. Y le interesa el efecto que tiene en la gente.

LECTURA ATENTA

Identificar la estructura del texto

Subraya en estas dos páginas el texto y las leyendas de las fotos donde se menciona el nombre y el año de sus primeras obras relacionadas con el comportamiento del color.

Fisiocromía 3, 1959

21. En 1960, Cruz-Diez y su familia se mudaron a París, Francia. Fue un paso muy importante para él como artista. Allí pudo desarrollarse y seguir estudiando el comportamiento del color, que tanto le interesaba.

Mira cómo se mezclan los colores en esta obra.

¿Qué es el arte para Cruz-Diez?

22 Para él, el arte es su medio de comunicación con las personas.

23 Con el arte inventa, descubre y comparte con la gente. Esto es lo que más disfruta.

LECTURA ATENTA

Confirmar o adaptar las predicciones

Resalta la oración que explica qué es el arte para Cruz-Diez. ¿Confirma tu predicción o necesitas adaptarla?

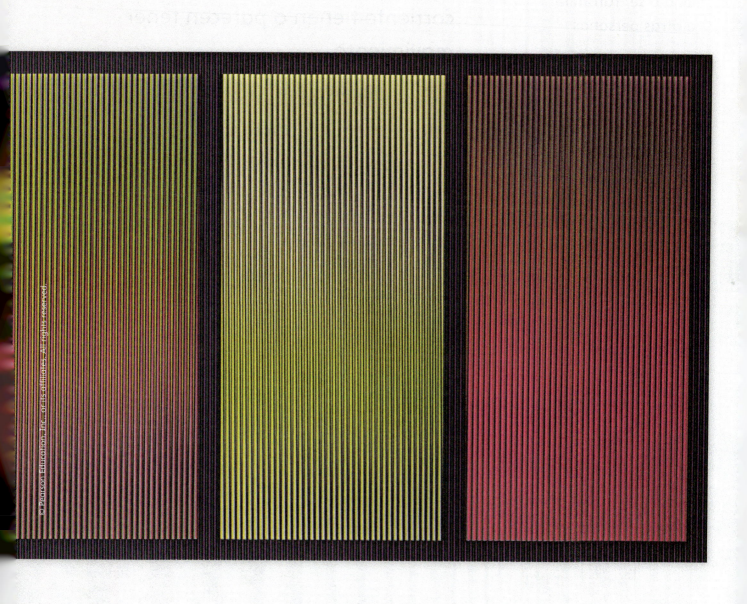

LECTURA ATENTA

Vocabulario en contexto

Subraya el texto que explica qué es el arte óptico y cinético, y cuál fue el legado de Cruz-Diez a esta corriente artística.

legado algo que se deja o se transmite a otras personas

Su obra y su legado

24 Carlos Cruz-Diez es uno de los grandes pensadores del color del siglo XX.

25 También es uno de los pioneros del arte óptico y cinético del mundo.

26 El arte óptico y cinético es una corriente artística. Las obras de esta corriente tienen o parecen tener movimiento.

27 Cruz-Diez fue el primero en integrar el comportamiento del color a esta corriente artística.

¿Cuántos colores puedes ver en este mural?

Paso de peatones en Houston, Texas

28 El arte de Cruz-Diez se encuentra en muchas ciudades. Sus pinturas embellecen los lugares.

29 ¡Hasta podemos encontrarlas en los pasos de peatones de las esquinas!

30 Este artista siempre piensa en las personas cuando crea sus obras de arte.

LECTURA ATENTA

Vocabulario en contexto

Subraya la palabra que te ayuda a saber el significado de **regocijo**.

31 Su deseo es crear con sus colores un ambiente de regocijo, o alegría, en las ciudades.

32 El patrón de su obra también lo podemos ver en este barco increíble. Se lo pidieron para conmemorar los 100 años de la Primera Guerra Mundial. Y lo llenó de colores para la ciudad de Liverpool, Inglaterra.

Versión de Cruz-Diez de un barco tipo *dazzle*, en Liverpool, Inglaterra, 2014

33 Para Cruz-Diez, las ciudades son un gran lugar para su arte.

34 Piensa que estimula la imaginación y sorprende agradablemente a la gente.

LECTURA ATENTA

Vocabulario en contexto

Subraya las palabras que te ayudan a entender el significado de **interacción** en esta página.

interacción relación de intercambio mutuo con algo o alguien

35 Las obras de este artista producen distintas reacciones en las personas. Muchas sienten asombro, curiosidad y alegría al mismo tiempo.

36 Para Cruz-Diez, la interacción de las personas con su obra es una aventura compartida.

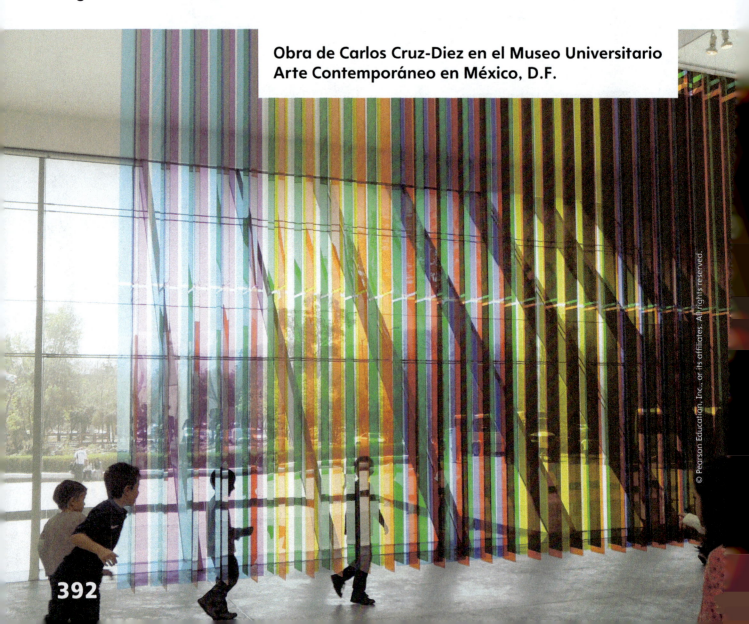

Obra de Carlos Cruz-Diez en el Museo Universitario Arte Contemporáneo en México, D.F.

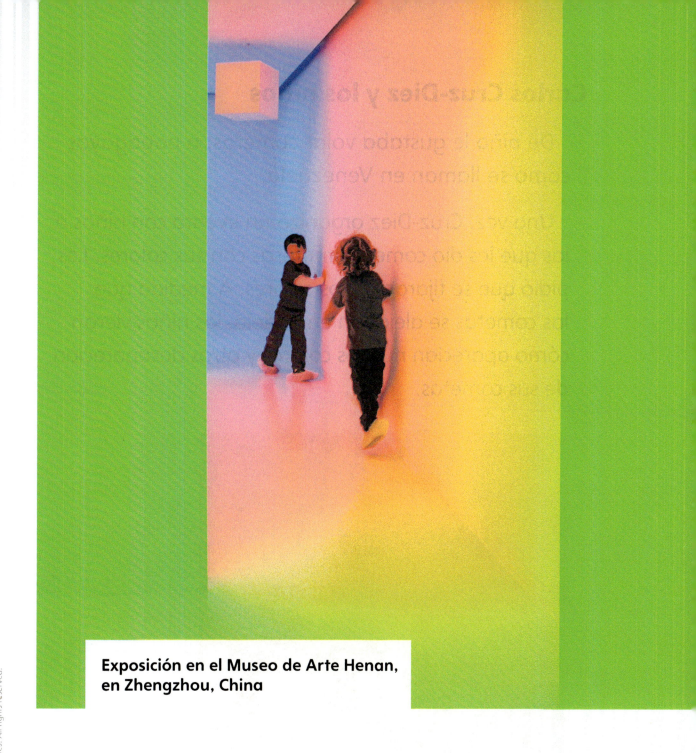

Exposición en el Museo de Arte Henan, en Zhengzhou, China

37 Podemos ver sus obras de arte en museos del mundo como el Museo de Arte Moderno (MoMA), en Nueva York; el Tate Modern, en Londres; el Centro Georges Pompidou, en París; el Museo de Bellas Artes, en Houston, y muchos otros.

Carlos Cruz-Diez y los niños

38 De niño le gustaba volar cometas, o papagayos como se llaman en Venezuela.

39 Una vez, Cruz-Diez organizó un evento con niños a los que les dio cometas impresas con sus colores. Les pidió que se fijaran en los colores. A medida que las cometas se alejaban en el cielo, los niños vieron cómo aparecían nuevos colores y otros desaparecían de sus cometas.

A todo color, por Susana Benko, es un libro sobre el arte de Cruz-Diez para niños.

40 Cruz-Diez todavía recuerda su infancia, cuando descubrió la magia de la luz y el color.

41 Hoy en día, tiene más de 90 años. Dice que hará arte mientras le alcancen las fuerzas. Se siente feliz y satisfecho de sus logros.

42 Con su arte, ha podido comunicarse con muchas personas, en muchos lugares y a lo largo de toda su vida.

LECTURA ATENTA

Identificar la estructura del texto

<u>Subraya</u> las palabras y frases de tiempo y orden en esta página. ¿Cómo te ayudan a entender el texto?

satisfecho contento o complacido con algo o alguien

Carlos Cruz-Diez frente a una de sus obras

VOCABULARIO

Desarrollar el vocabulario

Mi TURNO Escribe lo que significa cada palabra con tus propias palabras. Luego, busca cada palabra en *Carlos Cruz-Diez*. Verifica la definición al margen. Corrige tu tabla si es necesario.

Palabra	Significado
serenatas	música en la calle durante la noche para celebrar a alguien
integrar	
legado	
interacción	
satisfecho	

COMPRENSIÓN TALLER DE LECTURA

Verificar la comprensión

Mi TURNO Vuelve a leer el texto para contestar las preguntas. Escribe las respuestas.

1. Este texto es una biografía. ¿Qué te dice esto sobre el texto? ¿Está escrito en primera o tercera persona?

2. ¿Por qué crees que el texto contiene fotografías en blanco y negro y en color? ¿Qué muestra cada tipo de fotografía sobre la vida de Carlos Cruz-Diez?

3. ¿Qué crees que habría sucedido si los padres de Carlos Cruz-Diez no lo hubieran apoyado?

Carlos Cruz-Diez es un artista muy exitoso.

LECTURA ATENTA

Identificar la estructura del texto

La **estructura cronológica**, o el orden temporal, de un texto informativo presenta los sucesos en el orden en que suceden. Las palabras de orden temporal **primero** y **después** enuncian un orden explícitamente.

Mi TURNO Vuelve a leer las notas de Lectura atenta. Subraya las palabras que muestren orden cronológico. Usa lo que subrayaste y otra evidencia del texto para completar la tabla.

Lugar y fecha de nacimiento	
Observaciones del niño artista	
Sus deseos a los 14–17 años	
Estudios y trabajos	
Logros del artista	

TALLER DE LECTURA

Confirmar o adaptar predicciones

Usa las características del género para hacer predicciones. Al principio de la biografía, haz predicciones de lo que pensará o cómo actuará la persona. Mientras lees, puedes confirmar si tus predicciones son correctas. Si no lo son, puedes adaptarlas para que coincidan con los sucesos.

Mi TURNO Vuelve a leer las preguntas de Lectura atenta. Resalta las palabras que te ayudaron a confirmar o adaptar tus predicciones. Luego, completa la tabla.

Párrafos	Predije que...	Cuando leí...
1 a 5		
8 a 16		

RESPONDER AL TEXTO

Reflexionar y comentar

Escribir basándose en las fuentes

Esta semana, leíste sobre cómo el artista Carlos Cruz-Diez se convirtió en artista. En una hoja, vuelve a contar el texto sobre Carlos Cruz-Diez. Describe cómo se convirtió en un gran artista.

Volver a contar un texto

Cuando vuelvas a contar un texto, mantén el sentido y el orden del texto.

- Escribe los sucesos en orden. Comienza con lo primero que ocurrió. Termina con lo último que ocurrió.
- Relata solo las partes importantes.

Pregunta de la semana

¿Cómo podemos relacionarnos con otras personas?

VOCABULARIO

PUENTE ENTRE LECTURA Y ESCRITURA

Puedo usar el lenguaje para hacer conexiones entre la lectura y la escritura de no ficción narrativa.

Mi meta de aprendizaje

Vocabulario académico

Las **partes de las palabras** te ayudan a reconocer el significado de las palabras. El prefijo **des-** significa "lo contrario de". Añadir el prefijo **des-** a una palabra base hace que su significado sea el opuesto.

des-   +   mejorar   =   desmejorar

(prefijo)   (palabra)   (palabra nueva)

Agregar el prefijo **des-** a **mejorar** forma la palabra nueva **desmejorar**, que significa lo contrario a mejorar.

Mi TURNO Agrega el prefijo **des-** a cada palabra para formar una palabra nueva. ¿Qué significa cada palabra?

des-	+	Palabra	=	Palabra nueva
des-	+	armar	=	
des-	+	empacar	=	
des-	+	igual	=	
des-	+	interesado	=	

401

TÉCNICA DEL AUTOR

Leer como un escritor, escribir para un lector

Los autores usan lenguaje literal y figurado. En el lenguaje **literal**, las palabras tienen sus significados normales. En el lenguaje **figurado**, las palabras tienen un significado diferente del que suelen tener. Los **modismos** son frases comunes que contienen lenguaje figurado.

Palabras del autor	Lo que significan las palabras
"Para Cruz-Diez, la interacción de las personas con su obra **es una aventura compartida**".	Para Cruz-Diez, la obra de arte es una forma de comunicación con las personas. (figurado)
"Para él, el arte **es su medio de comunicación con las personas**".	Cruz-Diez usa sus obras para decir algo a las personas. (literal)

INTERCAMBIAR ideas Comenta con un compañero el uso de lenguaje literal y figurado del autor. ¿Cuál usa más?

Mi TURNO Subraya el lenguaje figurado de la siguiente oración y escribe su significado.

Carlos Cruz-Diez dice que hará arte mientras le alcancen las fuerzas.

Escribe una oración con el modismo **ahogarse en un vaso de agua**.

ORTOGRAFÍA

PUENTE ENTRE LECTURA Y ESCRITURA

Escribir palabras con los sufijos -able, -ible

Para escribir palabras con sufijos, primero escribe la palabra base y luego el sufijo. Por ejemplo: **impos + -ible** forma la palabra **imposible**.

Mi TURNO Clasifica las palabras de ortografía según los sufijos **-able, -ible**. Escríbelas en la columna correcta.

-able	-ible

Escribe Mis palabras para completar las oraciones.

Una cosa que sirve una y otra vez después de usarla es _____.

Algo que puede cambiar es _____.

Palabras de ortografía

sensible
comestible
disponible
lamentable
visible
ajustable
saludable
terrible
estable
adorable

Mis palabras

reciclable
variable

403

Los pronombres

Un **pronombre personal sujeto** puede ser el sujeto de una oración. Un **pronombre personal objeto** no se usa como sujeto. Un **pronombre posesivo** expresa posesión.

Pronombres personales sujeto	Pronombres personales objeto	Pronombres posesivos
yo, tú, usted, él, ella, nosotros, nosotras, ustedes, ellos, ellas	me, te, lo, la, nos, los, las me, te, le, se, nos, les, se	mío(s), mía(s), tuyo(s), tuya(s), suyo(s), suya(s), nuestro(s), nuestra(s)
Yo amo este libro.	Papá me lo dio.	El mío está aquí, y el tuyo está allá.

Es importante recordar que el pronombre **usted** se usa en situaciones formales y el pronombre **tú** se usa en situaciones informales.

Mi TURNO Corrige este borrador. Tacha cada pronombre incorrecto y escribe la palabra correcta encima.

Vi un anuncio sobre el día de limpieza del parque. Carlos y mí queremos ayudar. Nosotros pueden recoger los papeles. Sara, tú los puedes decir cómo debemos hacerlo. Tú, don Manuel, puede venir con nosotros también.

NARRACIÓN PERSONAL TALLER DE ESCRITURA

Puedo usar elementos de la no ficción narrativa para escribir una narración personal.

Mi meta de aprendizaje

Corregir las mayúsculas y las comas

Escribe con mayúscula inicial los nombres propios de las personas y los lugares. No escribas con mayúscula los nombres comunes, como los días de la semana y los meses. El saludo y la despedida de una carta llevan mayúscula inicial. Usa la coma entre el lugar y la fecha.

Los autores corrigen su escritura para asegurarse de que usaron las mayúsculas y las comas correctamente.

 Corrige la carta. Usa las mayúsculas y las comas correctamente. Luego, corrige las mayúsculas y las comas del borrador de tu narración personal.

Nueva York 14 de Noviembre de 2020

querida abuela:

Es un Sábado oscuro y feo. Estoy solo porque mi mejor amiga lisa se fue de viaje a austin.

con cariño,

Coby

NARRACIÓN PERSONAL

Corregir los pronombres

Un **pronombre personal sujeto** puede ser el sujeto de una oración. Un **pronombre personal objeto** no se usa como sujeto. Un **pronombre posesivo** expresa posesión de algo. Un pronombre debe guardar **concordancia** con la persona o cosa a la que se refiere, por ejemplo: Mira el sombrero de papá. **Él lo** usa siempre.

Los autores corrigen su escritura para asegurarse de haber usado correctamente los pronombres.

Las mascotas a veces se pierden. Pero nunca creímos que pasaría con la ~~de nosotros~~ *nuestra*. Papá y ~~mí~~ *yo* buscamos a Tobi por toda la ciudad. Al final, volvimos a casa y ¡allí ~~le~~ *lo* vimos!

Mi TURNO Corrige las oraciones. Tacha el pronombre incorrecto y escribe el correcto encima. Luego, corrige el uso de los pronombres en el borrador de tu narración personal.

Diego invitó a Pame y a mí a su casa. Pame llevó su libro y yo llevé el de mí. Las llevamos porque teníamos tarea.

TALLER DE ESCRITURA

Corregir los sujetos y los predicados compuestos

Los autores suelen combinar dos oraciones en una. Usa la conjunción coordinante **y** entre dos sujetos para formar un sujeto compuesto. Usa **y** entre dos predicados para formar un predicado compuesto.

Josh ~~juega~~ ^{y Ana juegan} mucho a la pelota. ~~Ana juega mucho a la pelota~~.

Sara canta ^y ~~en la obra. Sara~~ baila en la obra.

Mi TURNO Corrige las oraciones para formar sujetos o predicados compuestos. Tacha las palabras u oraciones que no necesites. Luego, corrige los sujetos y los predicados compuestos de tu narración personal.

Los Clark fueron a la playa. Los Lee fueron a la playa.

Disfrutaron de nadar. Disfrutaron de jugar en la arena.

Construyeron una enorme torre de arena juntos.

PRESENTACIÓN DE LA SEMANA: INFOGRAFÍA

¡Mira lo que podemos hacer!

Los niños van a la escuela a aprender, por supuesto. También juegan y ayudan en casa. Pero eso no es todo lo que pueden hacer.

Los niños montan sus propios negocios. Algunos preparan limonada y la venden. Otros hacen ropa y la venden por Internet.

Los niños recaudan dinero para ayudar a otros niños alrededor del mundo.

Pregunta de la semana

¿Cómo puedes participar para mejorar tu comunidad?

Los niños ayudan a los niños más pequeños. Les enseñan, los cuidan y los protegen.

Escritura breve Piensa en algo que puedes hacer. Piensa en una cosa que te gustaría hacer. Escribe tus ideas aquí.

Los niños son científicos. Una niña descubrió una estrella que explotó. Un niño descubrió una sustancia química que ayudará a proteger la Tierra.

Los niños tocan en orquestas infantiles para hacer música hermosa juntos.

FONÉTICA

Los sufijos -ito, -ita, -illo, -illa, -ico, -ica

Los **sufijos** son partes que se agregan al final de una palabra base para formar una palabra nueva. El sufijo cambia el significado de la palabra base. Los sufijos **-ito, -ita, -illo, -illa, -ico, -ica** también se llaman diminutivos. Indican tamaño pequeño, juventud o cariño.

Mi TURNO Lee, o decodifica, las siguientes palabras. Subraya los sufijos en cada palabra.

| banderilla | hilillo | maletita | ratico |
| patica | besito | manita | perrito |

INTERCAMBIAR ideas Con un compañero, elige dos palabras de la tabla y escribe una oración con cada una. Intercambia las oraciones con tu compañero.

Los sufijos -ito, -ita, -illo, -illa, -ico, -ica

Los sufijos **-ito, -ita, -illo, -illa, -ico, -ica** también se llaman diminutivos. Indican tamaño pequeño, juventud o cariño.

Mi TURNO Escribe la palabra base y el sufijo de cada una de las palabras.

carretilla		
chiquillo		
gallinita		
ratico		
patica		
pececillo		
monito		
caballito		

PALABRAS DE USO FRECUENTE | TEXTO DE FONÉTICA

Mis palabras

Mi TURNO Lee las siguientes palabras. Luego, identifica y escribe la palabra para completar cada oración.

| bonito | pasillo | señal |

1. El caballo de Rita es elegante y _____.

2. Carlos corrió a toda prisa por el _____.

3. Takima vio la _____ de tránsito y se detuvo.

INTERCAMBIAR ideas Trabaja con un compañero. Túrnate con tu compañero para responder a estas preguntas. Usa Mis palabras en tus respuestas.

1. ¿Crees que los caballos son **bonitos**? ¿Por qué?

2. ¿Puedes correr a toda prisa por el **pasillo** de la escuela?

3. ¿Qué **señal** de tránsito hay cerca de tu escuela?

Olivia y su hermanito

Olivia y su hermanito Lucas van a la granja de su abuelita.

—Mira, Olivia, un caballito bebé —dijo Lucas.

—No es un caballito. Es un borrico —dijo Olivia—. Un borrico es un burro bebé.

—Corre, Olivia, quiero ver más animalitos en la granja —dijo Lucas—. En la ciudad no hay borricos, ni caballitos. Me gusta mucho la granja de la abuelita.

1. ¿Adónde van Olivia y Lucas?

2. ¿Por qué a Lucas le gusta la granja de la abuelita?

3. Busca y escribe las palabras que contienen los sufijos **-ico**, **-ito**, **-ita**.

GÉNERO: TEXTO PERSUASIVO

Mi meta de aprendizaje Puedo aprender sobre marcar la diferencia leyendo un texto persuasivo.

Texto persuasivo

En un texto persuasivo, un autor usa hechos y opiniones para hacer que los lectores piensen o actúen de cierta manera.

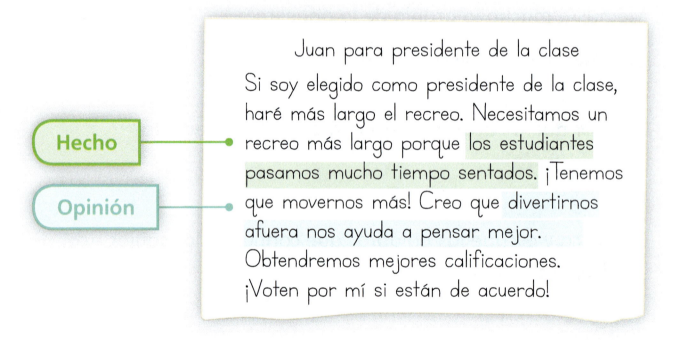

Juan para presidente de la clase

Si soy elegido como presidente de la clase, haré más largo el recreo. Necesitamos un recreo más largo porque **los estudiantes pasamos mucho tiempo sentados.** ¡Tenemos que movernos más! **Creo que divertirnos afuera nos ayuda a pensar mejor.** Obtendremos mejores calificaciones. ¡Voten por mí si están de acuerdo!

- Hecho
- Opinión

INTERCAMBIAR ideas Habla con un compañero. Describe en qué se parecen las biografías y el texto persuasivo. Luego, di en qué se diferencian.

TALLER DE LECTURA

Cartel de referencia: Texto persuasivo

El texto persuasivo hace que los lectores comprendan y respeten el punto de vista del autor.

El autor apoya un punto de vista con hechos y opiniones.

Lo que se puede probar

Lo que el autor cree

Como lector, tú decides. ¿Estás de acuerdo o no?

Generadores de cambio

Primer vistazo al vocabulario

Busca estas palabras cuando leas *Generadores de cambio*.

| generador | inventando | energía solar | huerto comunitario | proyectos |

Primera lectura

Lee para saber de qué quiere convencerte la autora.

Mira los encabezados para aprender más.

Hazte preguntas para determinar las ideas más importantes.

Habla para resumir el texto.

Conoce a la autora

Libby Martínez es autora de innumerables libros de cuentos y poesía para niños. Antes de convertirse en escritora, Libby trabajaba como abogada. Entre sus libros se encuentran *I Pledge Allegiance* y *¡Bravo, Chico Canta! ¡Bravo!* Vive con su esposo y un hámster imaginario llamado Ampersand en Madrid, España.

Género | Texto persuasivo

Generadores de cambio

por Libby Martínez

417

LECTURA ATENTA

Comprender el texto persuasivo

Subraya las palabras que la autora usa para persuadir y convencer a sus lectores de que pueden generar un cambio.

generador
persona o cosa que genera, causa o produce algo

¿Puedes tú generar un cambio?

1   Los jóvenes de todas partes del mundo están resolviendo problemas. Trabajan mucho para mejorar sus vecindarios. ¿Eres creativo e inteligente? ¿Trabajas mucho? ¿Nunca te rindes? Si es así, ¡tú mismo puedes ser un generador de cambio!

Ideas + acción = cambio

2   Cada cambio comienza con una idea. Las personas piensan en formas de resolver problemas. Piensan en maneras de hacer del mundo un lugar mejor. Algunas personas inventan máquinas. Otras cuidan de las plantas y los animales. Hay personas que ayudan a otras que han sido víctimas de catástrofes.

Este niño ayuda a su comunidad plantando árboles.

3 Construir una casa parece algo complicado, pero podemos hacerlo cuando trabajamos juntos.

4 ¡Vamos a conocer a algunos jóvenes que están cambiando el mundo!

Kelvin Doe

Ficha informativa

Generador de cambio
Nombre: Kelvin Doe
Edad: 18 años
Ciudad natal: Freetown, Sierra Leona, África

¡Prende la luz!

5   Kelvin Doe es inventor. Aprendió por su cuenta a producir cosas. Un día, Kelvin pensó en las fallas de su vecindario. Había problemas de electricidad y las luces se prendían una vez por semana, nada más. ¡Hasta que se le ocurrió una idea para que las luces se quedaran prendidas!

6   Las lámparas funcionaban con baterías. Kelvin empezó a juntar partes electrónicas que la gente tiraba a la basura. Cuando tenía trece años, Kelvin construyó una batería. Ahora, ¡las baterías de Kelvin dan electricidad a todo el vecindario!

Planes para el futuro

7   Kelvin sigue inventando y trabajando en ideas. Su proyecto nuevo es construir un molino de viento. El molino dará energía a su vecindario. También está trabajando en un proyecto de energía solar. El proyecto dará energía a las computadoras. Así, los estudiantes podrán usarlas para conectarse a Internet.

LECTURA ATENTA

Supervisar la comprensión

Una manera de supervisar la comprensión es buscar imágenes que te ayuden a entender el texto. Resalta las palabras del texto que hablan sobre la imagen de esta página.

inventando creando o imaginando

energía solar energía producida por los rayos del Sol

Los paneles solares almacenan energía del Sol. La energía se usa para generar electricidad.

Zach Bonner

> **Ficha informativa**
>
> Generador de cambio
> **Nombre:** Zach Bonner
> **Edad:** 17 años
> **Ciudad natal:** Searcy, Arkansas

8   Zach Bonner ha estado ayudando a la gente desde que tenía seis años de edad. En 2004, el huracán Charley llegó a Florida y destruyó muchas casas. Zach quería ayudar a esas personas. Llevó un carro rojo por todo su vecindario. Lo llenaba con agua y suministros que juntaba. ¡Zach reunió suministros suficientes para llenar 27 camiones!

El huracán Charley destruyó muchos hogares.

9 En 2005, Zach creó la fundación Little Red Wagon (El carrito rojo). Esta fundación sigue ayudando a la gente con necesidades.

LECTURA ATENTA

Comprender el texto persuasivo

Subraya una razón que ofrece la autora para convencerte que los jóvenes, como Zach, sí pueden crear un cambio.

Ficha informativa

Información sobre los huracanes:
Los huracanes suelen formarse sobre el océano. ¡Pueden crear vientos que soplan a más de 157 millas por hora!

Esta foto la tomaron por encima de un huracán.

LECTURA ATENTA

Supervisar la comprensión

Vuelve a leer el texto. Resalta las palabras que describen en qué pueden ayudar los jóvenes a los adultos.

¡Jóvenes al rescate!

10   A veces, los adultos necesitan la ayuda de los jóvenes. Al igual que tú, estos adultos quieren mejorar el mundo. Muchos de ellos ya han comenzado proyectos en tu comunidad. ¡Pero necesitan jóvenes trabajadores como tú!

Huertos comunitarios

11 Las comunidades de muchos lugares del mundo plantan huertos y árboles. Los huertos comunitarios crean hábitats para los animales. También proveen frutas y verduras frescas. Estos productos pueden donarse a las familias con necesidades. Los adultos necesitan que los jóvenes ayuden a plantar semillas y regar los huertos.

Comer frutas y verduras frescas ayuda a la gente a mantenerse sana.

425

LECTURA ATENTA

Comprender el texto persuasivo

Subraya las palabras que usa la autora para convencer a sus lectores jóvenes de participar en el huerto comunitario de Brightmoor.

huerto comunitario espacio compartido por las personas de una comunidad para sembrar algo

Ficha informativa

Huerto comunitario de Bradford

Ubicación: Bradford, West Yorkshire (Reino Unido)

Información: En este huerto, los jóvenes aprenden sobre la alimentación saludable y el cultivo de alimentos. También aprenden sobre la naturaleza y el medio ambiente.

Ficha informativa

Huerto juvenil de Brightmoor

Ubicación: Detroit, Michigan

Información: El Huerto juvenil de Brightmoor es un huerto comunitario solo para jóvenes. Allí aprenden a cultivar y cosechar verduras.

Arte comunitario

12 ¿Te gusta pintar? Busca información sobre proyectos de arte en tu comunidad. Tal vez puedas participar en alguno. A veces, los grupos comunitarios crean murales coloridos para embellecer los edificios del vecindario.

LECTURA ATENTA

proyectos planes de una idea con detalles para hacer o crear algo

Ficha informativa

HandsOn Miami
Ubicación: Miami, Florida
Información: HandsOn Miami tiene muchos proyectos en los que pueden participar jóvenes. Decoraron una escuela con este mural.

LECTURA ATENTA

Supervisar la comprensión

<mark>Resalta</mark> en el texto o pies de foto algo que no entiendas. Piensa en una pregunta que podrías hacer sobre eso.

Campeones comunitarios

13 Se necesita gente para hacer del mundo un lugar mejor. También se necesita trabajar mucho. Hay proyectos comunitarios que necesitan la ayuda de las personas. ¡Necesitan gente como tú!

Los proyectos comunitarios pueden ayudarte a conocer nuevas personas.

Los proyectos comunitarios pueden ayudarte a aprender nuevas destrezas.

Ficha informativa

Lion's Heart

Ubicación: Mission Viejo, California

Información: Lion's Heart (Corazón de león) es un grupo comunitario que tiene un sitio web. El grupo une a personas con proyectos que necesitan ayuda. ¡Los niños de Lion's Heart ya han dedicado más de 300,000 horas a ayudar!

LECTURA ATENTA

Vocabulario en contexto

Subraya las palabras que te ayudan a comprender el significado de **transformar**.

14 ¿Estás listo para empezar a transformar, o cambiar, el mundo? Sigue estos cuatro pasos para hacer del mundo un lugar mejor.

Paso 1
Piensa en un problema que te gustaría resolver.

Paso 2
¡Sé creativo! Haz una lista de ideas para resolver ese problema.

Paso 3
Pon tus ideas en marcha. Puedes hacerlo solo o con un amigo. También puedes unirte a un grupo que quiera resolver el mismo problema.

Paso 4
¡Trabaja mucho!
¡Nunca te rindas!
El mundo te necesita.

VOCABULARIO

Desarrollar el vocabulario

Mi TURNO Usa las definiciones de las notas de Lectura atenta para escribir qué significa cada palabra. Usa un diccionario impreso o digital para aprender más sobre estas palabras.

Palabra	Significado
generador	
inventar	
energía solar	
huerto comunitario	
proyecto	

COMPRENSIÓN

TALLER DE LECTURA

Verificar la comprensión

Mi TURNO Vuelve al texto para contestar las siguientes preguntas. Escribe las respuestas.

1. ¿De qué quiere convencer a sus lectores la autora de este texto persuasivo?

2. ¿Por qué crees que la autora incluyó secciones llamadas "Fichas informativas" en este texto?

3. ¿Estás de acuerdo con la argumentación de la autora? ¿Por qué?

LECTURA ATENTA

Comprender el texto persuasivo

Los escritores escriben textos persuasivos para tratar de convencer a los lectores de que piensen o actúen de cierta manera. La **argumentación** es la idea principal. Es lo que el autor quiere que piensen o hagan los lectores. El autor apoya su argumentación con **razones**, **evidencia** y **ejemplos**.

Mi TURNO Vuelve a las notas de Lectura atenta. Subraya las razones que usa la autora para apoyar su argumentación. Usa lo que subrayaste y otra evidencia del texto para completar la tabla.

Argumentación principal			
Razón 1	Razón 2	Razón 3	Razón 4

TALLER DE LECTURA

Supervisar la comprensión

A medida que lees, haz pausas para supervisar tu comprensión, o pensar si entiendes lo que acabas de leer. Si no entiendes algo, tal vez necesites hacer algunos ajustes para entender más. Puedes:

- **Volver a leer** partes del texto que no comprendiste.
- **Usar conocimientos previos** (lo que ya sabes).
- **Buscar pistas visuales** en las ilustraciones o en las fotografías.
- **Hacer preguntas** sobre lo que no comprendes.

Mi TURNO Vuelve a las notas de Lectura atenta y sigue las instrucciones para resaltar el texto. Luego, usa lo que resaltaste para completar la tabla.

Partes del texto que no comprendí	Estrategia que usé para comprender

RESPONDER AL TEXTO

Reflexionar y comentar

En tus palabras

Comenta sobre los textos que has leído que cuentan cómo los niños y jóvenes pueden marcar la diferencia en una comunidad. ¿Qué ideas te dieron los textos? Describe tu conexión personal con estos, es decir, lo que significan para ti.

Turnarse

Es importante turnarse durante una conversación. Podrías sentir que tienes algo muy importante que decir, pero debes esperar hasta que haya terminado de hablar la otra persona.

- Expresa tu opinión y permite que los demás respondan.
- Si interrumpes a alguien por error, discúlpate y deja que termine.

Podrías decir:

> Lo siento. No quise interrumpirte. Por favor, termina lo que estabas diciendo.

Pregunta de la semana

¿Cómo puedes participar para mejorar tu comunidad?

VOCABULARIO

PUENTE ENTRE LECTURA Y ESCRITURA

Puedo usar el lenguaje para hacer conexiones entre la lectura y la escritura de no ficción narrativa.

Mi meta de aprendizaje

Vocabulario académico

Aprendiste muchas palabras diferentes en esta unidad. Escoge seis palabras nuevas que has aprendido que podrían ayudarte a responder a la Pregunta esencial: **¿Por qué es importante relacionarse con otras personas?** Escríbelas en los siguientes espacios en blanco.

_____

_____

_____

_____

_____

_____

INTERCAMBIAR ideas Explícale a tu compañero por qué escogiste esas palabras. Luego, usa las palabras para responder a la Pregunta esencial.

TÉCNICA DEL AUTOR

Leer como un escritor, escribir para un lector

Los autores escogen palabras para convencer a los lectores de que piensen o actúen de cierta manera.

Palabras del autor	Lo que hacen que piense o haga
"Se necesita gente para **hacer del mundo un lugar mejor.** También se necesita trabajar mucho. Hay proyectos comunitarios que necesitan la ayuda de las personas. ¡Necesitan gente como tú!"	Estas palabras me hacen pensar que trabajar en proyectos comunitarios nos ayuda a vivir en un lugar mejor. Me gustaría intentarlo.

Mi TURNO Escribe tres o cuatro oraciones para convencer a los lectores de algo. Podría ser por qué deberías tener una mascota, por qué deberías irte a dormir más tarde o por qué la gente no debería arrojar basura. Escoge tus palabras cuidadosamente.

Escoge un tema muy importante para ti.

ORTOGRAFÍA

PUENTE ENTRE LECTURA Y ESCRITURA

Escribir palabras con los sufijos -ito, -ita, -illo, -illa, -ico, -ica

Mi TURNO Clasifica las palabras de ortografía según los sufijos **-ito, -ita, -illo, -illa, -ico, -ica.** Escríbelas en la columna correcta.

-ito	-ita

-illo	-illa

-ico	-ica

Palabras de ortografía

camita
poquita
orejita
pajarillo
ventanilla
chiquillo
cortico
pelotica
carrito
palillo

Mis palabras

bonito
pasillo

Elige una de Mis palabras para completar cada oración.

1. El jardín de la casa de mi abuela es muy _____.

2. Mis tíos dejaron sus maletas en el _____.

439

Los pronombres reflexivos

Un **pronombre reflexivo** hace referencia al sujeto de la oración. Los pronombres reflexivos son **me**, **te**, **se** y **nos**.

Pronombre	Pronombres reflexivos	Ejemplos
yo	**me**	Yo **me** baño.
tú	**te**	Tú **te** peinas.
él, ella, usted	**se**	Ella **se** lava la cara.
nosotros	**nos**	Nosotros **nos** vestimos de azul.
ustedes	**se**	Ustedes **se** sientan.
ellos, ellas	**se**	Ellos **se** duermen.

Mi TURNO Escribe los pronombres reflexivos correctos para completar este cuento.

Yo _____ levanto temprano en las mañanas. _____ lavo los dientes, _____ peino y bajo a desayunar. Mi hermanita _____ levanta más tarde. Baja corriendo a la cocina y _____ sienta en su silla. Mis papás _____ sientan a desayunar con nosotros. Y luego, _____ llevan a la escuela.

NARRACIÓN PERSONAL **TALLER DE ESCRITURA**

Puedo usar elementos de la no ficción narrativa para escribir una narración personal.

Mi meta de aprendizaje

Corregir los adjetivos, los artículos y los adverbios

Los autores corrigen su escritura para asegurarse de que usaron correctamente los adjetivos, los artículos y los adverbios.

Mi TURNO Corrige este borrador. Léelo una vez para buscar maneras de agregar adjetivos y adverbios para hacer que sea más interesante. Vuelve a leerlo para ver si cometiste errores al usar adjetivos, artículos y adverbios.

> Salimos con la clase a un plantación de calabazas impresionante. ¡Había cientos de calabazas! No podía escoger una sola. Entonces, escogí dos. Primero, escogí el calabaza alta y ovalada. Después, escogí una pequeña. Le pintaré una cara a cada una.

Mi TURNO Corrige tu narración personal para asegurarte de que usaste los adjetivos, los artículos y los adverbios correctamente.

NARRACIÓN PERSONAL

Corregir la ortografía

Los autores usan las reglas y los patrones ortográficos cuando corrigen su escritura para asegurarse de que la ortografía de las palabras es correcta. A continuación, hay algunos consejos para escribir las palabras correctamente:

- Piensa en la palabra base, o parte principal, de las palabras. Por ejemplo, el plural de **nuez** es **nueces**: la **z** cambia a **c** para formar el plural cuando la palabra base termina en **z**.

- Algunas palabras comunes como **gente** y **ahí** pueden ser difíciles. Debes aprendértelas.

- Puedes agregar sufijos a la palabra base para formar otra palabra.

Mi TURNO Corrige los errores de ortografía de este borrador.

> El mes pasado, mi clase aludó a la jente de nuestra comunidad. Entonces, desidimos organizar una recolecta de alimentos. Hisimos una competencia a ber quién recolectaba más alimentos. Todos trageron algo. ¡La maestra estaba muy orguyosa de nosotros!

Mi TURNO Corrige la ortografía de las palabras de tu narración personal.

TALLER DE ESCRITURA

Evaluación

En esta unidad, aprendiste a escribir una narración personal. Califica tu comprensión de cada destreza. Repasa todas las destrezas que marcaste con un "No".

1. Cómo generar ideas para tu narración personal	SÍ	NO
2. Cómo planificar tu narración personal	SÍ	NO
3. Cómo describir un ambiente	SÍ	NO
4. Cómo desarrollar una secuencia de sucesos con un problema y una solución	SÍ	NO
5. Cómo agregar detalles	SÍ	NO
6. Cómo escribir una conclusión	SÍ	NO
7. Cómo revisar y corregir: • mayúsculas y comas • pronombres • sujetos y predicados compuestos • adjetivos y artículos • ortografía	SÍ	NO

COMPARAR TEXTOS

TEMA DE LA UNIDAD
Marcar la diferencia

INTERCAMBIAR *ideas*

Con tu compañero, escribe un ejemplo de cada texto sobre una persona que se relaciona con otra o con un grupo de personas. Usa tus notas como ayuda para responder a la Pregunta esencial.

SEMANA 3

El jardín de la felicidad

SEMANA 2

Imitar la naturaleza

SEMANA 1

¿Quién dijo que las mujeres no pueden ser doctoras?

Carlos Cruz-Diez: Todo es color y movimiento

SEMANA 6

SEMANA 4

SEMANA 5

Generadores de cambio

Pregunta esencial

Mi TURNO

En tu cuaderno, responde a la Pregunta esencial: ¿Por qué es importante relacionarse con otras personas?

Proyecto

SEMANA 6

Llegó la hora de aplicar lo que aprendiste sobre las conexiones en tu PROYECTO DE LA SEMANA 6: ¡La cápsula del tiempo!

445

FONÉTICA

Palabras con m antes de b, p y con n antes de v

Siempre se escribe la consonante **m** antes de **b** y **p**. Por ejemplo: cumplir, importante, cambio. Siempre se escribe **n** antes de **v**. Por ejemplo: envío, invierno.

Mi TURNO Lee, o decodifica, las siguientes palabras. Subraya las combinaciones de consonantes **mb, mp, nv** en cada palabra.

rampa	envasar	acampar	alambre
campo	rombo	hombre	cambio

INTERCAMBIAR ideas Con un compañero, completa la palabra con las combinaciones de consonantes que faltan en las siguientes oraciones.

1. En i _____ ierno hace mucho frío.

2. Mis tíos ta _____ ién vienen a cenar.

3. Carlos i _____ entó un juguete nuevo para llevar al ca _____ o.

Palabras con m antes de b, p y con n antes de v

Mi TURNO Completa las oraciones con las siguientes palabras.

simpático	campeón	envase
timbre	empezar	hambre

1. Mario es el _____ del concurso de adivinanzas.

2. Mónica mojó su tarea. Ahora tiene que _____ otra vez.

3. Los niños corrieron a la puerta cuando escucharon el _____.

4. Sofía guarda las monedas en un _____.

5. El nuevo compañero de clase es muy _____.

6. El perrito llora porque tiene _____.

Mi TURNO Usa dos de las palabras anteriores en una oración. Lee tu oración en voz alta.

PALABRAS DE USO FRECUENTE

Mis palabras

Mi TURNO Lee las siguientes palabras de uso frecuente. Identifícalas y subráyalas en el párrafo. Luego, lee el párrafo.

| nombre | contento | enviar |

Voy a enviar una carta a mi mejor amigo. Escribiré su nombre en el sobre. Se pondrá muy contento.

Escribe cada palabra junto a su significado.

1. cómo se llama una persona _____

2. mandar algo _____

3. feliz, alegre _____

INTERCAMBIAR ideas Trabaja con un compañero. Inventa nuevas oraciones con estas palabras.

ORTOGRAFÍA — DESTREZAS FUNDAMENTALES

Escribir palabras con m antes de b, p y con n antes de v

Mi TURNO Clasifica las palabras de ortografía según las combinaciones de consonantes **mb**, **mp**, **nv**. Escríbelas en la columna correcta.

mp

mb

nv

Palabras de ortografía

sombrero
campana
limpiar
envidia
bombero
importante
rumbo
invariable
invitados
columpio

Mis palabras

nombre
enviar

Elige una de Mis palabras para completar cada oración.

1. Mi hermanita lleva el mismo _____ que mi abuela.

2. Mañana vamos a _____ postales por correo.

INDAGAR

La cápsula del tiempo

INVESTIGACIÓN

Actividad

Una cápsula del tiempo es una manera de conectarse con la gente del futuro. Crea una cápsula del tiempo grupal que podrías enterrar para ayudar a las generaciones futuras a entender la vida de hoy.

¡Vamos a leer!
Esta semana leerás tres artículos sobre conectarse con otras personas. El artículo de hoy te dará información sobre las cápsulas del tiempo.

1. La cápsula del tiempo
2. ¡Vamos a conectarnos!
3. Conectar por una causa

Generar preguntas

COLABORAR Con un compañero, haz una lista de dos palabras clave para guiar tu investigación para aprender más sobre las cápsulas del tiempo.

PROYECTO DE INDAGACIÓN

Usa el vocabulario académico

COLABORAR ¿Qué te gustaría que supieran las personas del futuro sobre la vida de hoy en día? ¿De qué manera podrías explicarles cómo es tu vida ahora? Habla con tu compañero. Túrnate con él para escuchar y hablar. Intenta usar palabras del Vocabulario académico.

Vocabulario académico

relacionar   mejorar
comentar   responsable
igual

Plan de investigación sobre cápsulas del tiempo

Con la ayuda de tu maestra, crea y sigue un plan de investigación.

Día 1 Genera una lista de palabras clave para investigar.

Día 2 _____

Día 3 _____

Día 4 Escribe y revisa una lista de elementos a incluir en tu cápsula del tiempo. Incluye las razones de cada uno.

Día 5 _____

COLABORAR Y COMENTAR

Solo los hechos

Un texto informativo contiene

- una idea principal.
- detalles clave que ofrecen evidencia de apoyo.
- hechos, ejemplos y definiciones si es necesario.

COLABORAR Lee "¡Vamos a conectarnos!". Luego, completa la tabla con información del texto.

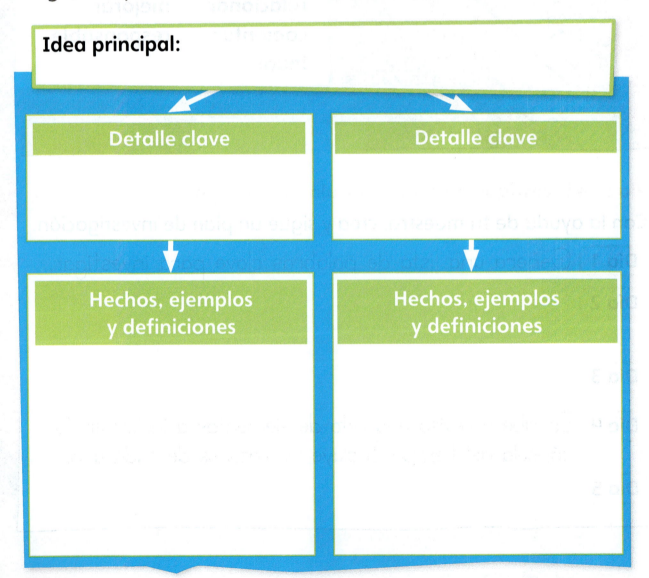

Usa un sitio web

Un sitio web suele tener diferentes páginas. Estas páginas están enlazadas. Cada página tiene información distinta.

El portal de un sitio web muestra sus páginas como enlaces sobre los que puedes hacer clic. Hay varias maneras de identificar los enlaces. El texto puede tener un color diferente o cambiar de color cuando pasas el cursor por encima.

COLABORAR Trabaja con un compañero para seguir tu plan de investigación. Menciona el nombre de las páginas del sitio web anterior. Luego, busca un sitio web que te ayude en tu investigación sobre cápsulas del tiempo. Busca información en las páginas del sitio. Anota el nombre del sitio web y su URL.

COLABORAR Y COMENTAR

Lista de razones

Haz una lista de lo que incluirías en una cápsula del tiempo. Explica las razones por las que incluyes cada objeto.

Objetos de mi cápsula del tiempo para abrir en 2050 — Tema

- grabaciones de mis canciones favoritas
  Quiero que la gente del futuro escuche la música de hoy.
- periódicos actuales
  La gente podrá leer sobre los sucesos de hoy.
- mi libro favorito
  En el futuro, tal vez no existan los libros impresos.
- una foto de mi equipo de fútbol
  Las camisetas y los cortes de cabello cambiarán.
- una copia de mi horario diario
  La gente tal vez quiera saber qué hacían los niños todo el día.

Razones

AFINAR LA INVESTIGACIÓN   **PROYECTO DE INDAGACIÓN**

Fuentes primarias y secundarias

COLABORAR Una **fuente primaria** es la que crea alguien que vivió un suceso. Podría ser una carta, un blog, un diario o una grabación. Una **fuente secundaria** es la que crea alguien que obtuvo información de otras fuentes. Podría ser un libro de texto o un libro.

A medida que investigas sobre las cápsulas del tiempo, identifica los objetos incluidos como fuentes primarias o secundarias. Anota dos de cada uno en la siguiente tabla.

Fuentes primarias	Fuentes secundarias

COLABORAR Con tu grupo, escoge dos fuentes primarias y una fuente secundaria para la cápsula del tiempo.

Fuente primaria:

Fuente secundaria:

Escribe una carta

Una carta amistosa tiene cinco partes. Observa la puntuación y el uso de mayúsculas y minúsculas en cada parte.

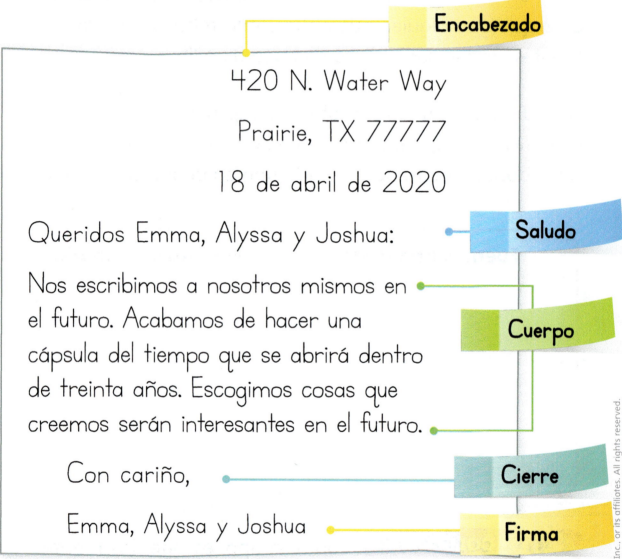

420 N. Water Way

Prairie, TX 77777

18 de abril de 2020

Queridos Emma, Alyssa y Joshua:

Nos escribimos a nosotros mismos en el futuro. Acabamos de hacer una cápsula del tiempo que se abrirá dentro de treinta años. Escogimos cosas que creemos serán interesantes en el futuro.

Con cariño,

Emma, Alyssa y Joshua

COLABORAR Con tu grupo, escríbanse una carta a ustedes en el futuro. Cuenten qué pensaron y qué escogieron al crear la cápsula del tiempo.

COLABORAR Y COMENTAR **PROYECTO DE INDAGACIÓN**

Revisa

COLABORAR Esta semana, tu grupo creó una cápsula del tiempo para relacionarse con gente del futuro. Vuelve a leer tu lista de objetos y razones. ¿Necesitas agregar o reemplazar algún objeto?

Mi lista contiene...

☐ un título.

☐ el nombre de cada objeto que está dentro de la cápsula.

☐ una razón por la cual escogimos cada objeto.

Corrige

COLABORAR Llegó el momento de corregir tu lista. Comprueba que todo esto está bien:

☐ la ortografía

☐ la puntuación

☐ el uso de mayúsculas iniciales en nombres de personas y lugares

CELEBRAR Y REFLEXIONAR

Comenta

COLABORAR Con tu grupo, presenta la cápsula del tiempo a otra clase. Usa tu lista para identificar y explicar cada objeto. Trabaja de forma colaborativa con tu grupo para preparar la presentación.

- Con tu grupo, divide la lista en partes iguales para que todos los miembros puedan participar en la presentación.
- Ponte de acuerdo sobre las reglas para la conversación, tales como escuchar a los demás y hablar cuando se tiene la palabra.
- Aporta sugerencias para enriquecer las ideas de los demás a medida que participa cada uno.

Reflexiona

 Completa las oraciones.

Disfruté trabajar con el grupo para crear la cápsula del tiempo porque: _____

Una cosa que me pareció difícil fue _____

REFLEXIONAR SOBRE LA UNIDAD

Reflexiona sobre tus metas

Vuelve a leer las metas de la unidad. Usa un color diferente para calificarte de nuevo.

 Completa las oraciones.

Reflexiona sobre tu lectura

Lo que más me gustó de la lectura independiente de esta unidad fue

porque

Reflexiona sobre tu escritura

Lo que más me gustó escribir en esta unidad fue

porque

UNIDAD 5

La maravillosa Tierra

Pregunta esencial

¿Cómo cambia la Tierra?

▶ **Mira**

"**Nuestra Tierra cambiante**". Mira de cuántas maneras puede cambiar la Tierra.

INTERCAMBIAR *ideas*

¿Qué tipos de cambios viste en el video? Coméntalos con un compañero.

PEARSON realize™

Puedes hallar todas las lecciones EN LÍNEA.

- VIDEO
- AUDIO
- JUEGO
- ANOTAR
- LIBRO
- INVESTIGACIÓN

Enfoque en el texto informativo

Taller de lectura

Infografía: Características físicas de la Tierra

Cambios de la superficie de la Tierra ..... **Texto informativo**
por Ivar Da Coll

Infografía: El Gran Cañón

de Cómo el agua moldea la Tierra | de Cómo los terremotos moldean la Tierra ..... **Texto informativo**
por Jared Siemens | por Aaron Carr y Megan Cuthbert

Infografía: ¡Relámpagos y rayos!

¿Adónde van cuando llueve o nieva? ..... **Obra de teatro**
por Melissa Stewart

Infografía/Diagrama: Erupciones, temblores y tsunamis

Poemas ..... **Poesía**
por Francisco X. Alarcón, Graciela Genta y José Santos Chocano

Infografía: Rocas famosas

¡Rocas! ..... **Texto informativo**
por Christopher Cheng

Puente entre lectura y escritura

- Vocabulario académico
- Leer como un escritor, escribir para un lector
- Ortografía • Lenguaje y normas

Texto informativo

Taller de escritura

- Introducción e inmersión
- Desarrollar elementos • Desarrollar la estructura
- Técnica del escritor • Publicar, celebrar y evaluar

Texto de procedimiento

Proyecto de indagación

Escribir un infomercial ..... **Texto persuasivo**

LECTURA INDEPENDIENTE

Lectura independiente

Leer de manera independiente nos ayuda a ser buenos lectores. Cuanto más leas, más fácil será. Cuando busques un libro, primero piensa en cuál es tu propósito de lectura. Luego, escoge un libro que sirva a tu propósito.

Después de leer el libro, repásalo. Piensa en las respuestas a estas preguntas:

Escoge un libro sobre algún tema del que quieras saber más.

- ¿Qué cosas me gustaron del libro?
- ¿Qué cosas no me gustaron?
- ¿Sirvió a mi propósito de lectura?
- En general, ¿me gustó el libro? ¿Se lo recomendaría a un amigo?

Mi registro de lectura

Fecha	Libro	Páginas leídas	Minutos leídos	Cuánto me gusta
				🙂 😐 ☹️
				🙂 😐 ☹️
				🙂 😐 ☹️
				🙂 😐 ☹️
				🙂 😐 ☹️

INTRODUCCIÓN

Metas de la unidad

En esta unidad

- leerás textos informativos.
- escribirás un texto de procedimiento.
- aprenderás sobre los cambios de la Tierra.

 **Colorea** para responder.

Sé sobre diferentes tipos de textos informativos y entiendo sus elementos.		
Puedo usar el lenguaje para hacer conexiones entre la lectura y la escritura de textos informativos.		
Puedo usar elementos de textos informativos para escribir un texto de procedimiento.		
Puedo hablar con otros sobre cómo cambia la Tierra.		

Vocabulario académico

| destruir | medioambiente | reacción | equilibrio | recursos |

En esta unidad, leerás sobre los cambios que ocurren en el **medioambiente** de la Tierra. Aprenderás sobre cómo las fuerzas de la naturaleza actúan sobre la Tierra y la **reacción** que estas fuerzas producen cuando los accidentes geográficos se mueven y cambian. Leerás sobre cómo los terremotos pueden **destruir** grandes áreas. Te preguntarás cómo se mantiene la Tierra en **equilibrio**. También puedes pensar en cómo estos cambios afectan los **recursos** de la Tierra.

INTERCAMBIAR ideas Usa las palabras de vocabulario académico para hablar con tu compañero sobre cómo puede cambiar la Tierra. Esta imagen te puede servir de ayuda.

PRESENTACIÓN DE LA SEMANA: INFOGRAFÍA

Características físicas de la Tierra

La superficie de la Tierra tiene muchas características físicas. Aquí te presentamos algunas de ellas.

El aire de la Tierra es justo el que necesitamos para vivir. El aire nos protege de los rayos solares dañinos y de objetos del espacio.

La mayor parte de la Tierra está cubierta por agua. El agua del océano es salada. El agua de la mayoría de los lagos y ríos es dulce.

Las nubes son agua en el aire. De las nubes cae la lluvia y la nieve a la Tierra.

La superficie de la Tierra tiene muchas formas. Las montañas altas, las llanuras verdes y las costas arenosas son accidentes geográficos.

Pregunta de la semana

¿Cuáles son algunas de las características físicas de la Tierra que cambian?

INTERCAMBIAR *ideas*

Mira la fotografía. ¿Cómo crees que obtuvieron esa forma las rocas de la orilla? Coméntalo con un compañero.

FONÉTICA

Los sufijos -mente, -dad

Los **sufijos** son partes de palabras que se agregan a una palabra base y forman una palabra nueva. El sufijo **-mente** forma adverbios que expresan de qué manera sucede algo, como en **rápidamente**. El sufijo **-dad** expresa una característica distintiva, como en **soledad**.

Mi TURNO Lee las siguientes palabras. Subraya los sufijos **-mente** y **-dad** en las palabras.

| ligeramente | hermandad | igualdad | amablemente |

INTERCAMBIAR ideas Con un compañero, elige una palabra con cada uno de los sufijos y escribe una oración con cada una. Comenta y corrige las oraciones con tu compañero.

DESTREZAS FUNDAMENTALES

Los sufijos -mente, -dad

Mi TURNO Lee las siguientes palabras. Luego, úsalas para completar las oraciones.

| fuertemente | velozmente | severidad | vecindad |

1. Las hermanas se abrazaron _____.

2. La buena _____ del Sr. Pérez hace que los vecinos lo quieran.

3. Claudio está preocupado por la _____ de la herida de su gato.

4. El carro amarillo pasó _____ por la avenida.

INTERCAMBIAR ideas Usa la palabra **fuertemente** en una oración. Luego, pídele a un compañero que la use en otra oración. Intercambia la oración con tu compañero y lee la suya en voz alta.

PALABRAS DE USO FRECUENTE | TEXTO DE FONÉTICA

Mis palabras

Hay palabras que se usan a menudo. Se llaman palabras de uso frecuente. Tendrás que recordarlas.

Mi TURNO Lee las palabras del recuadro. Subraya esas palabras en las siguientes oraciones. Lee las oraciones. Luego, escribe una oración con cada palabra. Escribe las letras correctamente. Asegúrate de trazar bien la unión entre las letras de cada palabra.

| solamente | verdad | realidad |

El libro contiene solamente textos informativos. Hablan sobre la realidad. Podemos comprobar si su información es verdad.

1. _____

2. _____

3. _____

INTERCAMBIAR ideas Trabaja con un compañero. Lee las oraciones de tu compañero. Ayúdalo a corregirlas si es necesario.

La casa de la playa

Susana está de vacaciones en la playa.

En el mar observa algo grande que sube y luego desaparece rápidamente. Mira a su hermano José y le pregunta con seriedad:

—¿Viste esa cosa gigante?

José, con bondad, la abraza fuertemente.

—Creo que es una ballena —dice—. Vamos a llamar a mamá.

1. ¿Dónde están de vacaciones Susana y José?

2. ¿Qué cree José que vieron en el mar?

3. ¿Por qué creen que José abraza a Susana?

4. Busca y escribe las palabras que contienen los sufijos **-mente** y **-dad**.

GÉNERO: TEXTO INFORMATIVO

Mi meta de aprendizaje Puedo leer un texto informativo y obtener datos sobre un tema.

Enfoque en el género

Texto informativo

Los libros científicos y los textos de instrucciones son ejemplos de textos informativos. Un texto informativo:

- presenta datos sobre personas, animales, lugares, sucesos, o acontecimientos.
- puede contener texto y elementos gráficos que añaden información o la explican.
- contiene una idea principal, o central, con detalles que la apoyan.

Los datos son información que puede ser comprobada.

Mi TURNO Describe a alguien o algo que sea importante para ti. Puedes hablar sobre un miembro de tu familia, tu hogar o un lugar favorito. Usa datos.

TALLER DE LECTURA

Cartel de referencia: Texto informativo

Un texto informativo presenta datos sobre un tema.

Datos sobre personas
Rosa Brown trabaja en el parque nacional.

Datos sobre lugares
En el Ártico, hay *icebergs* que flotan sobre el agua.

Datos sobre animales
Muchas lagartijas viven en los árboles.

Datos sobre sucesos
Mucha gente del mundo ve los Juegos Olímpicos.

Cambios de la superficie de la Tierra

Primer vistazo al vocabulario

Busca estas palabras cuando leas *Cambios de la superficie de la Tierra.*

| fragmentos | tectónicas | sismos | falla | lava |

Primera lectura

Lee para aprender sobre los cambios en la Tierra.

Mira las ilustraciones para entender mejor el texto.

Hazte preguntas para aclarar la información.

Habla sobre el texto con un compañero.

Conoce al autor

Ivar Da Coll ha escrito e ilustrado muchos libros de ficción para niños. Fue nominado cuatro veces a los premios Hans Christian Andersen y ALMA. En 2014, recibió el Premio Iberoamericano de Literatura Infantil. Vive en Bogotá, Colombia.

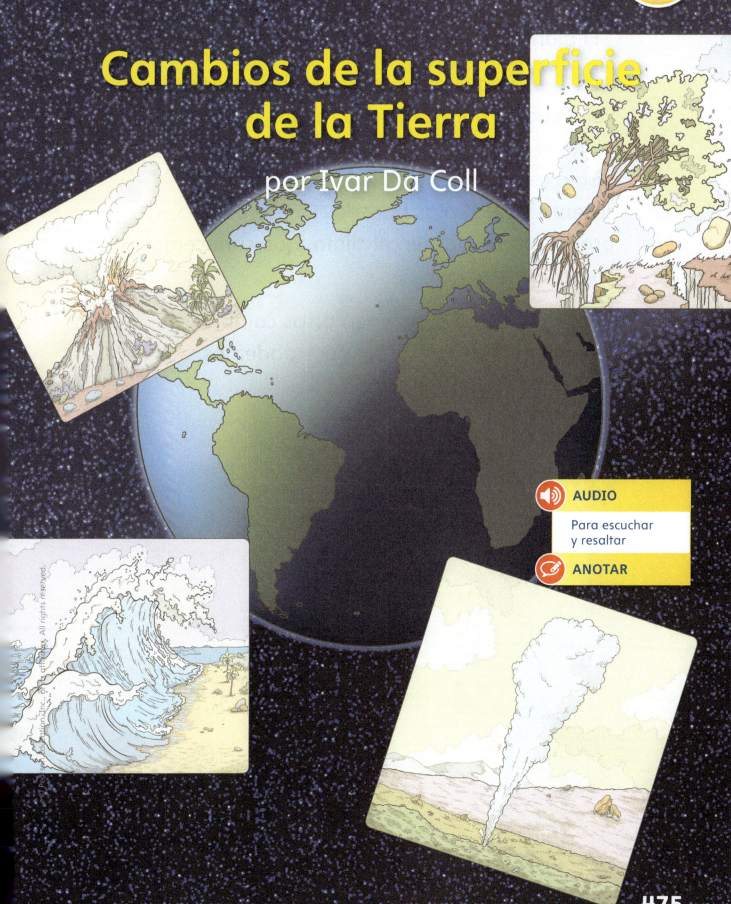

Género | Texto informativo

Cambios de la superficie de la Tierra

por Ivar Da Coll

AUDIO
Para escuchar y resaltar

ANOTAR

Nuestra maravillosa Tierra

1. El planeta en el que vivimos se llama **Tierra**.

2. La Tierra da vueltas sobre sí misma cada veinticuatro horas. Por esa razón, vemos cómo el día se vuelve la noche. También gira alrededor del Sol. Le toma trescientos sesenta y cinco días hacerlo. En ese tiempo, se producen cambios en el clima, que conocemos como las estaciones.

3. Pero en la Tierra suceden otros cambios y movimientos que no siempre podemos percibir tan claramente.

LECTURA ATENTA

Describir conexiones

El texto dice que en la Tierra suceden muchos cambios. Subraya las palabras que describen esos cambios.

4 Todo lo que compone la Tierra cambia constantemente.

5 Y, ¿por qué suceden estos cambios? Es muy simple. Es similar a lo que sucede con tu cuerpo. Tu cuerpo es un organismo compuesto por agua, sangre y tejidos. Estos compuestos intercambian energía y así es como tienes vida.

6 Para que la Tierra funcione adecuadamente, deben suceder cambios continuamente.

Las capas de la superficie de la Tierra

7   La **Tierra** está compuesta por capas. La capa externa de la superficie de la Tierra es sólida como una roca. Esta capa se llama **litósfera**. La litósfera cubre toda la superficie de la Tierra, incluso las partes cubiertas por agua, como las profundidades del mar.

LECTURA ATENTA

Supervisar la comprensión

Usa las ilustraciones como ayuda para comprender el texto. <mark>Resalta</mark> las palabras que explican qué son la litósfera y la hidrósfera en estas páginas.

8   La **hidrósfera** es la segunda capa de la Tierra. Rodea y, en muchas partes, cubre la litósfera.

9   Los océanos, los mares, los ríos, los lagos, el hielo de los glaciares y el vapor de agua componen la hidrósfera. Es decir, todo lo que sea agua en forma de líquido, vapor o hielo es la hidrósfera.

10   El aire que respiras forma parte de la tercera capa: la **atmósfera**.

11   La atmósfera ayuda a mover el agua de la hidrósfera. También nos protege de los rayos fuertes del sol. Sin la atmósfera no podríamos respirar. Nos derretiríamos como un helado. No habría lluvias ni nieve. En fin, no habría vida.

12 La cuarta y última capa se llama **biósfera**. La biósfera está formada por todas las capas anteriores de roca, aire y agua. Además, incluye a los seres vivos que habitan en el planeta.

13 La biósfera incluye a todos los seres vivos y el medio en el que viven.

LECTURA ATENTA

Describir conexiones

Subraya las palabras del texto que describen la conexión que existe entre la atmósfera y la vida en la Tierra.

¿Siempre han existido estas capas?

14 No. La Tierra nunca ha dejado de cambiar.

15 Los científicos dicen que la Tierra era una enorme masa de elementos líquidos muy calientes.

16 Esa gran masa fue enfriándose lentamente hasta que empezaron a formarse las capas del planeta tal como son hoy en día.

17 Para entenderlo mejor, veamos este ejemplo:

18 Si cocinamos una manzana y la dejamos enfriar, veremos cómo la cáscara de la manzana se arruga. En algunas partes, se fragmenta. Algo parecido sucedió con nuestro planeta cuando comenzó a enfriarse y formarse.

LECTURA ATENTA

Supervisar la comprensión

Resalta las palabras con que el autor compara lo que le ocurrió a la Tierra al enfriarse con algo que conoces para que la idea sea más clara. Luego, observa las ilustraciones para entenderlo mejor.

¿Cómo lo descubrieron?

19   Alfred Wegener fue un científico dedicado al estudio de los cambios de la Tierra. Él notó que las formas de los continentes eran como las piezas de un rompecabezas. Cuando se unían en ciertos lados, encajaban bien. Si observas un mapamundi, verás que la costa oeste del continente africano coincide con la costa este de América del Sur. En algún momento esta gran masa de tierra se fragmentó.

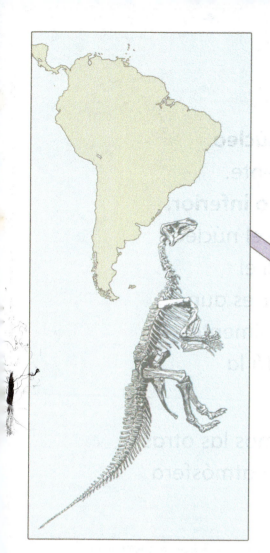

LECTURA ATENTA

Supervisar la comprensión

Resalta en el texto las palabras o frases que ayudaron a cada científico a pensar que los continentes pudieron haber estado unidos en el pasado.

20   Wegener también se fijó en los fósiles.

21   Los fósiles son restos de animales o plantas. Otro científico llamado Edward Suess descubrió que los fósiles de la costa este de América del Sur se parecían a los fósiles de la costa oeste de África. El parecido entre los fósiles se debía a que estos continentes habían estado unidos mucho tiempo antes. ¿Cómo se pudieron haber separado?

485

La estructura de la Tierra

22 En su centro, la Tierra tiene un **núcleo**. El núcleo es extremadamente caliente. Alrededor del núcleo está el **manto inferior**. Este manto es menos caliente que el núcleo. Por encima del manto inferior está el **manto superior**. El manto superior es aun menos caliente que el inferior. Finalmente, por encima del manto superior está la **corteza terrestre**.

23 En la corteza terrestre encontramos las otras capas: la litósfera, la hidrósfera, la atmósfera y la biósfera.

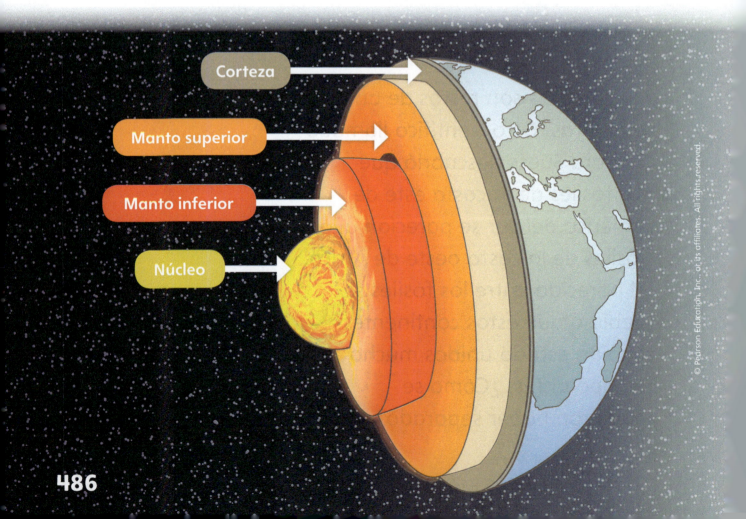

24   La corteza terrestre está sobre el manto superior. El manto superior está compuesto de **magma**. El magma es un material líquido y muy caliente.

25   Si ponemos un objeto sólido sobre un líquido que está hirviendo, vemos que el objeto flota y se mueve. Esto se debe a la fuerza y energía que produce el calor del líquido sobre el objeto.

26   Algo similar sucede en la Tierra con el magma y la corteza terrestre.

LECTURA ATENTA

Describir conexiones

Vuelve a leer o relee el texto. Subraya las palabras que nombran las partes de la estructura de la Tierra. Usa las ilustraciones como ayuda.

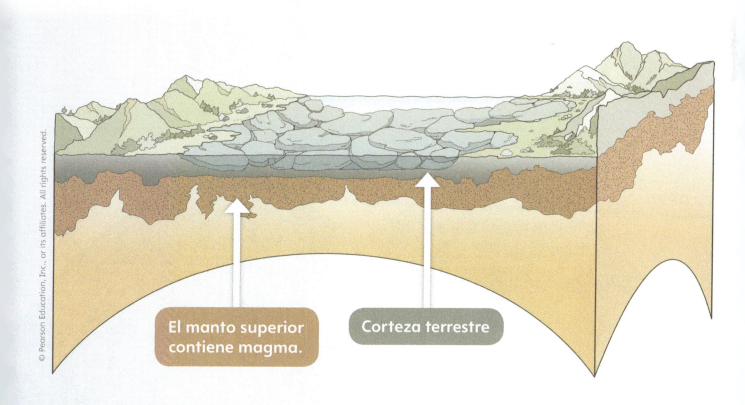

El manto superior contiene magma.

Corteza terrestre

487

LECTURA ATENTA

fragmentos partes pequeñas de una cosa quebrada

tectónicas que pertenecen a la corteza terrestre

Las placas tectónicas

27   La corteza terrestre está formada por fragmentos. Los fragmentos están flotando sobre el magma. A estos fragmentos los llamamos **placas tectónicas**.

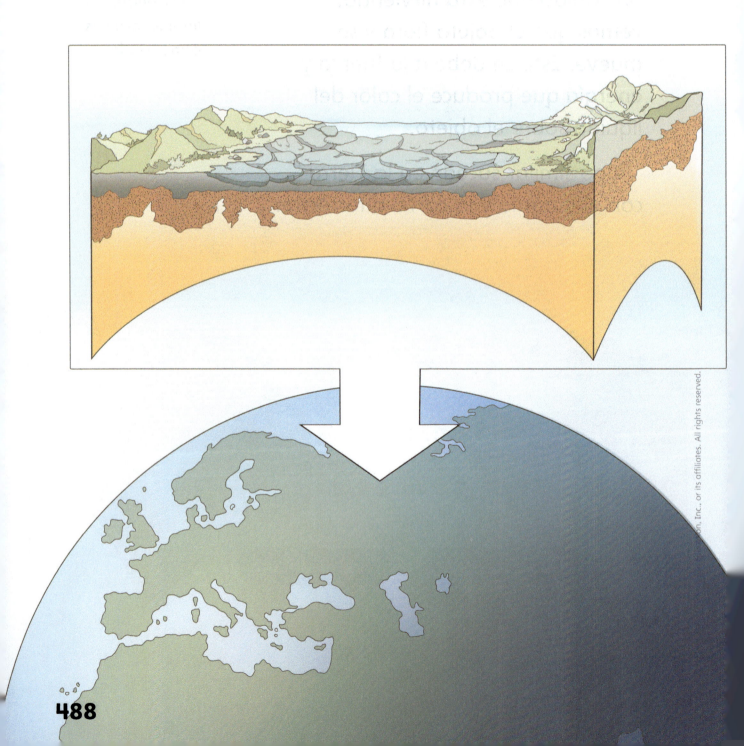

La deriva continental

28 Alfred Wegener descubrió que hay catorce placas tectónicas. Cada una de estas placas se mueve en una dirección diferente. El movimiento de las placas, con los continentes encima de ellas, es lo que se llama **deriva continental**.

LECTURA ATENTA

Vocabulario en contexto

Subraya las palabras que te ayudan a entender qué es la **deriva continental**.

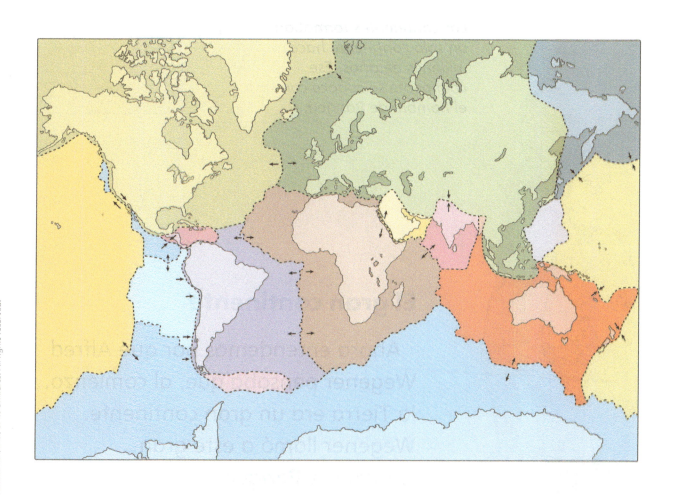

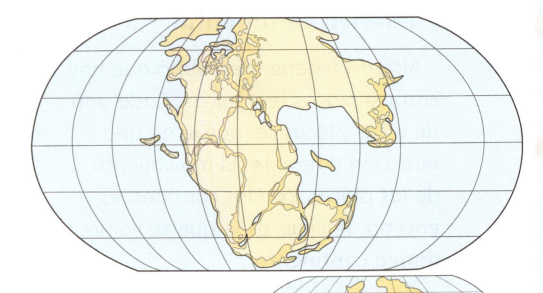

Los continentes formaban un solo continente hace millones de años. Ese continente se conoce con el nombre de Pangea.

El gran continente

29 Ahora entendemos por qué Alfred Wegener pensaba que, al comienzo, la Tierra era un gran continente. Wegener llamó a este gran continente **Pangea**.

30 Pangea se separó en dos partes. Una parte se movió hacia el norte y la otra, hacia el sur del planeta.

El choque entre las placas

31 Las placas pueden chocar unas contra otras. A veces uno de sus bordes se desplaza por debajo del borde de otra. Cuando esto sucede, ocurren los terremotos o **sismos**.

32 Imagínate una mesa con un mantel. Sobre el mantel hay varios objetos. Si metemos la mano por debajo del mantel, los objetos encima se caen al suelo o se elevan. Algo similar sucede en la superficie terrestre cuando las placas chocan o se superponen.

LECTURA ATENTA

Vocabulario en contexto

Subraya las palabras que te ayudan a comprender cómo suceden los sismos.

sismos movimientos violentos de la corteza terrestre

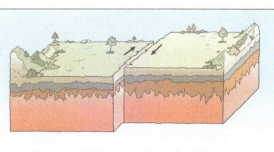
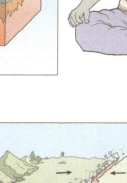
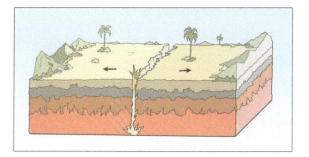
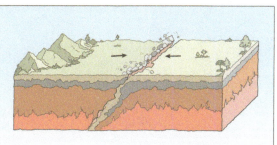

491

LECTURA ATENTA

falla fractura de la corteza terrestre

La falla de San Andrés

33 Hay una zona en la costa de California donde hay muchos sismos. Allí hay una grieta en la tierra de muchos kilómetros de largo. Esta grieta se produce por el choque entre la placa tectónica de Norteamérica con la placa tectónica del Pacífico. El choque visible entre dos placas se llama falla. La falla de California se llama **falla de San Andrés**.

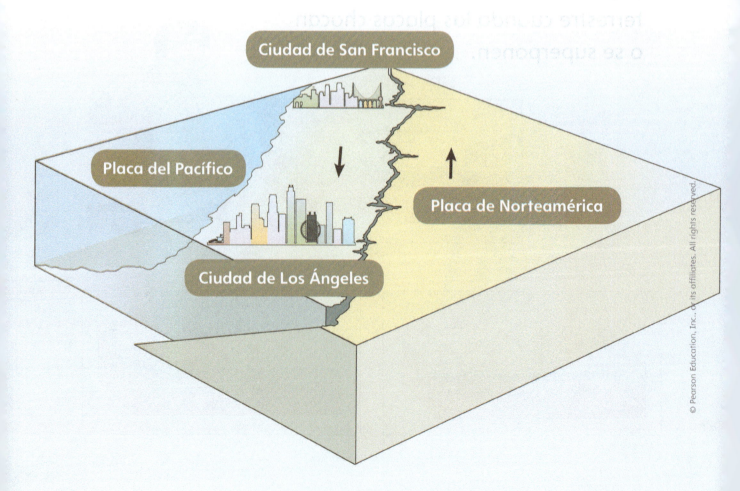

Los volcanes

34 Los volcanes son agujeros en la corteza terrestre. Por los volcanes sale el magma, o la lava, a la superficie. Cuando el magma entra en contacto con la atmósfera, se comienza a enfriar. Cuando el magma se enfría, se forman rocas. Una gran parte de la litósfera está compuesta por rocas de magma.

LECTURA ATENTA

Describir conexiones

Subraya las palabras que te ayudan a describir qué pasa con la lava cuando sale de un volcán.

lava material extremadamente caliente que sale de un volcán

35 La formación de la Tierra ha llevado millones de años. La Tierra seguirá cambiando debido al movimiento de las placas tectónicas y del magma que está debajo de ellas.

36 Los sismos y las erupciones de los volcanes son un ejemplo de que la Tierra está en constante cambio.

VOCABULARIO

Desarrollar el vocabulario

Mi TURNO Escribe el significado de las siguientes palabras de *Cambios de la superficie de la Tierra*. Luego, escribe una oración de ejemplo con cada una.

Palabra	Significado	Oración de ejemplo
fragmentos	partes pequeñas de una cosa quebrada	Los fragmentos están flotando sobre el magma.
tectónicas		
sismo		

Las palabras **falla** y **lava** son homógrafos. Los **homógrafos** son palabras que se escriben y pronuncian igual pero tienen distintos significados.

Mi TURNO Lee los siguientes pares de oraciones y subraya las palabras homógrafas.

1. El volcán entró en erupción y comenzó a salir lava.
   Mientras mamá lava los platos, papá saca a pasear al perro.

2. Quien no se esfuerza mucho, falla.
   Hoy leímos un texto sobre la falla de San Andrés.

COMPRENSIÓN   TALLER DE LECTURA

Verificar la comprensión

Mi TURNO   Vuelve a leer el texto para responder a las preguntas. Escribe las respuestas.

1. ¿Por qué este texto es un texto informativo?

2. En este texto, aparecen varias palabras en negrita. ¿Por qué crees que el autor decidió hacer eso?

3. ¿Qué cambio te parece el más interesante? ¿Por qué?

El autor de *Cambios de la superficie de la Tierra* incluyó encabezados para mostrar de qué se trata cada sección.

LECTURA ATENTA

Describir conexiones

Puedes conectar detalles con las ideas principales. Comprender la conexión entre las ideas de un texto te puede ayudar a entender de qué se trata el texto.

Mi TURNO Mira las notas de Lectura atenta. Sigue las instrucciones para subrayar el texto. Utiliza los detalles que subrayaste para completar la tabla.

Título de la sección	Ideas clave
Nuestra maravillosa Tierra	Todo lo que compone la Tierra cambia constantemente.
Las capas de la superficie de la Tierra	
La estructura de la Tierra	
Los volcanes	

Describe cómo están conectadas todas las ideas que subrayaste.

TALLER DE LECTURA

Supervisar la comprensión

A medida que lees, haz pausas para supervisar la comprensión y piensa si comprendes lo que lees. Si no comprendes algo, prueba estas sugerencias:

- Vuelve a leer la parte que no comprendiste.
- Usa tus conocimientos previos.
- Busca pistas visuales en las ilustraciones o fotografías.
- Haz preguntas.

Mi TURNO Vuelve a las notas de Lectura atenta. Sigue las instrucciones para resaltar el texto. Luego, completa la tabla.

Partes del texto que no entendí	Estrategia que usé para entender

RESPONDER AL TEXTO

Reflexionar y comentar

En tus palabras

Comenta los cambios de la Tierra que conociste en la lectura. Comenta por qué ocurren y por qué podrían ser peligrosos para las personas. Utiliza ejemplos del texto para apoyar tu respuesta.

Pedir una aclaración

Para desarrollar tu comunicación social, o aprender a conversar, debes saber cuándo preguntar y cuándo comentar algo que sabes.

- Espera a que la persona deje de hablar.
- Pregunta cortésmente lo que la otra persona quiso decir.

Cuando tú hables, otras personas pueden pedir explicaciones. Esta es tu oportunidad para aclarar lo que quisiste decir.

- Usa palabras más fáciles de comprender.
- Habla con oraciones completas.

Pregunta de la semana

¿Cuáles son algunas de las características físicas de la Tierra que cambian?

VOCABULARIO

PUENTE ENTRE LECTURA Y ESCRITURA

Puedo usar el lenguaje para hacer conexiones entre la lectura y la escritura de textos informativos.

Mi meta de aprendizaje

Vocabulario académico

Una **palabra compuesta** está formada por dos palabras más pequeñas que forman una palabra nueva. Usa lo que sabes sobre las palabras más pequeñas para predecir el significado de una palabra compuesta.

saca + puntas = sacapuntas

medio + ambiente = medioambiente

Mi TURNO Lee estas oraciones. Halla las palabras compuestas. Predice el significado de cada palabra compuesta usando el significado de las palabras más pequeñas. Luego, dibuja una línea entre las palabras más pequeñas.

El abrelatas está en la mesa.

En el césped hay un saltamontes.

Hoy es mi cumpleaños.

El girasol es una flor.

TÉCNICA DEL AUTOR

Leer como un escritor, escribir para un lector

Los autores usan elementos gráficos como mapas, fotografías, ilustraciones y diagramas para ayudar a que los lectores entiendan la información del texto. En *Cambios de la superficie de la Tierra*, el autor usa ilustraciones y diagramas.

Elementos gráficos	Por qué lo incluyó el autor (Propósito del autor)
ilustraciones de la sección "¿Siempre han existido estas capas?"	mostrar qué pasó a medida que la Tierra se fue enfriando
ilustraciones de la sección "¿Cómo lo descubrieron?"	mostrar cómo están relacionados los continentes

Mi TURNO Imagina que estás escribiendo sobre las diferentes capas de la Tierra. ¿Qué elementos gráficos incluirías?

ORTOGRAFÍA

PUENTE ENTRE LECTURA Y ESCRITURA

Escribir palabras con los sufijos -mente, -dad

Mi TURNO Completa las oraciones con las palabras de ortografía.

1. Los niños bailan _____.
2. Mi abuelo camina _____.
3. Nos despedimos _____.
4. La _____ es una cualidad importante.
5. Una _____ es que llueva esta noche.
6. La _____ de tu llegada me alegró mucho.
7. Acaricio a mi gato _____.
8. Llámame a la _____ posible.
9. A Eli no le gusta la _____ del campo.
10. Su _____ nos agrada a todos.

Palabras de ortografía

suavemente
alegremente
tristemente
lentamente
brevedad
bondad
amabilidad
posibilidad
novedad
soledad

Mis palabras

realidad
verdad

Escribe Mis palabras y subraya los sufijos.

11. _____
12. _____

Preposiciones y frases preposicionales

Una **preposición** es una palabra que muestra cómo se relaciona un sustantivo con otra palabra de la oración. La preposición es la primera de un grupo de palabras llamado **frase preposicional**.

Oración	Frase preposicional
El perro está en la casa.	en la casa
Voy caminando a la escuela.	a la escuela
Compramos pescado para el almuerzo.	para el almuerzo

Mi TURNO Corrige este borrador. Tacha las preposiciones incorrectas. Escribe la preposición correcta encima.

Todos los veranos vamos en las montañas. En el viaje, debemos cruzar contra un túnel. Luego, conducimos para un camino sinuoso. Nos quedamos sobre una cabaña junto a un lago. Nos gusta navegar sin el lago. También nos divertimos nadando entre el lago.

TEXTO DE PROCEDIMIENTO | DE INSTRUCCIONES

TALLER DE ESCRITURA

Puedo usar elementos de textos informativos para escribir un texto de procedimiento.

Mi meta de aprendizaje

Texto de instrucciones

Un **texto de instrucciones** es un tipo de texto de procedimiento. En un **texto de procedimiento**, el autor dice cómo hacer algo. Incluye instrucciones paso a paso y, algunas veces, elementos gráficos para mostrar estos pasos.

Cómo pintar con un popote

Necesitas: periódicos, pintura, popotes, cucharas de plástico, papel

 Elemento gráfico

Qué hacer

1. Cubre tu área de trabajo con un periódico. — Indicación
2. Deja caer gotitas de pintura sobre el papel con una cucharita. 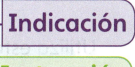 Instrucción precisa
3. Sopla con el popote para desparramar la pintura.
4. Mueve el popote para formar diferentes patrones.
5. Prueba con diferentes colores y cantidades de pintura.

TEXTO DE PROCEDIMIENTO / DE INSTRUCCIONES

Generar ideas

Dibujar es una manera de generar, o pensar, ideas antes de empezar a escribir.

Mi TURNO Haz dibujos para mostrar tres temas que podrías usar para escribir tu texto de instrucciones.

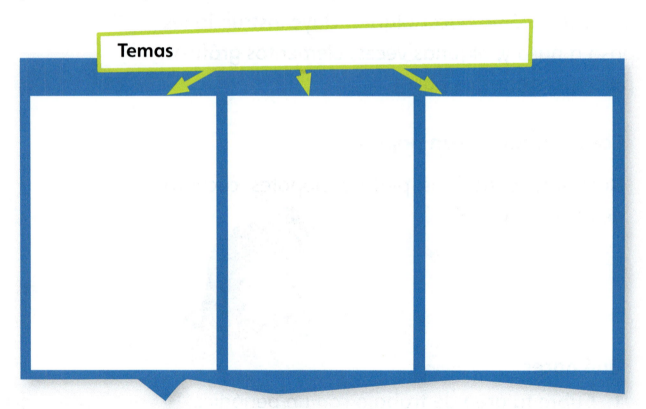

Utiliza esta lista para decidir qué tema usar:

☐ Este es un tema que conozco muy bien.

☐ Puedo dividir el procedimiento en pasos simples.

☐ Puedo presentar cada paso en orden.

☐ Disfrutaré escribir sobre este tema.

TALLER DE ESCRITURA

Planificar tu texto de instrucciones

Ahora enfócate en el tema de tu texto de procedimiento y en cómo dividir las instrucciones en pasos simples.

Mi TURNO Usa el organizador gráfico para planificar las instrucciones paso a paso. Lee las instrucciones en voz alta y pídeles a otros que las sigan. Ayuda a un compañero con su secuencia de acciones siguiendo sus instrucciones. Comparte tus ideas en el Club de escritura y pide que te hagan comentarios.

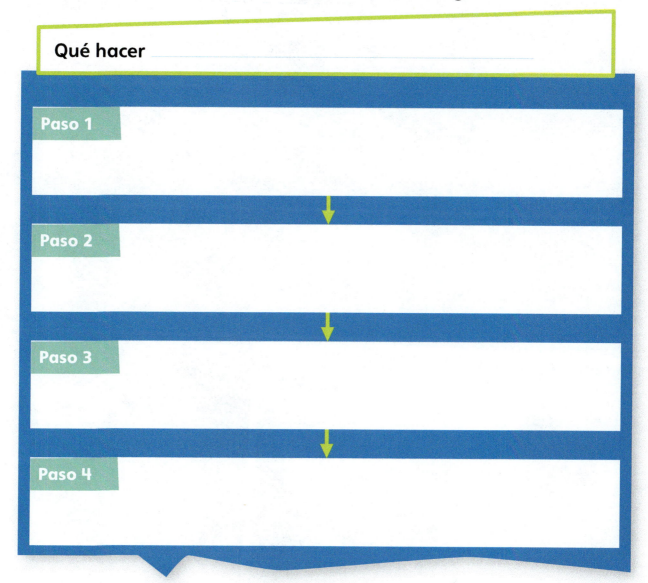

Qué hacer

Paso 1

Paso 2

Paso 3

Paso 4

PRESENTACIÓN DE LA SEMANA: INFOGRAFÍA

El Gran Cañón

El Gran Cañón es un tesoro natural. En el Cañón, encontrarás un caudaloso río rodeado de hermosas capas de roca y restos muy antiguos de seres vivos. También hallarás cosas divertidas para hacer y explorar.

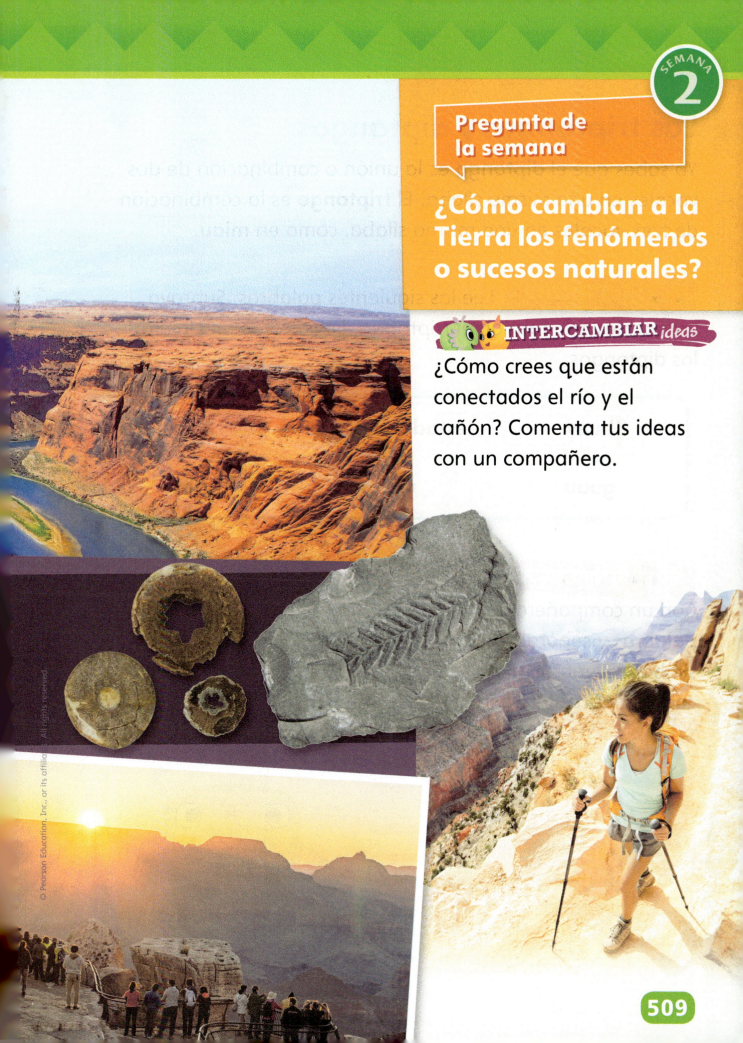

SEMANA 2

Pregunta de la semana

¿Cómo cambian a la Tierra los fenómenos o sucesos naturales?

INTERCAMBIAR *ideas*

¿Cómo crees que están conectados el río y el cañón? Comenta tus ideas con un compañero.

509

FONÉTICA

Los triptongos y diptongos

Ya sabes que el **diptongo** es la unión o combinación de dos vocales en una misma sílaba. El **triptongo** es la combinación de **tres vocales** en una misma sílaba, como en **miau**.

Mi TURNO Lee las siguientes palabras. Subraya las vocales que forman el triptongo. Encierra en un círculo los diptongos.

buey	estadounidense	buitre
guau	vieira	ley

INTERCAMBIAR ideas

Con un compañero, lee las palabras y sepáralas en sílabas. ¿Cuántas sílabas tiene cada palabra?

El triptongo tiene una vocal fuerte (a, e, o) entre dos débiles (i, u).

Los triptongos y diptongos

Mi TURNO Lee las siguientes palabras. Luego, úsalas para completar las oraciones.

vieiras	Paraguay	limpiauñas	fuego
paraguas	guau	ruido	agua

1. La familia se reunió alrededor del _____.

2. Con este calor, hay que tomar mucha _____.

3. El _____ está junto a las tijeras.

4. A mi papá le gusta la ensalada de _____.

5. Este verano viajaremos a _____.

6. El _____ de la calle no me deja leer.

7. Llueve mucho y olvidé el _____.

8. ¡_____!, este juego está emocionante.

PALABRAS DE USO FRECUENTE | TEXTO DE FONÉTICA

Mis palabras

Mi TURNO Lee las siguientes palabras. Subráyalas en las oraciones y lee las oraciones. Luego, escribe tus propias oraciones con cada palabra.

| aire | tiempo | clima |

1. Hoy hace buen tiempo.

2. Hay sol y el aire está agradable.

3. Me gusta el clima de mi ciudad en primavera.

INTERCAMBIAR ideas Lee tus oraciones en voz alta con un compañero. Ayuda a tu compañero a hacer correcciones.

Rayuela al aire libre

Laura y su familia viven en Uruguay. Cerca de su casa hay un río. A lo largo del río hay un camino de arena blanca.

Por las tardes, Laura y su hermana Maite juegan a la rayuela.

Una tarde de buen tiempo, pasó una canoa y un buey se metió a nadar en el río.

—¡Guau! —dijo Maite—. ¡Jugar a la rayuela en el río es realmente mágico!

1. ¿Dónde vive la familia de Laura?

2. ¿Qué sucedió una tarde mientras Laura y Maite jugaban?

3. Subraya las palabras con triptongo del cuento. Luego, elige una y escribe una oración.

GÉNERO: TEXTO INFORMATIVO

Mi meta de aprendizaje Puedo leer un texto informativo y obtener datos sobre un tema.

Enfoque en el género

Texto informativo

Los autores escriben textos informativos para informar, o presentar datos. Muestran el tema de forma interesante para captar la atención del lector. Suelen incluir:

- fotografías detalladas.
- palabras y descripciones interesantes.
- información sobre cosas o sucesos inusuales.

Aprendes más cuando un texto es interesante y emocionante.

Establecer un propósito Establecer un propósito te ayuda a entender más mientras lees. Tu propósito para leer un texto informativo podría ser aprender sobre un tema.

INTERCAMBIAR ideas Con un compañero, da un vistazo a *Cómo el agua moldea la Tierra* y *Cómo los terremotos moldean la Tierra*. Lee los encabezados y observa las imágenes. Escribe dos cosas que quieres aprender.

TALLER DE LECTURA

Cartel de referencia: Texto informativo

El propósito de un texto informativo es informar.

Informar quiere decir presentar datos o enseñar algo.

Cosas que puedes aprender de un texto informativo
- datos que no conocías
- palabras nuevas sobre un tema
- información sobre cosas que nunca has visto o hecho
- algo sobre lo que quieres aprender más

Cómo el agua moldea la Tierra

Primer vistazo al vocabulario

Busca estas palabras cuando leas *Cómo el agua moldea la Tierra*.

| fluye | desastres | arruinar |

Primera lectura

Lee para aprender cómo el agua cambia la Tierra.

Mira las fotografías para entender mejor el texto.

Hazte preguntas para saber cuáles son las ideas más importantes.

Habla para resumir el texto.

Conoce al autor

A **Jared Siemens** le encanta leer sobre casi cualquier tema: poesía, cuentos, blogs de música y todo sobre la Antártida. Ha escrito especialmente artículos periodísticos y libros informativos para niños. También ha escrito el guion de dos películas cortas.

Género Texto informativo

AUDIO
Para escuchar y resaltar

ANOTAR

de CÓMO EL AGUA MOLDEA LA TIERRA

por Jared Siemens

LECTURA ATENTA

Comparar y contrastar textos

Subraya las oraciones que explican cómo el agua moldea la Tierra. Vuelve a leer los párrafos 3 y 4 de "Nuestra maravillosa Tierra" en *Cambios de la superficie de la Tierra*. Compara las ideas que presentan estos dos textos.

fluye se desliza lentamente

¿CÓMO MOLDEA EL AGUA A LA TIERRA?

1 La Tierra está siempre cambiando. Algunos cambios suceden con rapidez. Otros se producen lentamente a lo largo del tiempo. El agua moldea a la Tierra lentamente. El agua desgasta las rocas y el suelo a medida que fluye sobre el terreno. También mueve tierra y rocas hacia otros lugares.

LECTURA ATENTA

Comprender nuevos conceptos

Resalta un detalle que muestre cómo el agua puede cambiar el terreno.

¿CÓMO TALLA EL AGUA AL TERRENO?

2   Los ríos y las corrientes fluyen por encima del terreno. Los ríos pueden tallar grandes valles y cañones a lo largo del tiempo. El río Colorado moldeó el Gran Cañón hace unos 5 millones de años.

¿CÓMO MOLDEAN LAS OLAS AL TERRENO?

3   El agua en movimiento es muy poderosa. Las olas del océano chocan contra el terreno una y otra vez. Las olas desgastan la superficie del terreno. Así se moldean las costas y se crean los acantilados. Las olas también deshacen las rocas hasta convertirlas en arena.

LECTURA ATENTA

Comparar y contrastar textos

<u>Subraya</u> lo que sucede cuando las olas chocan contra el terreno. Luego, lee el párrafo 8 de "Las capas de la superficie de la Tierra" en *Cambios de la superficie de la Tierra*. Compara y contrasta las ideas de estos textos.

LECTURA ATENTA

Comprender nuevos conceptos

Resalta las palabras que indican qué cambios produce una cascada.

¿CÓMO MOLDEAN LAS CASCADAS AL TERRENO?

4   Una cascada se forma cuando un río o una corriente de agua cae y fluye muy rápido hacia abajo por encima de un peñasco de roca dura. Las cascadas mueven rocas y tierra a un pozo que se forma abajo.

LECTURA ATENTA

Comparar y contrastar textos

Subraya la definición de **glaciares**. Compara lo que se describe de los glaciares aquí con lo que se dice en el párrafo 9 de *Cambios de la superficie de la Tierra*.

¿CÓMO MOLDEAN LOS GLACIARES AL TERRENO?

5   Los glaciares son enormes masas de agua congelada que se mueven lentamente sobre el terreno. Arrastran pedazos de roca y tierra mientras se mueven. A veces, cuando se derriten, aparecen grandes rocas debajo. Algunas rocas se quiebran cuando el agua se congela en sus grietas. Esto puede cambiar la forma de las montañas y del terreno a su alrededor.

LECTURA ATENTA

¿CÓMO DESTRUYE EL AGUA AL TERRENO?

6 El agua cambia el terreno rápidamente durante desastres naturales, como las inundaciones, los huracanes y los tsunamis. Las inundaciones destruyen terrenos de cultivo porque lavan la capa superior del suelo, donde crecen las plantas. Los huracanes y tsunamis pueden arruinar las ciudades costeras y arrasar con las viviendas de la gente del lugar.

desastres fenómenos que producen grandes daños, pérdidas o desgracias

arruinar destruir o echar a perder algo

Cómo los terremotos moldean la Tierra

Primer vistazo al vocabulario

Busca estas palabras cuando leas *Cómo los terremotos moldean la Tierra*.

| cantidad | daños |

Leer y comparar

Lee para comparar este texto con *Cómo el agua moldea la Tierra*.

Mira las fotografías para entender mejor el texto.

Hazte preguntas para aclarar la información.

Habla sobre las ideas más importantes.

Conoce a los autores

Aaron Carr ha escrito muchos libros de ciencias para jóvenes lectores, como *Tasmanian Tiger* y *Earthworms*. También trabaja como reportero y fotógrafo para periódicos. Vive en Vancouver, Canadá. **Megan Cuthbert** ha escrito libros para jóvenes lectores, como *How Wind Shapes the Earth*. También vive en Vancouver.

Género **Texto informativo**

AUDIO
Para escuchar y resaltar

ANOTAR

de CÓMO LOS TERREMOTOS MOLDEAN LA TIERRA

por Aaron Carr y Megan Cuthbert

LECTURA ATENTA

Comparar y contrastar textos

Subraya la oración que muestra cuánto tarda un terremoto en cambiar la Tierra. Compara esto con el párrafo 1 del texto anterior, *Cómo el agua moldea la Tierra* que habla sobre cuánto tarda el agua en cambiar la Tierra.

¿CÓMO MOLDEAN LOS TERREMOTOS A LA TIERRA?

1 La Tierra siempre está cambiando. Algunos cambios suceden muy rápido. Muchos de los cambios destructivos de la Tierra son provocados por terremotos.

LECTURA ATENTA

Comparar y contrastar textos

Subraya cómo un terremoto moldea, o cambia, la Tierra. Ahora, vuelve a leer el párrafo 5 del texto anterior, *Cómo el agua moldea la Tierra*. Compara y contrasta cómo los glaciares y los terremotos moldean la Tierra.

2   Los terremotos pueden partir el suelo. Se puede sentir cómo se mueve el suelo bajo nuestros pies. Esto puede ser muy alarmante.

531

LECTURA ATENTA

Comprender nuevos conceptos

<mark>Resalta</mark> dos detalles que, juntos, te ayudan a comprender qué puede suceder cuando el suelo tiembla durante un terremoto.

cantidad número o monto de algo

daños destrozos

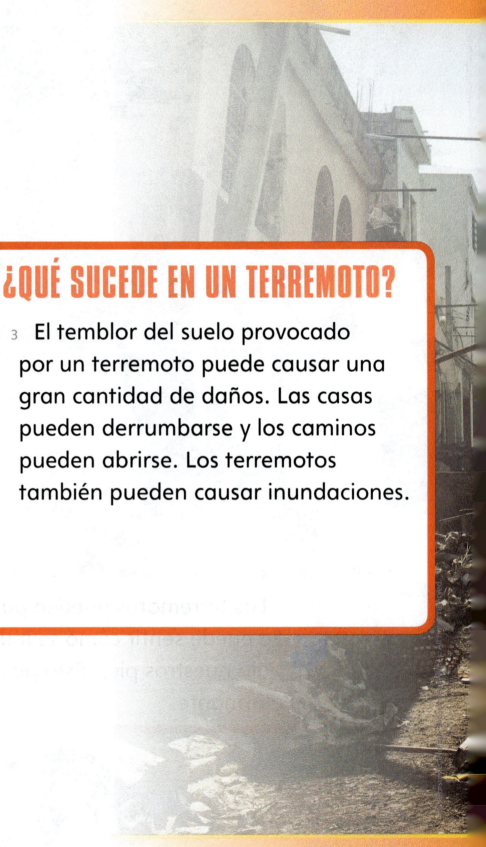

¿QUÉ SUCEDE EN UN TERREMOTO?

3   El temblor del suelo provocado por un terremoto puede causar una gran cantidad de daños. Las casas pueden derrumbarse y los caminos pueden abrirse. Los terremotos también pueden causar inundaciones.

LECTURA ATENTA

Comprender nuevos conceptos

Resalta las oraciones que explican qué sucede con las olas cuando un terremoto fuerte sacude el suelo debajo del mar.

¿QUÉ CAMBIOS PUEDE PROVOCAR UN TERREMOTO?

4 Los terremotos más fuertes pueden sacudir grandes áreas de terreno. Algunos de estos terremotos potentes sacuden el suelo del fondo del mar. Esto levanta el agua y genera olas gigantes. Estas olas gigantes se llaman tsunamis.

LECTURA ATENTA

Vocabulario en contexto

Subraya las palabras que te ayudan a entender qué es una **réplica**.

¿QUÉ ES UNA RÉPLICA?

5   Días, o incluso semanas, después de un terremoto, puede haber terremotos menores. Estos se llaman réplicas. Las réplicas suelen empeorar los daños provocados por el primer terremoto.

VOCABULARIO

Desarrollar el vocabulario

Mi TURNO Completa las siguientes oraciones con una palabra del recuadro.

| arruinar | desastres | daños | fluye | cantidad |

1. Las inundaciones y los huracanes son _____ que provocan grandes pérdidas y desgracias.

2. La gran _____ de agua que trae una inundación lava las tierras de cultivo.

3. Los terremotos pueden causar graves _____ porque el suelo se sacude y se quiebra.

4. Los tsunamis y los huracanes pueden _____ los hogares de toda una ciudad costera.

5. Usa la palabra **fluye** para describir de qué manera el agua puede cambiar el terreno.

Florida y Texas han sufrido más huracanes que cualquier otro estado.

COMPRESIÓN TALLER DE LECTURA

Verificar la comprensión

Mi TURNO Vuelve a leer el texto para responder a las preguntas. Escribe las respuestas.

1. ¿Por qué estos textos son informativos?

2. ¿Por qué los autores de ambos textos incluyeron encabezados que los dividen en secciones?

3. ¿En qué se parecen los terremotos y los ríos?

LECTURA ATENTA

Comparar y contrastar textos

Cuando **comparas**, dices en qué se parecen dos cosas. Cuando **contrastas**, dices en qué se diferencian. Puedes comparar y contrastar puntos importantes de dos textos que hablan sobre el mismo tema.

Mi TURNO Mira las notas de Lectura atenta. Sigue las instrucciones para subrayar los textos. Usa lo que subrayaste y lo que leíste para completar la tabla con información que compare y contraste el agua y los terremotos.

Agua	Ambos	Terremotos

TALLER DE LECTURA

Comprender nuevos conceptos

Cuando leas más de un texto sobre el mismo tema, usa lo que aprendiste a partir de esos textos para tener una mejor comprensión del tema. Usar lo que aprendiste para comprender un nuevo concepto se llama resumir.

Mi TURNO Vuelve a las notas de Lectura atenta. Sigue las instrucciones para resaltar el texto. Usa lo que resaltaste y lo que leíste para completar la tabla y comprender un nuevo concepto.

Ideas de *Cómo el agua moldea la Tierra*	Ideas de *Cómo los terremotos moldean la Tierra*	Nuevo concepto o resumen de la idea

RESPONDER AL TEXTO

Reflexionar y comentar

Escribir basándose en las fuentes

Esta semana leíste acerca de cómo el agua y los terremotos moldean y cambian la Tierra. Escribe un párrafo que explique cómo un fenómeno natural puede moldear y cambiar la Tierra. Apoya tus ideas con ejemplos de los textos.

Volver a contar y parafrasear textos

Usa tus propias palabras cuando incluyas datos, detalles y ejemplos de los textos.

- Cuando parafraseas, incluyes los datos de las fuentes con tus propias palabras y los mantienes en el mismo orden lógico.
- Y conservas el mismo significado que tienen las palabras en el texto.

Escoge un fenómeno natural que creas que produce el mayor cambio. Usa datos, detalles y ejemplos de los textos, y mantenlos en el mismo orden lógico, para explicar qué sucede.

Pregunta de la semana

¿Cómo cambian a la Tierra los fenómenos o sucesos naturales?

VOCABULARIO | PUENTE ENTRE LECTURA Y ESCRITURA

Puedo usar el lenguaje para hacer conexiones entre la lectura y la escritura de textos informativos.

Mi meta de aprendizaje

Vocabulario académico

Los **sinónimos** son palabras con significados similares. Los escritores escogen sinónimos para hacer más interesante su escritura. A veces puedes inferir el significado de una palabra buscando un sinónimo que esté cerca.

Mi TURNO Usa un diccionario o un diccionario de sinónimos para buscar un sinónimo de cada una de estas palabras. Luego, con tus propias palabras, explica qué significan. En una hoja de papel, usa una palabra y su sinónimo en dos oraciones.

Palabra	Sinónimo	Significado
destrucción		
actuar		
medioambiental		

TÉCNICA DEL AUTOR

Leer como un escritor, escribir para un lector

Los autores organizan sus ideas para que los lectores comprendan mejor la información. A veces, explican cómo un suceso (la causa) hace que ocurra otro suceso (el efecto). Esta estructura del texto se llama estructura de causa y efecto. El autor puede usar palabras clave de causa y efecto, como **porque** o **entonces**.

Causa y efecto	Cómo ayuda la estructura del texto
"Las olas del océano chocan contra el terreno una y otra vez. Las olas desgastan la superficie del terreno. Así se moldean las costas y se crean los acantilados. Las olas también deshacen las rocas hasta convertirlas en arena".	La primera oración enuncia la causa: las olas del océano chocan contra el terreno. Las olas que chocan tienen el siguiente efecto: desgastan el terreno, moldean las costas y crean los acantilados, y deshacen las rocas hasta hacerlas arena.

Mi TURNO Escribe dos oraciones con causa y efecto. La primera oración indica la causa. La segunda oración indica el efecto.

ORTOGRAFÍA

PUENTE ENTRE LECTURA Y ESCRITURA

Escribir palabras con triptongos y diptongos

Un triptongo tiene en una misma sílaba una vocal fuerte (a, e, o) entre dos débiles (i, u). Un diptongo tiene una vocal fuerte y una débil en la misma sílaba.

Mi TURNO Ordena las letras para formar las palabras de la tabla. Luego, escribe Mis palabras.

1. raPaygua _____
2. yebu _____
3. ceteia _____
4. laericu _____
5. eleud _____
6. garuyUu _____
7. tnhaálu _____
8. maui _____
9. tanecu _____
10. ugua _____
11. reai _____
12. poemti _____

Palabras de ortografía
Uruguay
Paraguay
buey
náhuatl
miau
guau
duele
aceite
ciruela
cuenta
Mis palabras
aire
tiempo

LENGUAJE Y NORMAS

Las contracciones al, del

Las **contracciones al** y **del** están formadas por una preposición y el artículo **el**: Cuando el artículo **el** aparece después de las preposiciones **a** o **de**, se unen las palabras para formar una palabra nueva. Al unir las palabras **a** y **el**, se omite la **e** en **el** para formar la contracción **al**. Al unir las palabras **de** y **el**, se omite la **e** en **el** para formar la contracción **del**.

Incorrecto	Correcto
Voy a el carro.	Voy al carro.
Vengo de el parque.	Vengo del parque.

Mi TURNO Corrige este borrador. Tacha las palabras incorrectas. Usa las contracciones **al** o **del**.

El lunes mi hermano y yo fuimos a el parque. El parque de el vecindario tiene árboles y flores. Las flores más bellas a el parque están a el lado del puente. Este parque es el más bonito que conozco.

TEXTO DE PROCEDIMIENTO | DE INSTRUCCIONES

TALLER DE ESCRITURA

Puedo usar elementos de textos informativos para escribir un texto de procedimiento.

Mi meta de aprendizaje

Cómo escribir órdenes

El autor de un texto de procedimiento usa oraciones breves para indicar cómo seguir una secuencia de acciones. Cada oración está escrita como una **orden**. Una **orden** empieza con un verbo que hace que las instrucciones sean fáciles de seguir. Por ejemplo:

<mark>Corta</mark> la cuerda en trozos de 12 pulgadas.

<mark>Mezcla</mark> los ingredientes.

Para repetir las instrucciones, comienza con un verbo pero escribe las órdenes con tus propias palabras.

Mi TURNO Usa un texto de instrucciones de la biblioteca para completar la siguiente tabla. Repite las instrucciones oralmente. Luego, redacta una orden para un texto de procedimiento en tu cuaderno.

Título
Dos órdenes

TEXTO DE PROCEDIMIENTO | DE INSTRUCCIONES

Escribir instrucciones precisas

En un texto de procedimiento, un autor escribe instrucciones precisas. Las instrucciones precisas dan detalles para dejar en claro cada paso. Estos son algunos ejemplos:

Instrucciones	Instrucciones precisas
Deja caer pintura en el papel.	Deja caer gotitas de pintura en el papel con una cucharita.
Haz agujeros en el papel.	Haz un agujero en cada esquina del papel.
Añade la harina.	Añade la harina lentamente mientras mezclas.
Exprime limones.	Exprime el jugo de 8 limones.
Coloca un cubo en la punta.	Coloca un cubo rojo en la punta.
Vierte sobre una bandeja para hornear.	Vierte sobre una bandeja para hornear grande y cuadrada.

Mi TURNO Escribe instrucciones precisas para tu texto de instrucciones. Usa detalles para redactar un borrador en tu Cuaderno del escritor.

TALLER DE ESCRITURA

Los elementos gráficos

En un texto de procedimiento, un autor suele incluir elementos gráficos para ayudar a los lectores a entender cómo hacer algo. Los elementos gráficos pueden ser dibujos, fotografías y diagramas.

Mi TURNO Lee un texto de instrucciones de la biblioteca de tu clase. Dibuja o describe un elemento gráfico que haga más fácil comprender cómo hacer algo. Luego, decide cómo usarás los elementos gráficos en tu texto de procedimiento. Dibuja o escribe tus ideas en tu Cuaderno del escritor.

Título:

Elemento gráfico

PRESENTACIÓN DE LA SEMANA: INFOGRAFÍA

¡Relámpagos y rayos!

¿Alguna vez caminaste por una alfombra y sentiste un corrientazo al tocar algo de metal? Ese corrientazo ¡es como un relámpago! Un relámpago es una descarga eléctrica gigante. Es extremadamente caliente. De hecho, ¡es más caliente que el sol! El calor hace que el aire se expanda, o se extienda, rápidamente. Ese aire en expansión vibra y produce el sonido del trueno.

SEMANA 3

Pregunta de la semana

¿Cómo cambia a la Tierra el estado del tiempo?

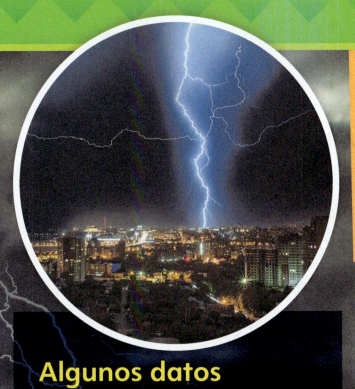

Algunos datos sobre los rayos

- Cuenta hasta uno. En ese tiempo, cerca de 100 rayos cayeron en la Tierra.
- Un rayo puede tener 8 km (5 millas) de largo.
- La luz viaja más rápido que el sonido, por lo que primero ves la luz y después oyes el trueno.

Piensa en las tormentas que has vivido. Piensa en otros tipos de estado del tiempo de los que hayas oído. ¿Cómo puede cambiar un lugar a causa del mal estado del tiempo?
Haz dos dibujos de ese lugar, uno antes de la tormenta y otro después de la tormenta.

FONÉTICA

Las palabras agudas

Las **palabras agudas** son las que tienen el acento tónico, o sílaba tónica, en la última sílaba.

Las palabras agudas llevan tilde, o acento escrito, cuando terminan en vocal o en las consonantes **n** o **s**.

Por ejemplo: **can**ción, ma**má**, des**pués**.

Las palabras agudas que terminan en otra consonante no llevan tilde, o acento escrito, como en **subir**, **veloz**, **ciudad**.

Mi TURNO Lee las siguientes palabras. Identifica la sílaba tónica en las palabras y subráyala.

abril	arroz	París	corazón
habló	maní	jabón	actividad

INTERCAMBIAR ideas Lee las palabras anteriores con un compañero. Elige una palabra aguda con tilde y otra sin tilde, y úsalas en una oración. Túrnate con tu compañero.

DESTREZAS FUNDAMENTALES

Las palabras agudas

Mi TURNO Lee en voz alta las siguientes palabras. Encierra en un círculo las palabras con el acento tónico en la última sílaba. Luego, escribe la palabra correcta para completar las oraciones. Recuerda: algunas palabras agudas no llevan tilde.

animal	cocina	conseguí	comer
autobús	saltó	edad	maleta

1. Voy en _____ a la escuela todas las mañanas.

2. Mi prima dice que va a _____ arroz.

3. Pati _____ de la alegría cuando vio la piñata.

4. Anita tiene la misma _____ que yo.

5. Vi una sombra. Creo que era un _____ muy grande.

6. En el patio _____ la canica perdida.

PALABRAS DE USO FRECUENTE | TEXTO DE FONÉTICA

Mis palabras

Hay palabras que se usan a menudo. Se llaman palabras de uso frecuente. Debes recordar cómo se escriben.

Mi TURNO Lee las palabras del recuadro. Luego, escribe la que corresponda en cada oración. Escribe las letras correctamente. Asegúrate de trazar bien la unión entre las letras de cada palabra. Luego, lee las oraciones.

| adiós | ahí | fuente |

1. _____ está la parada del autobús.

2. Fuimos a la estación de tren a decirle _____ .

3. En mi proyecto de indagación usé una _____ primaria.

INTERCAMBIAR ideas Trabaja con un compañero. Túrnate para responder a estas preguntas. Usa las palabras del recuadro en tus respuestas.

1. ¿Qué palabras, además de **adiós**, puedes usar para despedirte de alguien?

2. ¿Cuál es la sílaba tónica de la palabra **ahí**?

3. ¿Has visto alguna vez una **fuente** de agua? Descríbela.

En el bosque

El verano pasado fui al bosque y conocí a Mapache. Él es el guardabosques y conoce cada árbol y cada animal que vive ahí. Todas las mañanas saluda a los animales del bosque. Y les dice adiós cuando migran a otro bosque.

Un día, Halcón le preguntó dónde podía tomar agua. Mapache le habló de una fuente de agua al pie de la montaña. Halcón le dijo adiós y se fue a tomar agua de la fuente.

1. ¿Quién es Mapache?

2. ¿Cómo ayuda Mapache a los animales del bosque?

3. Busca y escribe las palabras agudas con tilde y sin tilde.

GÉNERO: OBRA DE TEATRO

Mi meta de aprendizaje Puedo leer una obra de teatro del lector y entender los elementos del teatro.

Obra de teatro

Una **obra de teatro** es un cuento escrito para ser actuado. Algunos elementos de las obras de teatro son los **personajes**, el **diálogo**, el **ambiente**, o **escenario**, y las **acotaciones**.

El día lluvioso

Ambiente → [El ambiente es el patio de una escuela, una tarde de primavera.]

Acotaciones → **Niño**: [abriendo su paraguas] ¡Ay, no! Está lloviendo de nuevo.

Personajes → **Niña**: [sonriendo] ¡Me gusta la lluvia!
Diálogo

Un teatro del lector es un tipo de obra de teatro que se lee en voz alta. No incluye actuar en un escenario.

INTERCAMBIAR ideas Conversa sobre estas preguntas: ¿En qué se diferencian un texto informativo y una obra de teatro? ¿En qué se parecen?

TALLER DE LECTURA

Cartel de referencia: Obra de teatro

Una obra de teatro es un cuento representado por actores

Contiene una descripción del escenario.

Puede estar dividida en escenas, o partes con diferentes escenarios.

Contiene diálogos, o discursos, que los actores dicen.

Contiene acotaciones que indican cómo deben moverse los personajes o decir sus líneas.

¿Adónde van cuando llueve o nieva?

Primer vistazo al vocabulario

Busca estas palabras cuando leas *¿Adónde van cuando llueve o nieva?*

| madriguera | resbaladizo | superficie | subterráneo | sobrevivir |

Primera lectura

Mira estas dos obras de teatro del lector. Haz predicciones sobre los personajes y los ambientes.

Lee para ver si el texto coincide con tus predicciones.

Hazte preguntas para saber de qué trata cada obra de teatro.

Habla sobre el mensaje de la autora en estas dos obras de teatro.

Conoce a la autora

A **Melissa Stewart** le interesa la naturaleza desde que era niña. Llegó a nadar con lobos marinos y fue a una selva para reunir información para sus libros.

Género | Obra de teatro

¿Adónde van cuando llueve o nieva?

Teatro del lector

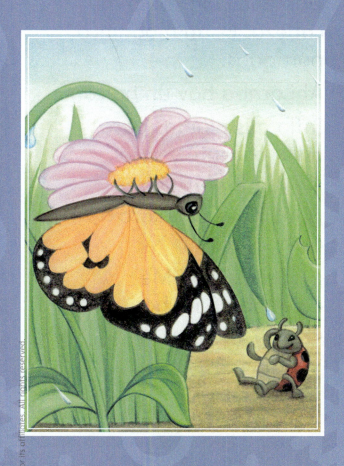
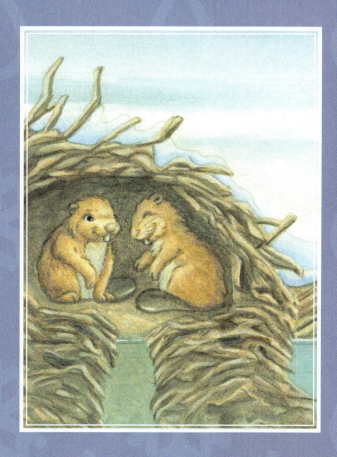

por Melissa Stewart
ilustrado por Iole Rosa

AUDIO
Para escuchar y resaltar

ANOTAR

559

LECTURA ATENTA

CUANDO CAE LA LLUVIA

Identificar los elementos de una obra de teatro

Subraya las palabras que describen el ambiente, o dónde ocurre esta parte de la obra de teatro.

1 **Coro 1:** Cuando cae la lluvia en el bosque...

2 **Narrador:** Una ardilla escurridiza se detiene de repente.

3 **Ardilla:** ¡Chst! ¡Chst! ¡Chst! Doblo la cola sobre mi cabeza. Es un magnífico paraguas.

4 **Narrador:** Ahí arriba hay un halcón.

5 **Halcón:** Inflo mis plumas para estar caliente y seco. ¡Guii! ¡Guii! ¡Guii!

6 **Narrador:** ¿Qué hace el pájaro carbonero?

7 **Carbonero:** ¡Piii! ¡Piii! ¡Piii! Me escondo en mi hogar en el hueco de un árbol.

8 **Narrador:** Un ciervo se resguarda debajo del tupido follaje de un árbol.

9 **Ciervo:** Todas las hojas y las ramas bloquean la lluvia.

10 **Narrador:** Los zorros se acurrucan juntos en una calentita y cómoda madriguera.

11 **Zorro 1:** Podría echarme una siesta.

12 **Zorro 2:** Yo también. *[Con un gran bostezo.]*

LECTURA ATENTA

madriguera lugar donde vive o descansa un animal silvestre

LECTURA ATENTA

13 **Coro 2:** Cuando cae la lluvia en el campo...

14 **Narrador:** Una oruga gordita se pone debajo de una hoja.

15 **Oruga:** Hora de un bocadillo. ¡*Crunch*! ¡*Crunch*! ¡*Crunch*!

16 **Narrador:** Una mariposa cuelga del botón de una flor.

17 **Mariposa:** No me molesta colgar de cabeza.

18 **Narrador:** Una gota de lluvia tumba una catarina de un tallo resbaladizo. La catarina vuela en el aire y cae al piso.

19 **Catarina:** No se preocupen por mí. Tengo un fuerte exoesqueleto.

resbaladizo que te hace resbalar o deslizar

20 **Narrador:** Una araña observa y espera mientras llueve a cántaros.

21 **Araña:** Parece que tendré que volver a tejer mi tela.

22 **Narrador:** Un ratoncito se agacha debajo de una hoja.

23 **Ratón:** *¡Iiii! ¡Iiii!* No me gusta la lluvia.

24 **Narrador:** ¿Y las abejas y las hormigas?

25 **Abeja:** Me escondo en mi colmena y me quedo, *bzzzz*, ayudando a fabricar la miel.

26 **Hormiga:** Me resguardo en mi hormiguero subterráneo. Siempre hay mucho trabajo allí.

LECTURA ATENTA

Confirmar o adaptar las predicciones

Resalta los nuevos personajes que aparecen entre las líneas 20 y 26. ¿Qué otros personajes pudiste predecir que aparecerían? Confirma o corrige tu predicción.

27	Coro 3:	Cuando cae la lluvia en el humedal...
28	Narrador:	Una tortuga guarda su cabecita y no se mueve ni un poquito.
29	Tortuga:	Me quedo oyendo las gotas caer sobre mi caparazón.
30	Todos:	¡Plop! ¡Plop! ¡Plop!
31	Narrador:	Una libélula pasa volando por encima de la tortuga y se posa en una totora.
32	Libélula:	Descanso en la oscura punta mullida de esta totora.

33	**NARRADOR:**	Un escarabajo nada en círculos sobre el agua.
34	**ESCARABAJO:**	¡Uy! Es difícil flotar con estos gotones.
35	**NARRADOR:**	¿Y dónde están las aves?
36	**GORRIÓN:**	¡Pío! ¡Pío! Aquí estoy, escondido en este arbusto.
37	**PATO:**	¡Cuac! ¡Cuac! ¡Mírenme! Sigo nadando, con lluvia o con sol. Las gotas se resbalan sobre mis plumas grasosas.

LECTURA ATENTA

Identificar los elementos de una obra de teatro

Subraya el diálogo entre el narrador y el gorrión.

superficie parte superior o externa de algo

38	**Coro 4:**	**Cuando cae la lluvia en el desierto...**
39	**Narrador:**	Una serpiente de cascabel se escurre por la grieta de una roca.
40	**Serpiente:**	Me enrosssssssco bien apretadita y me quedo dormidita.
41	**Narrador:**	¿Y adónde va la tarántula?
42	**Tarántula:**	Me escurro por un agujero y me escondo.
43	**Narrador:**	Los murciélagos se van volando a una cueva en la ladera.
44	**Murciélago 1:**	*¡Tii! ¡Tii! ¡Tii! ¡Tii!*
45	**Murciélago 2:**	Allí pasamos el rato hasta que pare la lluvia.

46	**Narrador:**	Un tecolote enano se asoma por un cactus.
47	**Tecolote enano:**	*Da-da-da-da-dat-dat.* Me gusta ver cómo cae la lluvia.
48	**Narrador:**	Un sapo pata de pala sale cuando llueve. Cava hasta que está afuera, busca una pareja y deposita sus huevos.
49	**Sapo:**	Y después vuelvo a meterme bajo la arena. *[Saluda.]* ¡Hasta la próxima lluvia!
50	**Todos:**	Cuando deja de llover, los animales del campo, del bosque, del humedal y del desierto vuelven a sus rutinas diarias.
51	**Todos los animales:**	*[Dan un paso adelante y hacen sus sonidos.]*

FIN

LECTURA ATENTA

Confirmar o adaptar las predicciones

Identifica qué personaje sirve para conocer la estructura de una obra de teatro. Resalta los nombres de los personajes entre las líneas 46 y 50. Confirma o corrige tu predicción.

BAJO LA NIEVE

1 **CORO 1:** **Bajo la nieve en el campo...**

2 **NARRADOR:** Las catarinas se meten en un hoyo entre las piedras de un muro.

3 **CATARINA 1:** Me gusta pasar el invierno con todas mis amigas. ¡Es como hacer una pijamada gigante!

4 **CATARINA 2:** A mí no. Me gustaría tener un poco de espacio libre.

5 **NARRADOR:** Una serpiente descansa en otro hoyo del mismo muro.

6 **SERPIENTE:** Me enrosssssssco bien apretadita y me quedo dormidita.

7 **NARRADOR:** ¿Qué hace un ratón de campo bajo la nieve?

8 **RATÓN DE CAMPO:** Hago un túnel bajo esta cosa blanca y esponjosa todo el invierno.

9 **NARRADOR:** Una ardilla rayada duerme en un nido subterráneo.

10 **ARDILLA:** ¡Chip! ¡Chip! ¡Chap! Cada tanto me despierto para comer nueces y semillas.

LECTURA ATENTA

Vocabulario en contexto

A veces puedes entender una palabra desconocida buscando palabras cercanas que signifiquen lo opuesto. Subraya las palabras que significan lo opuesto a **dormir**.

subterráneo
debajo del suelo

LECTURA ATENTA

Confirmar o adaptar las predicciones

Resalta las palabras que describen el ambiente de esta parte de la obra. ¿Qué predicción hiciste sobre otros ambientes que podrían aparecer en el resto de la obra?

sobrevivir seguir con vida

11	Coro 2:	Bajo la nieve en el bosque...
12	Narrador:	Una mariposa antíope descansa entre una pila de ramas.
13	Mariposa:	Estoy guardando energía para la primavera.
14	Narrador:	¿Y qué hay dentro de ese tronco en descomposición? Miren, es un ciempiés.
15	Ciempiés:	El frío del invierno entra tanto en mi cuerpo que apenas puedo moverme.
16	Narrador:	Un abejorro reina descansa en una grieta.
17	Abejorro:	Es bueno tener un descanso después de un verano tan atareado, *bzzzzz*.
18	Narrador:	Una rana carpintera se esconde entre las hojas del suelo.
19	Rana carpintera:	*¡Croac! ¡Croac! ¡Croac!* El invierno no me molesta. Me puedo congelar de frío y aún así sobrevivir.

20 **NARRADOR:** Una oruga lanuda dormita un poco más allá.

21 **ORUGA:** Enrosco mi cuerpo hasta que mi cola toca mi cabeza.

22 **NARRADOR:** Debajo del suelo, una salamandra moteada espera que pasen los meses más fríos del año.

23 **SALAMANDRA:** Si el invierno ya está aquí, no puede faltar tanto para la primavera.

24 **NARRADOR:** Muy debajo de la tierra, una marmota duerme profundamente todo el invierno.

25 **MARMOTA:** *¡Chac, chac!* ¿Ustedes creen que veré mi sombra el 2 de febrero?

LECTURA ATENTA

Identificar los elementos de una obra de teatro

Subraya las palabras que dice el narrador entre las líneas 26 y 32.

26 **Coro 3:** Bajo la nieve en el estanque…

27 **Narrador:** Un pez sol nada lentamente por el agua helada.

28 **Pez sol:** *¡Glu! ¡Glu!* Ojalá tuviera energía para atrapar ese insecto diminuto.

29 **Narrador:** Pero el chinche foliado que nada por ahí cerca piensa distinto.

30 **Chinche:** ¡Gracias al cielo ese pez enorme no puede cazarme!

31 **Narrador:** Una carpa descansa tranquila en el suelo fangoso.

32 **Carpa:** No entiendo cómo el pez sol puede nadar y yo aquí estacionada.

33 **NARRADOR:** Dos diminutos patinadores de agua descansan a unos pocos centímetros.

34 **PATINADOR 1:** Tenemos suerte de que la carpa esté totalmente rendida.

35 **PATINADOR 2:** ¡Puedes decirlo otra vez!

36 **PATINADOR 1:** Tenemos suerte de que la carpa esté totalmente rendida.

37 **PATINADOR 2:** ¡No tenías que repetirlo!

38 **NARRADOR:** Una rana verde y una tortuga pintada descansan en el lodo y esperan a que termine el invierno.

39 **RANA:** ¡Amiga, amiga! ¡Estoy cansada de esto! ¿Cuánto falta para la primavera?

40 **TORTUGA:** No tanto, espero. Mis dedos ya se están arrugando.

LECTURA ATENTA

Confirmar o adaptar las predicciones

Resalta las palabras que describen el ambiente de esta parte del teatro del lector. ¿Fue correcta la predicción que hiciste antes sobre los ambientes?

41 **Coro 4:** Bajo la nieve en el humedal...

42 **Narrador:** Una familia de castores se apiña dentro de una madriguera de ramitas.

43 **Castor 1:** *¡Guaa! ¡Guaa! ¡Guaa!* Me vendría bien un bocadillo.

44 **Castor 2:** A mí también. Nademos hasta la pila y agarremos una ramita.

45 **Narrador:** Por debajo de la superficie helada del humedal, una salamandra acuática de lunares rojos va, viene y da vueltas.

46 **Salamandra:** *¡Yupii!* No me importa si la primavera no llega.

47 **Narrador:** Pero todos los demás esperan los días cálidos y soleados.

48	**Coro 1 y 2:**	Pasa el tiempo y los rayos del sol cada vez son más cálidos.
49	**Coro 3 y 4:**	Y cada día es un poco más largo...
50	**Todos:**	hasta que por fin llega la primavera.
51	**Todos los animales:**	*[Dan un paso adelante y hacen sus sonidos.]*

FIN

LECTURA ATENTA

Fluidez

Haz una voz diferente para cada personaje a medida que lees varias veces las líneas 27 a 47 con un compañero. Usa voces que muestren lo que piensa y siente cada animal respecto del invierno.

VOCABULARIO

Desarrollar el vocabulario

Mi TURNO Completa las siguientes oraciones con una palabra del recuadro que tenga el mismo significado que las palabras debajo del espacio en blanco.

| madriguera | resbaladizo | superficie | subterráneo | sobrevivir |

1. Los insectos y animales saben qué tienen que hacer para _____ en medio de la nieve.
   seguir vivos

2. Algunos animales viven en un hogar _____ todo el frío invierno.
   bajo la tierra

3. La familia de zorros duerme acurrucada en su _____.
   hogar

4. Puedes ver las gotas de lluvia sobre la _____ del agua.
   parte de arriba

5. La lluvia hace que el suelo esté _____.
   resbaloso

COMPRENSIÓN   TALLER DE LECTURA

Verificar la comprensión

Mi TURNO Vuelve a leer los textos para responder a las preguntas. Escribe las respuestas.

1. ¿Cómo puedes saber que estos textos son obras de teatro, o teatro del lector?

2. ¿Por qué la autora incluyó una lista con los nombres de cada personaje a la izquierda de la página?

3. Qué prefieres ser, ¿un animal bajo la lluvia o bajo la nieve? ¿Por qué?

Cuando leo la parte de un ratón, hago una voz en tono alto y chirriante.

LECTURA ATENTA

Identificar los elementos de una obra de teatro

El teatro del lector es una obra de teatro que las personas leen en voz alta para que otros puedan imaginarse la acción. Todas las obras de teatro incluyen **personajes**, un **ambiente** y **diálogo**.

- Los **personajes** son las personas o los animales de la obra de teatro.
- El **ambiente** es dónde y cuándo sucede la historia.
- El **diálogo** es lo que dice cada personaje.

Mi TURNO Vuelve a las notas de Lectura atenta. Sigue las instrucciones para subrayar los elementos de la obra de teatro. Usa lo que subrayaste y otra evidencia del texto para completar la tabla. Comenta los elementos de las obras de teatro. ¿En qué se diferencian de los elementos de un cuento?

Elementos de la obra de teatro	Cuando cae la lluvia	Bajo la nieve
Personajes (menciona a 5)		
Ambientes (menciona todos)		
Diálogo (cita un ejemplo)		

TALLER DE LECTURA

Confirmar o adaptar las predicciones

Hacer, confirmar y adaptar, o corregir, predicciones te ayuda a leer con un propósito y a recordar lo que lees. Usa la estructura del texto, que en una obra de teatro está organizado en torno a los personajes y al ambiente, para hacer predicciones.

Mi TURNO Vuelve a las notas de Lectura atenta. Sigue las instrucciones para resaltar el texto. Usa tus predicciones y lo que resaltaste para completar la tabla.

Mi predicción fue...	Ahora sé...

RESPONDER AL TEXTO

Reflexionar y comentar

En tus palabras

Comenta las diferentes reacciones de los personajes ante la lluvia y la nieve. Da ejemplos de los textos para apoyar tu respuesta.

Volver a contar las ideas de un texto

Cuando compartes ideas e información que has leído o escuchado, es importante identificar de dónde proviene la información.

- Comenta tus propias ideas y apóyalas con evidencia del texto.
- Identifica la fuente de cualquier idea que no sea tuya.

Usa estos comienzos de oración para identificar tus propias ideas y las que no son tuyas.

Creo que...
Leí que...

Pregunta de la semana

¿Cómo cambia a la Tierra el estado del tiempo?

VOCABULARIO PUENTE ENTRE LECTURA Y ESCRITURA

Puedo usar el lenguaje para hacer conexiones entre la lectura y la escritura de textos informativos.

Mi meta de aprendizaje

Vocabulario académico

Las **claves del contexto** dentro de la misma oración o cerca de ella pueden ayudarte a determinar el significado de las palabras poco comunes. También puedes usarlas para determinar cuál es la palabra correcta entre dos términos que usualmente se confunden.

MiTURNO Lee las oraciones. Busca claves del contexto para determinar cuál de las palabras que usualmente se confunden es la opción correcta. Encierra en un círculo las palabras que completan correctamente la oración.

1. María quiere ser ambientalista **porque/por que** cree que cuidar la Tierra es muy importante.

2. Es impresionante **como/cómo** los terremotos pueden destruir grandes áreas.

3. ¡Comer una comida sana me hace **tan bien/también**!

4. ¿**Por qué/porqué** hay recursos naturales que no son renovables?

5. Debemos reaccionar pronto así evitamos que **halla/haya** más desastres naturales.

TÉCNICA DEL AUTOR

Leer como un escritor, escribir para un lector

Los autores escogen sus palabras con cuidado para dar una voz a sus personajes. Estas palabras permiten expresar la personalidad de los personajes, o cómo son.

Lo que dice un personaje	Lo que muestra sobre el personaje
"Carpa: No entiendo cómo **el pez sol puede nadar y yo aquí estacionada**".	La carpa suena molesta y envidiosa porque el pez sol puede hacer algo que ella no puede.
"Salamandra: **¡Yupii! No me importa** si la primavera no llega".	La salamandra suena alegre y despreocupada.

¿Qué tipo de persona diría estas palabras?

Mi TURNO Escoge una de estas palabras para describir la personalidad de un personaje: valiente, autoritario, amistoso, amable, tímido. Escribe dos oraciones sobre algo que puede decir, hacer o pensar este personaje. Encierra en un círculo las palabras que ayudan al lector a oír la voz del personaje.

ORTOGRAFÍA

PUENTE ENTRE LECTURA Y ESCRITURA

Escribir palabras agudas

Las palabras agudas tienen el acento tónico, o tilde, en la última sílaba. Llevan tilde si la palabra termina en **n, s** o **vocal**.

Mi TURNO Escribe las sílabas que faltan para completar cada palabra. Luego, escribe Mis palabras.

1. a_____
2. comen_____
3. co_____
4. na_____
5. ra_____
6. ju_____
7. fi_____
8. visi_____
9. des_____
10. pa_____
11. a_____
12. a_____

Palabras de ortografía

allá
papel
comenzó
jugó
visité
comí
razón
final
después
nación

Mis palabras

adiós
ahí

LENGUAJE Y NORMAS

Las comas en las oraciones

Cuando una oración contiene una lista de dos o más cosas, se usa la coma para separar cada elemento de la serie. Agrega una coma después de cada cosa, menos la última. En una lista, no se usa coma ni antes ni después de **y**, **o**.

Los personajes de la obra de teatro son Ratón, Abeja y Hormiga.

Katy, Liz, Rosa y Bruno comen juntos.

¿Cuál es tu color favorito: azul, amarillo o verde?

Mi TURNO Corrige este borrador tachando las comas incorrectas y agregando comas donde deben ir.

Los niños de primero, segundo, y tercer grado tuvieron una exhibición de mascotas. José, Susana, Sara, y Rosa trajeron perros. Otros trajeron, gatos pájaros ratones reptiles, y arañas. Mostraron lo que pueden hacer sus mascotas. El perro de Sara sabe sentarse, dar vueltas dar la pata, y ladrar. El gato de Juan sabe andar en dos patas, y saltar.

TEXTO DE PROCEDIMIENTO | DE INSTRUCCIONES

TALLER DE ESCRITURA

Puedo usar elementos de textos informativos para escribir un texto de procedimiento.

Mi meta de aprendizaje

Organizar usando la estructura

En un texto de procedimiento, un autor usa la estructura para organizar la información. Esta es una estructura común:

- Encabezado o título para identificar el procedimiento, por ejemplo, Cómo pintar con un popote.
- Lista de materiales o equipo.
- Pasos enumerados en orden para indicar qué hacer.
- Elementos gráficos que muestran qué hacer.

A veces, los autores incluyen encabezados como estos:

- Necesitas
- Qué hacer

Mi TURNO Escribe un título para tu texto de procedimiento.

Cómo _____

Mi TURNO Desarrolla un borrador de tu texto organizando tus ideas en tu Cuaderno del escritor.

TEXTO DE PROCEDIMIENTO | DE INSTRUCCIONES

Escribir los pasos

En un texto de procedimiento, un autor da instrucciones paso a paso siguiendo un orden. Los pasos pueden:

- escribirse como una lista con puntos (•) o numerados en orden.
- comenzar con palabras de secuencia, tales como **primero, después, por último.**

Mi TURNO Planifica la estructura de tu texto de procedimiento. Escribe cuatro pasos en orden. Para asegurarte que los pasos están en el orden correcto, vuelve a enunciar las instrucciones oralmente a un compañero. Usa estas instrucciones para desarrollar un borrador.

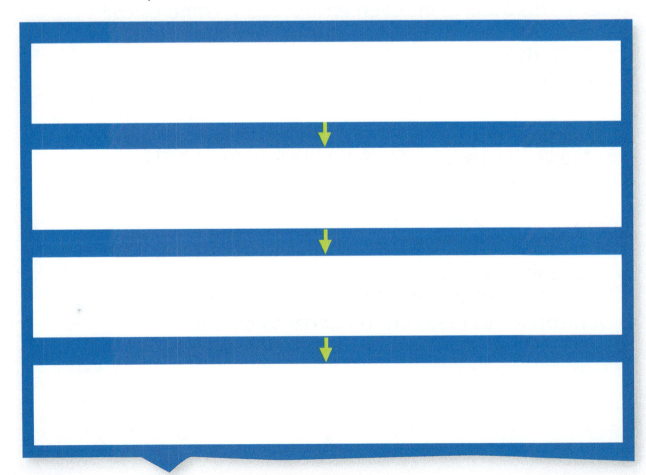

TALLER DE ESCRITURA

Introducción y conclusión

Un autor puede escribir una introducción y una conclusión para un texto de procedimiento. La introducción menciona el procedimiento e indica a los lectores por qué deberían hacerlo. La conclusión puede terminar con un deseo gentil como "¡Que lo disfruten!" o con una reflexión final.

Mi TURNO Planifica la introducción y la conclusión de tu texto de instrucciones. Luego, redáctalas en tu Cuaderno del escritor.

Título:

Introducción
- ¿Qué quieres que sepan los lectores?
- ¿Por qué es importante que aprendan esto?

Conclusión
- ¿Qué esperas que hagan los lectores?
- ¿Tienes algún consejo o una reflexión final para tus lectores?

PRESENTACIÓN DE LA SEMANA: INFOGRAFÍA | DIAGRAMA

Erupciones, temblores y tsunamis

Los volcanes en erupción, los terremotos y los tsunamis son algunas de las maneras en que la Tierra cambia bruscamente.

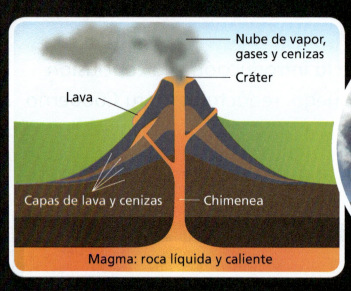

Erupción de un volcán

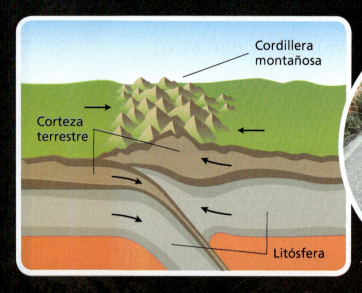

Efecto de un temblor fuerte

Ola en ascenso

corteza terrestre

Falla

manto superior

Una ola de tsunami

SEMANA 4

Pregunta de la semana

¿Cómo se manifiestan los cambios de la Tierra?

Mi TURNO

Estudia los diagramas y las fotos. Escribe dos o tres preguntas que te gustaría hacer para explorar más sobre los volcanes en erupción, los temblores fuertes, o terremotos, y los tsunamis.

FONÉTICA

Las palabras graves

Las **palabras graves** son aquellas que tienen el acento tónico, o sílaba tónica, en la penúltima sílaba, es decir en la sílaba anterior a la última sílaba.

Las palabras graves llevan tilde, o acento escrito, cuando **no** terminan con las consonantes **n, s,** o con las vocales **a, e, i, o, u**. Por ejemplo: mármol, álbum, lápiz.

Mi TURNO Lee las siguientes palabras graves. Escucha la sílaba tónica de cada palabra.

campo	retama	crucigrama	fútbol
fósil	casa	ámbar	abuelo

INTERCAMBIAR ideas Vuelve a leer las palabras anteriores con un compañero. Túrnate con tu compañero para escribir cada palabra con un guion (-) que separe las sílabas que la componen. Subraya la sílaba tónica de cada palabra.

DESTREZAS FUNDAMENTALES

Las palabras graves

Las palabras graves tienen el acento tónico en la penúltima sílaba. Llevan tilde si la palabra termina en cualquier letra que **no** sea **vocal** o **n, s**.

Mi TURNO Lee las siguientes palabras. <u>Subraya</u> las palabras graves. Luego, separa cada palabra grave en sílabas. Escribe una oración con ella.

1. azúcar   limón

2. señal   cinco

3. lápiz   ciudad

4. reloj   mercado

PALABRAS DE USO FRECUENTE | TEXTO DE FONÉTICA

Mis palabras

 Lee las palabras del recuadro. Luego, completa las oraciones usando las palabras.

| siempre | viento | nieve |

1. La maestra Ramos _____ llega temprano a la escuela.

2. En invierno cae mucha _____ .

3. Los árboles se doblan por el _____ .

INTERCAMBIAR ideas Lee las oraciones en voz alta con un compañero. Luego, inventa tus propias oraciones con cada palabra. Intercambia las oraciones y lee en voz alta las de tu compañero.

Recuerdo mejor las palabras nuevas si las leo y las escribo varias veces.

DESTREZAS FUNDAMENTALES

La iguana se muda

Una iguana, que vive en un campo de plantas retama, busca una casa nueva.

Al cóndor le gusta ese campo y piensa traer a toda su familia.

—Tendré que salir de aquí —dijo la iguana—. En cuanto el cóndor me ponga el ojo encima, intentará comerme. Por el momento, voy a vivir en aquel árbol.

1. ¿Dónde vive la iguana?

2. ¿Por qué la iguana busca una casa nueva?

3. Busca y escribe las palabras graves con tilde. Luego, subraya todas las palabras graves en el cuento.

GÉNERO: POESÍA

Mi meta de aprendizaje: Puedo leer poesía sobre la Tierra.

Poesía

Un poema es un texto que incluye palabras vívidas para estimular los sentidos. Las palabras expresan sentimientos, sensaciones e ideas, a menudo de manera rítmica. Por lo general, las palabras están organizadas en versos, y los versos, en estrofas. Sin embargo, a veces un poema:

- está organizado de tal modo que forma una figura.
- se vuelve parte de una imagen.
- tiene distintos estilos de letra.

La forma, la disposición y los estilos de la letra de los poemas pueden contribuir a su sentido y hacerlos más entretenidos.

Muchos poemas riman, aunque no todos lo hacen.

INTERCAMBIAR ideas

¿En qué se diferencian los poemas de los textos informativos? ¿Crees que los poemas se escriben para explicar hechos? ¿Por qué? ¿Por qué no? Comenta tus ideas con un compañero.

TALLER DE LECTURA

Cartel de referencia: Poesía

Un poeta puede crear poemas con formas para darles significado y diversión.

Un poema sobre un atardecer podría tener esta forma.

Un poema sobre una planta podría tener forma de hoja.

Un poema que dice PARE podría tener esta forma.

Un poema con diálogos podría tener esta forma.

Poemas

Primer vistazo al vocabulario

Busca estas palabras cuando leas *"Temblor"*, *"Canción del niño y la mar"* y *"Los volcanes"*.

| temblor | menear | ola | festón | irisada |

Primera lectura

Lee para comprender los poemas.

Mira la estructura de cada poema.

Hazte preguntas sobre cómo se relacionan las palabras y las estructuras.

Habla sobre lo que te pareció interesante.

Conoce a los autores

Francisco X. Alarcón fue un reconocido poeta y educador. Ganó tres veces el premio Pura Belpré y obtuvo el premio de honor por la serie bilingüe *El ciclo de las estaciones*. **Graciela Genta** es una maestra y escritora nacida en Montevideo, Uruguay. Ha publicado poemarios para niños, entre ellos: *Lunas de abril, La luna traviesa* y *De ceibos y calandrias*. **José Santos Chocano** fue un poeta peruano muy reconocido. Entre sus poemas se encuentran *"Alma América"* y *"Oro de Indias"*.

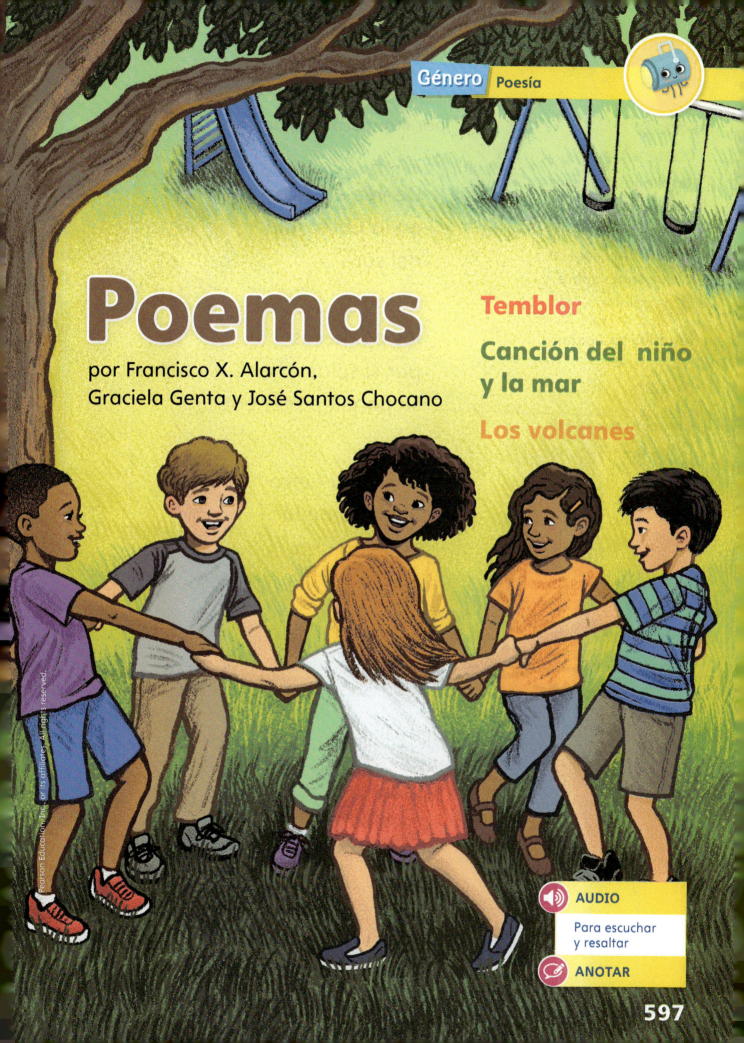

LECTURA ATENTA

Hacer conexiones

Resalta las palabras que son sinónimas de **movimiento** en este poema. Explica lo que sabes sobre estas palabras.

temblor sacudida, movimiento del suelo

menear moverse de un lado a otro

Temblor
por Francisco X. Alarcón

De vez en cuando
en la California
3 del sur

las palmeras
por sí solas
6 se ponen a menear

aquí a la tierra
le gusta bailar
9 cha-cha-chá.

Canción del niño y la mar
por Graciela Genta

El niño se fue a la mar
se fue a la mar a jugar,
el niño corre a una ola
4   la ola lo va a mojar.

LECTURA ATENTA

Explicar patrones y estructuras

Los poemas suelen tener patrones de rima. Subraya las palabras que riman en esta estrofa.

ola onda que se forma en el agua

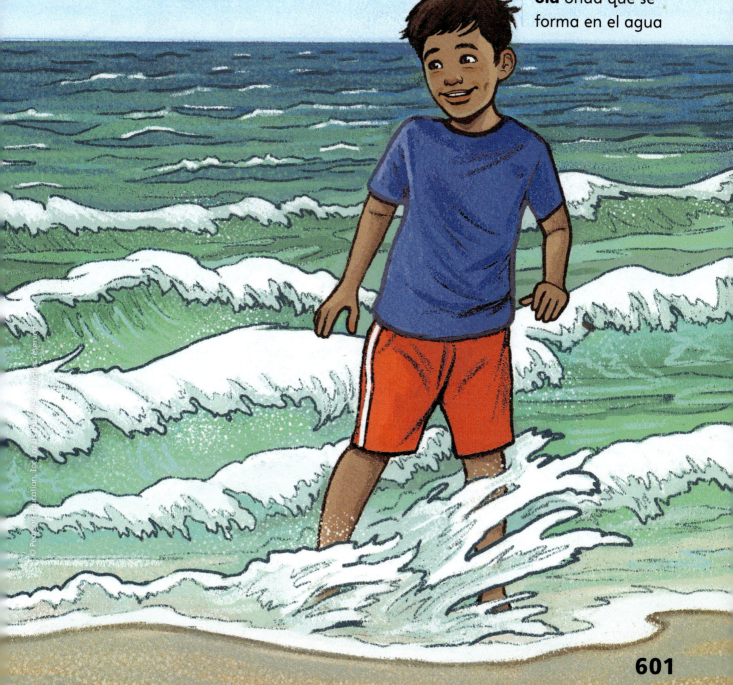

LECTURA ATENTA

Explicar patrones y estructuras

Subraya las palabras y frases que se repiten y crean un ritmo en el poema.

Corre el niño por la orilla
y la ola... corre más,
niño y ola... ola y niño
por la orilla de la mar.

La ola se hace espuma
festón de fino cristal
y alcanza al niño que corre
dándole un beso de sal.

LECTURA ATENTA

Hacer conexiones

Resalta las palabras que cuentan lo que le sucede al niño al jugar con las olas. ¿Te ha sucedido a ti alguna vez?

festón bordado o adorno en forma de ondas o puntas

LECTURA ATENTA

Explicar patrones y estructuras

<u>Subraya</u> las palabras que riman y se repiten en esta estrofa.

Ríe el niño... corre... vuela
¡otra ola va a llegar!
niño y ola... ola y niño
por la orilla de la mar.

Los volcanes
por José Santos Chocano

Los

volcanes

son túmulos de piedra,

pero a sus pies los valles que florecen

fingen alfombras de irisada hiedra;

y por eso, entre campos de colores,

al destacarse en el azul, parecen

cestas

volcadas   derramando

flores.

LECTURA ATENTA

Explicar patrones y estructuras

Subraya las palabras que se saltan las líneas como piedras destellantes que caen del volcán.

irisada que brilla y destella con colores parecidos al arco iris

VOCABULARIO

Desarrollar el vocabulario

MI TURNO Busca las palabras en un diccionario. Escribe cada significado con tus propias palabras. Luego, con un compañero, di las palabras y compara los significados.

Palabra	Significado
temblor	
menear	
festón	
irisada	

Las palabras **ola** y **hola** son homófonos. Aunque se pronuncien igual, los **homófonos** se escriben distinto y tienen significados diferentes. Las claves del contexto te ayudan a saber cuál es la palabra correcta.

MI TURNO Encierra en un círculo el homófono correcto en las siguientes oraciones. Luego, usa la palabra **ola** en una oración.

1. ¡Hola / Ola, amigos! ¿Cómo están?

2. La hola / ola se llevó mi castillo de arena.

COMPRENSIÓN TALLER DE LECTURA

Verificar la comprensión

Mi TURNO Vuelve a leer los textos para responder a las preguntas. Escribe las respuestas.

1. ¿Cómo sabes que estos textos son poemas?

2. ¿Por qué crees que el poema "Los volcanes" tiene los versos dispuestos en forma de triángulo?

3. ¿Qué poema te gusta más? ¿Por qué?

LECTURA ATENTA

Explicar patrones y estructuras

Los poemas suelen tener patrones o estructuras especiales. El **ritmo** es el patrón de los sonidos de un poema. El ritmo de un poema puede parecer música. Una manera de crear ritmo es mediante la **repetición**, es decir, repetir palabras.

La **rima** es un patrón de palabras que tienen el mismo sonido final. Los poemas también pueden tener **patrones visuales**.

Mi TURNO Mira las notas de Lectura atenta. Sigue las instrucciones para subrayar el texto. Usa lo que subrayaste para explicar los patrones y las estructuras de los poemas.

Poema	Lo que subrayé	Cómo me ayudó a leer el poema
"Canción del niño y la mar"		
"Los volcanes"		

TALLER DE LECTURA

Hacer conexiones

Cuando lees, haces todo tipo de conexiones que pueden incluir:

- conexiones con experiencias personales.
- conexiones con otros textos que has leído.
- conexiones con la sociedad.

Mi TURNO Vuelve a las notas de Lectura atenta. Sigue las instrucciones para resaltar el texto. Usa lo que resaltaste y otros detalles de los poemas para completar la tabla.

Cuando leí...	recordé...
"a la tierra le gusta bailar cha-cha-chá"	
cómo el niño jugaba en el mar	
el último poema, "Los volcanes"	

611

RESPONDER AL TEXTO

Reflexionar y comentar

Escribir basándose en las fuentes

Esta semana leíste poemas e información sobre erupciones volcánicas, temblores y tsunamis. En una hoja aparte, escribe un poema usando la información que aprendiste en "Erupciones, temblores y tsunamis" y alguno de los tres poemas, "Temblor", "Canción del niño y la mar" o "Los volcanes".

Escribir poesía

Un poema crea una imagen con palabras. No todos los poemas riman. Un poema se puede escribir en versos que formen una figura, como la de un volcán.

- Usa palabras que tengan ritmo al leerlas en voz alta.
- Usa palabras que ayuden a los lectores a crearse una imagen mental clara.

Escribe un poema que use datos sobre los volcanes, los temblores o los tsunamis. Podrías hablar sobre las palmeras de "Temblor", o el niño de "Canción del niño y la mar" o lo que ocurre con la lava de un volcán después de una erupción. ¡Diviértete!

Pregunta de la semana

¿Cómo se manifiestan los cambios de la Tierra?

VOCABULARIO

PUENTE ENTRE LECTURA Y ESCRITURA

Puedo usar el lenguaje para hacer conexiones entre la lectura y la escritura de textos informativos.

Mi meta de aprendizaje

Vocabulario académico

Las **partes de las palabras** pueden ayudarte a determinar el significado de una palabra nueva. Por ejemplo, las palabras **reaccionar** y **preaviso** tienen dos partes, un prefijo y una palabra base, o raíz:

$$\text{re-} + \text{accionar} = \text{reaccionar}$$
$$\text{pre-} + \text{aviso} = \text{preaviso}$$
$$\text{prefijo} + \text{palabra base} = \text{palabra nueva}$$

Mi TURNO Agrega el prefijo **re-** o **pre-** a cada palabra base para formar una palabra nueva. Luego, usa la palabra nueva en una oración.

Prefijo	Palabra base	Palabra nueva	Oración
re-	leer		
pre-	ver		
re-	crear		
pre-	escolar		

Busca los significados de los prefijos **re-** y **pre-** en un diccionario. Luego, identifica los significados de las palabras nuevas.

613

TÉCNICA DEL AUTOR

Leer como un escritor, escribir para un lector

Los poetas ordenan las palabras de manera creativa. Usan los sonidos de las palabras para crear ritmos. Repiten sonidos o palabras para transmitir un sentimiento, una sensación o una idea. A veces, disponen las palabras de manera que forman una figura del tema del poema.

Patrones y estructuras del poema	Lo que crean
"se ponen a menear"; "aquí a la tierra le gusta bailar cha-cha-chá"	Estas palabras me ayudan a imaginar cómo se mueven las palmeras y la tierra.
mar, jugar, mojar	Muchas palabras que riman con "mar" hacen que el poema fluya con un ritmo particular.
"niño y ola... ola y niño"	La repetición ayuda a generar la idea de cómo el niño entra en el mar y juega en el agua.
El poema "Los volcanes"	Las palabras están organizadas de manera que forman un volcán y lo que sale de él.

Mi TURNO Escribe un poema corto sobre algo natural del mundo. Usa la repetición y explica el sentido que tiene en tu poema.

ORTOGRAFÍA

PUENTE ENTRE LECTURA Y ESCRITURA

Escribir palabras graves

Las **palabras graves** tienen el acento tónico en la penúltima sílaba. Se escribe la **tilde** cuando **no** terminan en **n, s** o **vocal**.

Mi TURNO Escribe la palabra de ortografía que corresponde a cada pista. Luego, escribe Mis palabras.

1. que no es fuerte _____
2. objeto para escribir _____
3. que no es fácil _____
4. elementos, objetos _____
5. objeto para guardar fotos _____
6. que es simple, sencillo _____
7. lo opuesto de tarde _____
8. que sirve _____
9. Tiene raíces, tronco, ramas, hojas. _____
10. palo de un barco _____
11. Pasa cada vez. _____
12. Sopla en el aire. _____

Palabras de ortografía

árbol
temprano
fácil
álbum
mástil
lápiz
difícil
cosas
útil
débil

Mis palabras

siempre
viento

Los sujetos y los predicados compuestos

Una oración con más de un sujeto tiene un **sujeto compuesto:** Eduardo y Lara son muy buenos amigos.

Una oración con más de un verbo tiene un **predicado compuesto:** Los amigos juegan al fútbol y montan en bicicleta.

Usa la **conjunción copulativa y** o la **conjunción disyuntiva o** para formar sujetos o predicados compuestos.

Los niños nadan en la piscina. Los niños chapotean en la piscina.

Los niños nadan y chapotean en la piscina.

Las frutas son una buena merienda. Las palomitas de maíz son una buena merienda.

Las frutas o las palomitas de maíz son una buena merienda.

Mi TURNO Corrige este borrador. Combina las oraciones para formar sujetos y predicados compuestos. Tacha palabras y escribe las conjunciones correctas encima de ellas.

Los niños querían hacer algo divertido. Las niñas querían hacer algo divertido. Podían jugar un juego. Podían ver una película graciosa. Decidieron ver la película graciosa. Se rieron durante los momentos graciosos. Aplaudieron durante los momentos graciosos.

TEXTO DE PROCEDIMIENTO | DE INSTRUCCIONES

TALLER DE ESCRITURA

Puedo usar elementos de textos informativos para escribir un texto de procedimiento.

Mi meta de aprendizaje

Adverbios que indican tiempo y lugar

Un **adverbio** puede expresar, o indicar, el tiempo o el lugar en el que sucede algo. Los autores corrigen sus textos para asegurarse de haber usado los adverbios correctamente.

> La obra de teatro comenzará^pronto. No veo la hora de que empiece. ¡Vamos^adentro!

Mi TURNO Corrige las oraciones. Usa adverbios que indican tiempo y lugar. Escribe los adverbios encima de las líneas.

> Me despierto los días de clases. Me visto y desayuno. Me fijo si tengo todos los libros en la mochila. Voy y camino hacia la parada del autobús. Llegué primero.

Mi TURNO Corrige tu texto de instrucciones para verificar que usaste adverbios que indican tiempo y lugar.

TEXTO DE PROCEDIMIENTO | DE INSTRUCCIONES

Revisar borradores agregando o borrando palabras

Los autores revisan sus textos para mejorarlos.

- Pueden agregar palabras, frases u oraciones para dar más información o hacer que el texto sea más interesante.
- Pueden borrar, o quitar, palabras, frases u oraciones que no son necesarias o no tienen sentido.

Durante un viaje a Hawái, vi un volcán ^que expulsaba lava. El día que visitamos el volcán, ~~tenía puesta una campera azul.~~ fue^ ~~Fue~~ el mejor día del viaje.

Mi TURNO Revisa el borrador. Agrega o borra palabras, frases u oraciones para que sea más claro o interesante.

El parque nuevo es bueno. Tiene un área de juego y un muro de escalada. También hay sendas de bicicleta. Me regalaron una bicicleta nueva para mi cumpleaños.

Mi TURNO Revisa tu texto de instrucciones y agrega y borra palabras, frases u oraciones.

TALLER DE ESCRITURA

Revisar borradores reorganizando las palabras

Los autores pueden reorganizar, es decir, cambiar el orden, de las palabras, frases u oraciones para que sus textos sean más claros o interesantes. Por ejemplo:

> Mi mamá me pidió que limpiara mi habitación. Fue después de la cena.
>
> Después de la cena, mi
> ^ ~~Mi~~ mamá me pidió que limpiara mi habitación. ~~Fue después de la cena.~~

Mi TURNO Revisa el borrador. Reorganiza las palabras, frases u oraciones para que sea más claro o más interesante.

> Los árboles están llenos de hojas hermosas de color rojo, amarillo y anaranjado. Es genial estar al aire libre en otoño. El aire es fresco y vigorizante.

Mi TURNO Revisa tu texto de instrucciones reorganizando las palabras, frases u oraciones.

PRESENTACIÓN DE LA SEMANA: INFOGRAFÍA

Rocas famosas

El escultor Gutzon Borglum quería rendir un homenaje a cuatro presidentes y tallar sus caras sobre roca. Escogió el monte Rushmore, en Dakota del Sur. El monte Rushmore es de granito, una roca muy dura. Partes del granito se removieron con explosiones de dinamita. Borglum tardó 14 años en terminar la escultura.

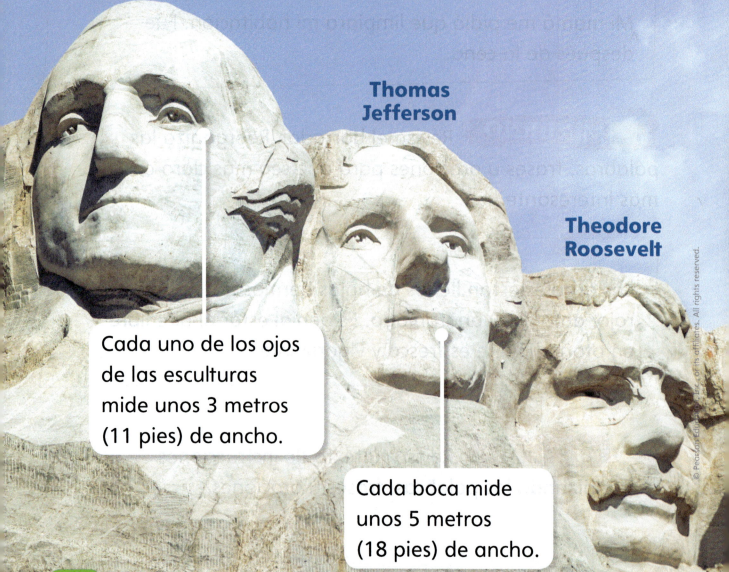

George Washington

Thomas Jefferson

Theodore Roosevelt

Cada uno de los ojos de las esculturas mide unos 3 metros (11 pies) de ancho.

Cada boca mide unos 5 metros (18 pies) de ancho.

SEMANA 5

Pregunta de la semana

¿Qué pueden revelar las rocas sobre los cambios de la Tierra?

El granito de la montaña se formó debajo de la superficie de la Tierra a lo largo de muchísimos años. Las fuerzas que están dentro de la Tierra lo empujaron hacia arriba.

Escritura breve

En la indagación informal, los lectores generan, o hacen, preguntas después de leer un texto porque quieren aprender más sobre el tema. ¿Qué preguntas tienes sobre las rocas después de leer la Presentación de la semana? Escribe tus ideas. Con tus compañeros, escribe una lista de preguntas. Busca las respuestas esta semana, al leer sobre las rocas.

Abraham Lincoln

FONÉTICA

Las palabras esdrújulas

Las **palabras esdrújulas** son las que tienen el acento tónico, o sílaba tónica, en la antepenúltima sílaba.

Las palabras esdrújulas siempre llevan tilde, o acento escrito. Por ejemplo: lágrima, héroe.

Mi TURNO Lee las siguientes palabras. Identifica y subraya la sílaba tónica.

cálido	fantástica	página	cámara
sílaba	círculo	brócoli	número

INTERCAMBIAR ideas Lee las palabras de la tabla con un compañero. Túrnate con tu compañero para elegir dos palabras y usarlas en oraciones.

Las palabras esdrújulas

Mi TURNO Lee las siguientes palabras. Luego, elige la palabra que completa cada oración.

década	pirámide	número	brújula
cáscara	máquina	México	héroe

1. Mis papás nacieron en la _____ de 1980.

2. Juan tiene una _____ para hacer pan.

3. Para no perdernos en la montaña podemos usar una _____.

4. En nuestro viaje a _____ visitamos una _____.

5. La _____ del limón huele muy bien.

6. Pablo se convirtió en un _____ cuando salvó al gatito.

7. ¿Me das tu _____ de teléfono?

PALABRAS DE USO FRECUENTE | TEXTO DE FONÉTICA

Mis palabras

Mi TURNO Lee las palabras del recuadro. Completa cada oración con una de esas palabras. Lee las oraciones.

| estábamos | último | escampar |

1. Está lloviendo mucho, pero pronto va a _____ .

2. _____ en la casa de Juan cuando escuchamos la noticia.

3. "Esto es lo _____ que haremos antes de terminar la clase", dijo la maestra.

Ahora escribe tu propia oración para cada palabra.

_____

_____

_____

INTERCAMBIAR ideas Lee tus oraciones en voz alta con un compañero.

DESTREZAS FUNDAMENTALES

El círculo de luces

Iván y Carolina están acampando con sus papás.

—¡Mira, Iván! —dice Carolina—, las luces de la ciudad forman un círculo. Parece un arco iris.

—Se ven así porque acaba de escampar —dice Iván.

—Así es —dice la mamá—. El calor y la humedad de la lluvia hacen que la ciudad se vea fantástica.

—Y no hay nada como mirar un círculo de luces en familia —dice por último el papá con una sonrisa.

1. ¿Qué parecen las luces de la ciudad?

2. ¿Cómo está el clima?

3. Busca y escribe las palabras esdrújulas.

GÉNERO: TEXTO INFORMATIVO

Mi meta de aprendizaje Puedo hallar la idea central de textos informativos.

Enfoque en el género

Texto informativo

El texto informativo incluye **ideas principales**, o **ideas centrales**, y evidencia de apoyo, o **detalles**.

- Una idea principal, o **idea central**, es la idea más importante sobre el tema.
- Los **detalles** son datos que explican o apoyan la idea central.

El texto informativo presenta elementos gráficos y elementos, o características, del texto que te ayudan a saber qué es lo importante.

Leer con fluidez Leer con fluidez se logra con práctica. Lee en voz alta con un compañero. Pídele que te ayude a leer las palabras difíciles. Túrnate con tu compañero para leer una página una y otra vez hasta que los dos puedan leerla sin equivocarse.

Cuando lees sin equivocarte, lees con precisión.

TALLER DE LECTURA

Cartel de referencia: Texto informativo

Para saber qué es importante, lee

- el título
- las leyendas
- los rótulos
- los encabezados

y mira

- las fotos
- los diagramas
- las tablas

Usa estos elementos para determinar la idea principal.

¡Rocas!

Primer vistazo al vocabulario

Busca estas palabras cuando leas *¡Rocas!*

| minerales | capas | magma | fósiles | suelo |

Primera lectura

Lee para aprender sobre las rocas.

Mira las fotografías y los diagramas como ayuda para entender el texto.

Hazte preguntas para aclarar la información.

Habla sobre una sección del texto que te haya parecido interesante.

Conoce al autor

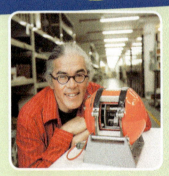

Christopher Cheng tiene el mejor trabajo del mundo: escribe libros para niños. Una vez, trabajó como maestro en un zoológico. Por supuesto, le gusta todo lo relacionado con los animales. Cheng viaja mucho, por lo que no tiene mascotas. ¡Dice que lo mejor es que sabe hacer una magnífica tarta de lodo!

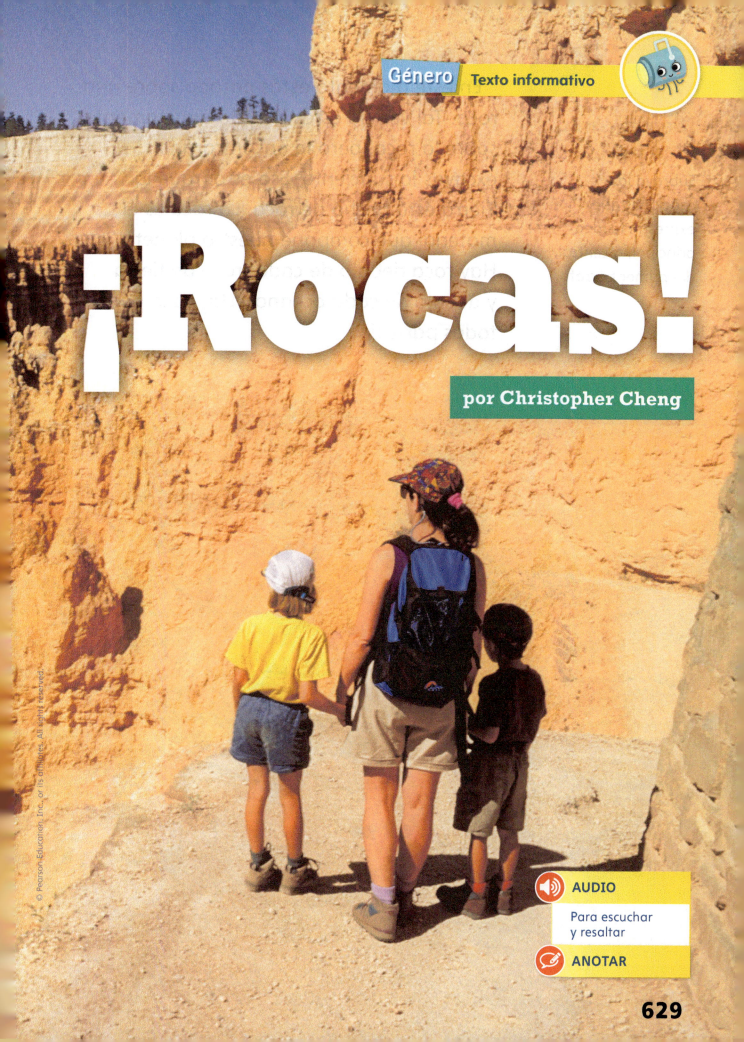

LECTURA ATENTA

Identificar la idea principal

Subraya las oraciones que expresan la idea principal, o central, del primer párrafo.

1   En este momento estás parado sobre una roca. Tal vez no estés parado directamente sobre la roca, pero la encontrarás si excavas lo suficiente. Eso es porque la Tierra está hecha de roca. La roca es el material que compone nuestro planeta. Hay roca debajo de cada trozo de tierra y debajo de cada océano. ¡Hay roca por todas partes!

¿Qué es una roca?

2   Una roca es un material duro hecho de minerales. Los minerales son materia sin vida de la naturaleza. Para formar una roca, se necesita uno o más minerales. El calor y la presión convierten los minerales en rocas. La presión es una fuerza, similar a pisar algo. Las rocas pueden ser pequeñitas como un grano de arena o más altas que un rascacielos. Pueden ser oscuras como la noche o claras como la leche. Las montañas, el lecho submarino y las piedras de la playa son rocas.

3   También hay rocas en el espacio. Algunas rocas, llamadas meteoritos, llegan del espacio exterior y chocan contra la Tierra.

LECTURA ATENTA

minerales
materiales sólidos, generalmente extraídos de la Tierra, tal como el carbón y el oro

¡Rocas del espacio exterior!

ígneas

metamórficas

sedimentarias

LECTURA ATENTA

capas partes delgadas o gruesas de algo que están colocadas una encima de la otra

4   Los geólogos son científicos que estudian las rocas. Por lo general, las clasifican en tres tipos. Cada tipo de roca se forma, o se crea, de una manera un poco diferente.

- Las rocas ígneas se forman cuando se enfría roca caliente y líquida.
- Las rocas sedimentarias se forman cuando capas de minerales se apilan a lo largo de mucho tiempo.
- Las rocas metamórficas se forman cuando la presión y el calor cambian la composición de un mineral.

El ciclo de las rocas

5   Las rocas siempre cambian. Estos cambios se llaman el ciclo de las rocas. Los cambios se producen de maneras diferentes. Por lo general, suceden a lo largo de miles de años. Partes de las rocas ígneas pueden convertirse en rocas sedimentarias. Las rocas sedimentarias pueden convertirse en rocas metamórficas. Las rocas metamórficas pueden convertirse en rocas sedimentarias o incluso en rocas ígneas.

LECTURA ATENTA

Hacer inferencias

A veces la idea principal no se enuncia, pero puedes usar evidencia del texto para identificarla. Resalta las oraciones que te ayuden a identificar la idea principal de esta sección.

El ciclo de las rocas

rocas ígneas

rocas sedimentarias

rocas metamórficas

633

LECTURA ATENTA

Vocabulario en contexto

Una palabra en un texto de ciencias puede tener un significado diferente del que conoces. Puedes determinar su significado leyendo las palabras cercanas. Subraya las palabras que te dan el significado de **corteza** en esta sección. ¿Conoces otro significado de **corteza**?

magma roca caliente y fundida que está debajo de la superficie de la Tierra

Las rocas ígneas

6   Las rocas ígneas están hechas de roca caliente y líquida. La capa superior de la Tierra se llama corteza. Debajo hay roca líquida, llamada magma. El magma es roca fundida. Muchas veces sale por grietas o agujeros de la corteza llamados volcanes. El magma en la superficie de la Tierra, se llama lava. La lava se enfría muy rápidamente en contacto con el aire. Esto crea rocas ígneas. El magma puede enfriarse lentamente. Esto también crea rocas ígneas.

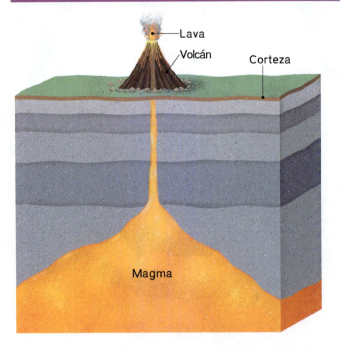

Cómo se forman las rocas ígneas

Las rocas sedimentarias

7   Las rocas sedimentarias están hechas de pequeños trozos de otras rocas. El viento y el agua pueden romper rocas grandes y convertirlas en pedazos muy pequeños. Estos pedacitos se llaman sedimento. La arena se parece al sedimento. El sedimento puede rodar cuesta abajo por colinas, o puede ser arrastrado por el viento o el agua. A lo largo de miles de años, el sedimento forma capas. Las capas se aplastan unas a otras. Se convierten en otro tipo de roca sólida: la roca sedimentaria.

Cómo se forman las rocas sedimentarias

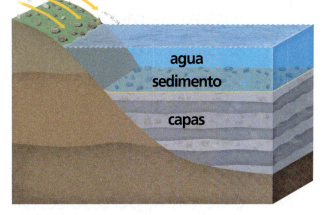

Las rocas metamórficas

8   Las rocas metamórficas también están hechas de otros tipos de roca. A lo largo de mucho tiempo, las rocas de la Tierra se aplastan unas a otras. Esta presión genera calor. También hay calor del magma, que está a grandes profundidades dentro de la Tierra. El calor cambia estas rocas, como si las estuviera cocinando. Estas rocas no se derriten, pero se convierten en otro tipo de roca: las rocas metamórficas.

Cómo se forman las rocas metamórficas

Otros usos que damos a las rocas	
Tipo de roca	**Cómo se usa**
piedra caliza	edificio
grafito	lápiz
pizarra	pisos

Las rocas y las personas

9   La roca y la piedra se usan de muchas maneras. Usamos rocas pequeñas, tales como los diamantes, para hacer joyas. Los artistas cortan piedras, tales como el mármol para crear obras de arte. Muchas cocinas de Estados Unidos tienen mesadas de roca. El vidrio se produce fundiendo arena, y la arena es roca. Incluso el metal proviene de las rocas. Si miras a tu alrededor en el lugar donde estás, es probable que veas algo hecho de roca.

LECTURA ATENTA

Hacer inferencias

Resalta las oraciones que pueden ayudarte a inferir cuál es la idea principal, o central, de esta sección.

637

LECTURA ATENTA

Identificar la idea principal

Subraya la oración que expresa la idea principal, o central, de esta sección.

Construir con rocas

10   Las personas construyen con rocas hace miles de años. Muchas ciudades antiguas estaban hechas de roca. En el Antiguo Egipto, las pirámides se construían con bloques gigantes de roca caliza. Hoy, en la mayoría de las ciudades, se usa la roca para construir edificios y aceras. Los caminos se hacen con rocas trituradas. Además, muchos puentes están hechos de roca o piedra.

edificio

puente

pirámide egipcia

Un equipo de artistas talló la roca del monte Rushmore para crear esculturas gigantes.

anguilas

Muchos pájaros construyen sus nidos sobre rocas.

Los animales y las rocas

11 Las personas no son los únicos seres vivos que usan las rocas. Los animales también las usan. Algunos animales tragan rocas pequeñas para digerir mejor la comida. Estas rocas se llaman gastrolitos. Los avestruces son aves que no tienen dientes. Necesitan ayuda para moler la comida dentro del estómago. Entonces, tragan gastrolitos: rocas pequeñas y arena.

12 Algunos animales tienen sus hogares en las rocas. Las anguilas y los pulpos suelen vivir dentro de las grietas de rocas submarinas.

avestruz

gastrolitos

LECTURA ATENTA

Hacer inferencias

Resalta las oraciones que pueden ayudarte a inferir la idea principal, o central, de esta sección.

fósiles partes o impresiones de una planta o un animal que vivió hace mucho tiempo

Las rocas y los fósiles

13 Las rocas ayudan a los científicos a aprender sobre los animales del pasado. Los fósiles son lo que queda de los animales y las plantas que vivieron hace mucho tiempo. Hace mucho tiempo, algunos animales quedaron enterrados debajo de capas de lodo o arena. Con el tiempo, estas capas se convirtieron en roca sólida. El cuerpo de los animales se descompone y deja marcas en la roca. Estas marcas nos muestran cómo eran los animales del pasado.

1 Un animal muere.

2 El animal queda cubierto de lodo y arena.

3 El lodo y la arena se convierten en roca.

El suelo

14   La roca es importante porque brinda alimento a las personas y a los animales. El suelo está hecho de pedacitos de roca. Es la capa exterior suelta de la Tierra. El suelo se forma cuando la roca se mezcla con aire, agua y humus. El humus está hecho de pedacitos de restos de plantas y animales. Las plantas que comen las personas y los animales crecen en el suelo.

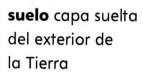

LECTURA ATENTA

suelo capa suelta del exterior de la Tierra

LECTURA ATENTA

Vocabulario en contexto

Subraya las palabras del texto que te ayudan a comprender el significado de **nutrientes**.

Hogares en el suelo

El suelo es el hogar de muchos seres vivos. Las lombrices y los perros de las praderas viven en el suelo.

15 El suelo brinda agua y nutrientes a las plantas. Los nutrientes del suelo ayudan a las plantas a crecer. Los suelos tienen distintas cantidades de agua y nutrientes. El suelo arcilloso es grueso y pesado. Puede contener mucha agua. Cuando se seca, se vuelve duro como un ladrillo. El suelo del desierto es suelto y arenoso. Los suelos arcillosos y arenosos no son buenos para las plantas. El suelo limoso es un tipo de suelo muy rico. Contiene agua, pero no demasiada. Además, tiene muchos nutrientes. Las mejores tierras de cultivo tienen suelo limoso.

suelo arcilloso · suelo arenoso · suelo limoso

LECTURA ATENTA

Identificar la idea principal

El tema es de lo que trata todo el texto. <u>Subraya</u> el tema de este texto. Luego, subraya las palabras que expresan la idea principal, o central, de este texto.

Fluidez

Practica tu fluidez leyendo cada palabra correctamente. Lee en voz alta los dos últimos párrafos varias veces con un compañero.

16   La roca es mucho más importante para todos de lo que probablemente creías. Nos brinda lugares para vivir. Nos ayuda a crear y construir. Nos da el suelo en el que cultivamos nuestros alimentos. Muchos animales viven en el suelo. ¡La roca conforma todo nuestro planeta!

VOCABULARIO

Desarrollar el vocabulario

Mi TURNO Escribe una oración para explicar cómo se relaciona cada una de las siguientes palabras de vocabulario con la roca.

Palabra	¿Cómo se relaciona con la roca?
minerales	
capas	
magma	
fósiles	
suelo	

COMPRENSIÓN

TALLER DE LECTURA

Verificar la comprensión

Mi TURNO Vuelve a leer el texto para responder a las preguntas. Escribe las respuestas.

1. ¿Cómo sabes que este texto es informativo?

2. ¿Por qué crees que el autor incluyó encabezados tales como "¿Qué es una roca?" y "El ciclo de las rocas"?

3. ¿Cuán diferente sería la Tierra si no existieran las rocas?

LECTURA ATENTA

Identificar la idea principal

Una característica del texto informativo es que tiene una **idea principal,** o **idea central.** Todos los textos tienen un tema. Puedes enunciarlo con una o dos palabras. La idea principal es la idea más importante sobre el tema. Un párrafo o una sección del texto también puede tener una idea principal. El autor apoya cada idea principal con evidencia.

Mi TURNO Completa las notas de Lectura atenta de *¡Rocas!*. Con toda la clase, usa lo que subrayaste para completar la tabla.

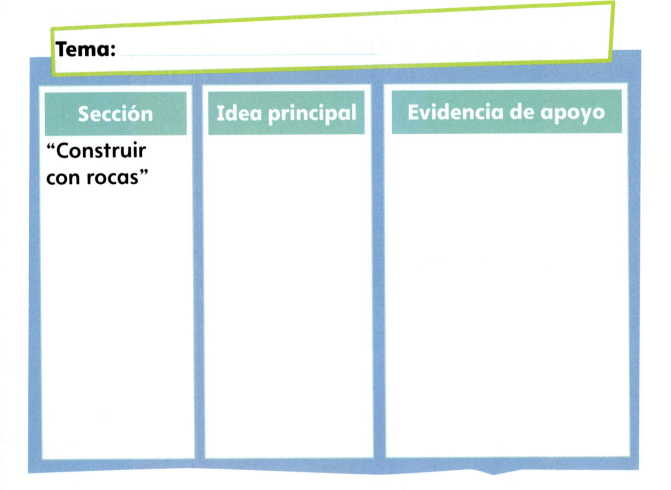

Tema:

Sección	Idea principal	Evidencia de apoyo
"Construir con rocas"		

TALLER DE LECTURA

Hacer inferencias

Cuando un autor no expresa la idea principal de un texto o de una sección de manera directa, puedes hacer inferencias para determinarla. Para hacer inferencias, usas evidencia y lo que ya sabes para apoyar tu comprensión del texto.

Mi TURNO Vuelve a las notas de Lectura atenta. Sigue las instrucciones para resaltar el texto. Usa lo que resaltaste para hacer inferencias sobre la idea principal de cada sección.

Sección	Mi inferencia sobre la idea principal
"El ciclo de las rocas"	
"Las rocas y las personas"	
"Las rocas y los fósiles"	

RESPONDER AL TEXTO

Reflexionar y comentar

En tus palabras

Comenta lo que has aprendido sobre las rocas. Habla sobre cómo se relacionan las rocas que ves todos los días con la información de los textos.

Esperar el turno

Es importante que esperes tu turno durante una conversación.

- Di lo que quieres decir y permite que los demás respondan.
- Deja que la otra persona termine de hablar antes de que sea tu turno.

A veces puedes entusiasmarte e interrumpir a otro. Si eso sucede, discúlpate y déjalo terminar. Puedes decir:

> Lo siento. No quise interrumpirte. Por favor, termina lo que estabas diciendo.

Pregunta de la semana

¿Qué pueden revelar las rocas sobre los cambios de la Tierra?

VOCABULARIO | PUENTE ENTRE LECTURA Y ESCRITURA

Puedo usar el lenguaje para hacer conexiones entre la lectura y la escritura de textos informativos.

Mi meta de aprendizaje

Vocabulario académico

Escoge una palabra que hayas aprendido esta semana y escríbela en el centro de la red de palabras. Luego, completa la red con palabras que tengan que ver con la palabra que escogiste.

INTERCAMBIAR ideas Cuéntale a tu compañero sobre tu red de palabras. Explica por qué escogiste esas palabras. Luego, usa las palabras de tu red para responder a la Pregunta esencial: ¿Cómo cambia la Tierra?

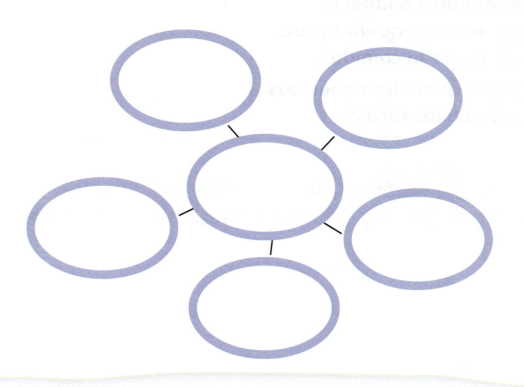

649

TÉCNICA DEL AUTOR

Leer como un escritor, escribir para un lector

Los autores incluyen detalles para ayudar a los lectores a comprender mejor un tema. Los detalles dan información específica y relevante, o conectada directamente, con el tema.

Detalles	Lo que me dicen los detalles
"Una roca es un material duro hecho de minerales". "Las montañas, el lecho submarino y las piedras de la playa son rocas".	Estos detalles me dan información que es relevante para aprender qué es una roca.
"Los animales también las usan. Algunos animales tragan rocas pequeñas para digerir mejor la comida". "Algunos animales tienen sus hogares en las rocas".	Estos detalles muestran ejemplos específicos de cómo los animales usan las rocas.

Mi TURNO Escribe dos o tres oraciones que presenten detalles específicos e interesantes sobre las rocas.

ORTOGRAFÍA

PUENTE ENTRE LECTURA Y ESCRITURA

Escribir palabras esdrújulas

Las palabras esdrújulas tienen el acento tónico en la antepenúltima sílaba. Las palabras esdrújulas siempre llevan tilde.

Mi TURNO Escribe la palabra de ortografía que corresponde a cada pista. Luego, escribe Mis palabras.

1. Me gusta escuchar _____.
2. a gran velocidad _____
3. parte de la flor que tiene color _____
4. frontera o línea entre dos ciudades _____
5. Se prende cuando está oscuro. _____
6. Dirigen a un grupo. _____
7. Se parece a un ave. _____
8. Se usa para llamar a otras personas. _____
9. disfraz que cubre la cara _____
10. Nosotros, antes… muy pequeños. _____
11. después de todos _____
12. forma del verbo estar _____

Palabras de ortografía

música
rápido
líderes
pétalo
límite
lámpara
éramos
teléfono
máscara
murciélago

Mis palabras

estábamos
último

LENGUAJE Y NORMAS

El guion y la raya

El **guion** (-) se usa para dividir en sílabas una palabra, cuando no cabe al final del renglón y para relacionar números.

La **raya** (—) es más larga que el guion. Se usa en los diálogos de los personajes de un cuento y en las aclaraciones del narrador.

Uso del guion	Uso de la raya
para separar sílabas y partes de palabras: ca-ba-llo / caba-llo	en los diálogos: —Voy de paseo. —¿Adónde vas?
en las fechas: 5-3-2019 años: 2015-2018 en los números: págs. 15-20	para el narrador: —Voy de paseo —dijo Elena sonriente—. ¿Quieres venir?

Mi TURNO Corrige este borrador agregando la raya o el guion correspondientes.

¿Cuántas manzanas hay aquí?   dijo la maestra.

Hay diez manzanas   dijo Juanito   aquí en esta cesta.

Los manzanos de la escuela los sembraron en los años 1980 1981.

Las flores y las frutas de los árboles traen alegría a to da la escuela.

TEXTO DE PROCEDIMIENTO | DE INSTRUCCIONES

TALLER DE ESCRITURA

Puedo usar elementos de textos informativos para escribir un texto de procedimiento.

Mi meta de aprendizaje

Corregir los pronombres

Pronombres sujeto	son sujetos de oraciones	yo, tú, usted, él, ella, nosotros, nosotras, ustedes, ellos, ellas
Pronombres objeto	se usan como objetos	mí, ti, usted, él, ella, nosotros, nosotras, ustedes, ellos, ellas
Pronombres posesivos	expresan posesión	mío, mía, tuyo, tuya, suyo, suya, nuestro, nuestra
Pronombres reflexivos	se refieren al sujeto	me, te, le, se, nos, les

Mi TURNO Corrige este borrador. Primero, corrige los pronombres sujeto y objeto incorrectos. Luego, corrige los pronombres posesivos y reflexivos incorrectos. Por último, corrige los pronombres de tu texto de instrucciones.

Mía hermana y yo fuimos al centro comercial con nuestro papá. Cuando te dio hambre fuimos al patio de comidas. Ella y mí pedimos pizza. La suyo tenía champiñones, pero la mí tenía solo queso. Papá comió una ensalada grande él solo.

TEXTO DE PROCEDIMIENTO | DE INSTRUCCIONES

Corregir las mayúsculas

Los nombres propios, muchas abreviaturas y las primeras palabras de las oraciones comienzan con una letra mayúscula. Los saludos y las despedidas de las cartas también llevan mayúscula inicial. Los autores corrigen sus textos para asegurarse de haber usado las mayúsculas correctamente.

Mi TURNO Corrige este borrador. Tacha los errores en las mayúsculas y escribe la palabra correctamente arriba.

---

24 de Junio de 2018

querido Abuelo:

Estamos recorriendo Washington, D.C. El Sábado fuimos a un museo que me encantó. Pude tocar una roca de la Luna. Regresaremos a casa en Julio. ¡Nos vemos pronto!

con cariño,

mateo

Mi TURNO Corrige tu texto de instrucciones para asegurarte de haber usado las mayúsculas correctamente.

Publicar y celebrar

¡Llegó el momento de celebrar lo que has escrito y dejar que otros disfruten de tu escritura! Aquí hay algunas cosas que debes tener en cuenta cuando presentas tu trabajo a un público.

- Preséntate antes de comenzar.

- Levanta la mirada del texto y haz contacto visual con el público.

- Lee de manera clara y lenta (¡pero no demasiado lento!).

Lee tu texto antes. Practica hasta que lo leas con precisión.

- Habla con el volumen suficiente para que todos puedan escucharte.

- Varía el tono y la velocidad de tu voz.

- Habla con entusiasmo.

- Si tienes elementos visuales, muéstralos para que el público pueda verlos.

- Después de dar instrucciones en voz alta, termina tu presentación pidiendo a los estudiantes que sigan tus instrucciones.

COMPARAR TEXTOS

TEMA DE LA UNIDAD
La maravillosa Tierra

INTERCAMBIAR *ideas*

¿Verdadero o falso? Con tu compañero, lee los enunciados. Vuelve al texto para determinar si el enunciado es VERDADERO o FALSO. Si es cierto, escribe *Verdadero*. Si es falso, escribe el enunciado que es verdadero. Usa esta información como ayuda para responder a la Pregunta esencial.

SEMANA 3
¿Adónde van cuando llueve o nieva?
Es probable que encuentres una ardilla debajo de la nieve en un campo.
_____

CLUB del LIBRO

SEMANA 2
Cómo el agua moldea la Tierra
Cómo los terremotos moldean la Tierra
Los replicantes son terremotos pequeños que se producen después de un terremoto.
_____
_____

CLUB del LIBRO

SEMANA 1
Cambios de la superficie de la Tierra
La Tierra no cambia.
_____
_____

Poemas

Los poemas describen escenas de la naturaleza.

SEMANA 4

SEMANA 5

¡Rocas!

Los tres tipos de roca son sedimentarias, minerales y expectantes.

Pregunta esencial

Mi TURNO

En tu cuaderno, responde a la Pregunta esencial: ¿Cómo cambia la Tierra?

Proyecto

SEMANA 6

Llegó la hora de aplicar lo que aprendiste sobre los cambios de la Tierra en tu **PROYECTO DE LA SEMANA 6: ¡Esto es tan emocionante!**

FONÉTICA

Las abreviaturas

Las **abreviaturas** son la representación corta de una palabra.

Si corresponden a un sustantivo propio, se escriben con mayúscula inicial y punto al final, como en **doctor** Andrés = **Dr**. Andrés.

Si corresponden a un sustantivo común, se escriben en minúscula y punto final, como en **avenida** Sur = **avda**. Sur.

Mi TURNO Lee las siguientes abreviaturas y su significado. Compara las abreviaturas de los sustantivos propios y los comunes.

Sr. =	señor, Sr. Juan	**pág.** o **p.** =	página
Sra. =	señora, Sra. Carmen	**fig.** =	figura
Srta. =	señorita, Srta. Rosa	**avda.** o **av.** =	avenida
Dr. =	doctor, Dr. Andrés	**izqda.** =	izquierda
Dra. =	doctora, Dra. Lucía	**etc.** =	etcétera
Ud. =	usted, pase Ud.	**p. ej.** =	por ejemplo

INTERCAMBIAR *ideas* Con un compañero, lee estas oraciones. Tachen las palabras que pueden sustituir por una abreviatura. Escriban la abreviatura encima.

1. El señor Ramírez y la señora Paz ayudan a repartir alimentos. ¿Usted quiere ayudar también?

2. La dirección de mi primo es avenida Este 2, Villa del Sur.

3. La señorita María leyó las páginas 3 y 4 del libro. Yo leí la página 5.

Las abreviaturas

Las **abreviaturas** son la representación corta de una palabra. Si corresponden a un sustantivo propio, se escriben con mayúscula inicial y punto final. Si corresponden a un sustantivo común, se escriben con minúscula y punto final.

Mi TURNO Lee las abreviaturas. Luego, escribe las abreviaturas correspondientes a cada palabra o frase.

Dr.	Dra.	Ud.
p. ej.	fig.	izqda.

1. doctor _____
2. doctora _____
3. izquierda _____
4. por ejemplo _____
5. usted, don Manuel _____
6. figura 3 _____

Mi TURNO Usa una de las abreviaturas en una oración. Lee tu oración en voz alta.

PALABRAS DE USO FRECUENTE | ORTOGRAFÍA

Mis palabras

Mi TURNO Lee las palabras del recuadro. Luego, completa las oraciones con las palabras.

| ciclo | hielo | refugio |

1. Ron le puso _____ a su vaso de limonada.

2. Llevamos los gatitos a un _____ .

3. El _____ de las rocas es muy importante.

Escoge la palabra que describe cada pista.

4. Estarás a salvo aquí. _____

5. agua que no es líquida _____

6. algo que se repite _____

INTERCAMBIAR ideas Lee las oraciones en voz alta con un compañero. Luego, túrnate con tu compañero para inventar tus propias pistas para cada palabra. Dile a tu compañero que adivine la palabra correcta.

DESTREZAS FUNDAMENTALES

Escribir abreviaturas de palabras

Una abreviatura es una forma acortada de una palabra. Las abreviaturas terminan con punto. Si la abreviatura es parte de un sustantivo propio, comienza con mayúscula.

Mi TURNO Lee las siguientes abreviaturas. Clasifícalas según se refieran a personas o a otras cosas.

Abreviaturas para personas	Otras abreviaturas

Palabras de ortografía

Sr.
Sra.
Srta.
Dr.
Dra.
pág.
etc.
p. ej.
tel.
Prof.

Mis palabras

hielo
refugio

Completa cada oración con una de Mis palabras.

1. La montaña tiene _____ en la cima.

2. Nos protegeremos de la lluvia en el _____.

INDAGAR

INVESTIGACIÓN

¡Esto es TAN EMOCIONANTE!

Actividad

Te contrataron para crear un infomercial para televisión. Un infomercial es un anuncio de publicidad que da información de manera persuasiva. Tu infomercial debe persuadir a los televidentes a que estén de acuerdo con tu opinión sobre el cambio de la Tierra más emocionante.

¡Vamos a leer!
Esta semana leerás tres artículos. El artículo de hoy te dará información sobre la historia de la publicidad.

1. La historia de la publicidad
2. Jugador Uno
3. ¡Apágalo!

Generar preguntas

COLABORAR Con un compañero, escoge el tema de su infomercial. ¿Qué cambio de la Tierra les parece más emocionante? Anoten preguntas para guiar la investigación sobre el tema que escogieron.

PROYECTO DE INDAGACIÓN

Usar el vocabulario académico

COLABORAR Observa la fotografía del volcán que entra en erupción. Habla con tu compañero sobre por qué este cambio de la Tierra es emocionante. Usa el vocabulario que aprendiste recientemente. Trata de usar estas palabras en el infomercial.

Vocabulario académico

destruir   equilibrio
reacción   recursos
medioambiente

Plan de investigación sobre los cambios de la Tierra

Mira tus otros planes de investigación. Un plan de investigación implica generar preguntas, realizar una investigación, escribir, revisar, corregir y presentar. Con la ayuda de un adulto, desarrolla y sigue un plan de investigación.

Día 1

Día 2

Día 3

Día 4

Día 5

COLABORAR Y COMENTAR

¿Esto es un hecho?

Al igual que un texto persuasivo, un anuncio intenta persuadirte para que hagas algo. Un anuncio puede presentar hechos y opiniones. Es importante que identifiques los hechos y reconozcas las opiniones. Cuando leas, mires o escuches un anuncio, presta atención a:

- lo que el autor o el orador quiere que pienses o hagas.
- los hechos y las opiniones que da el autor o el orador para apoyar la argumentación y persuadirte.

COLABORAR Con un compañero, lee "Jugador Uno". Luego, completa el organizador gráfico.

El autor intenta persuadir al lector para que

Hechos	Opiniones

HACER UNA INVESTIGACIÓN

PROYECTO DE INDAGACIÓN

Investiga con recursos digitales

Los recursos digitales incluyen programas de televisión, videos de Internet y DVD. Puedes usar estos recursos para investigar. Los recursos multimodales incluyen sonido y acción. Cuando mires estos recursos, sigue estos pasos:

1. Determina la idea principal y los detalles clave.

2. Toma notas. Recuerda parafrasear, o escribir las ideas con tus propias palabras.

   - Si puedes, haz pausa al video.
   - Anota el tiempo para que puedas volver a encontrar la información.
   - Anota el URL y el título del video.
   - Anota información que responda a tus preguntas.

Botón de reproducir/pausa

URL

Indicador de tiempo

COLABORAR Busca recursos digitales sobre tu tema. Mira el video y toma notas. Busca y escribe el URL y el título del video.

COLABORAR Y COMENTAR

El guion de un infomercial

Un infomercial contiene palabras persuasivas que buscan que el lector, el televidente o el oyente haga algo.

Muchas cosas cambian la Tierra, ¡pero ningún cambio es tan emocionante como la erupción de un volcán! Todos deberían mirar un video de una erupción volcánica. ¡Aunque no recomiendo verla en persona! A primera vista, parece que la erupción destruye todo. Pero espera. La ceniza deja en el suelo nutrientes que permitirán que crezcan nuevas plantas. Otro efecto asombroso es que los volcanes permiten que la Tierra se enfríe. Además, pueden crear islas y un paisaje hermoso. ¡Debes aprender más sobre los volcanes! Provocan los cambios más emocionantes de la Tierra.

- Opinión
- Hecho
- Palabras persuasivas
- Conclusión

Cita tus fuentes

COLABORAR Cuando usas información de fuentes, debes citarlas, es decir, nombrarlas. Demuestra a los lectores que investigaste para comprender los datos.

Para citar un video en línea:

1. Nombre del creador del video (apellido, nombre)

2. Título del video (entre comillas)

3. Título del sitio web (en cursiva)

4. Fecha de publicación

5. URL

> Ejemplo: Mathis, Blake. "Los efectos de un volcán". *Supervolcanes*. Febrero de 2018, www.url.aquí.

COLABORAR Con un compañero, cita tu fuente.

Recurso digital:

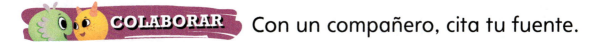

AMPLIAR LA INVESTIGACIÓN

Haz un video o una grabación de tu infomercial

COLABORAR Hacer un video de tu guion te da la oportunidad de agregar imágenes y sonido a tu mensaje. Grabar tu infomercial te permite agregar sonidos. Planifica tu video o grabación con un compañero.

- ☐ Nombre del locutor
- ☐ Cómo sonará el locutor (feliz, entusiasmado, etc.)
- ☐ Duración de la grabación
- ☐ Música de fondo (no es necesaria)
- ☐ Efectos de sonido
- ☐ Elementos visuales

COLABORAR Y COMENTAR   **PROYECTO DE INDAGACIÓN**

Revisa

COLABORAR Antes de hacer el video o grabar el infomercial, revisa el guion. Primero, mira si puedes agregar, borrar o cambiar palabras de lugar para que tus ideas sean claras. Asegúrate de enunciar tu argumentación y presentar hechos y opiniones de apoyo. Vuelve a leer el guion y trata de agregar palabras del Vocabulario académico y vocabulario de contenido para fortalecer tu argumentación.

destruir	reacción	medioambiente
recursos	equilibro	

Corrige

COLABORAR Ahora corrige tu guion con un compañero.

Asegúrate de:

☐ haber usado las preposiciones y las frases preposicionales correctamente.

☐ haber usado las contracciones **al** y **del** correctamente.

☐ haber combinado ideas para formar sujetos y predicados compuestos correctamente.

CELEBRAR Y REFLEXIONAR

Comenta

COLABORAR Si hiciste un video, reúnete con tus compañeros para verlo. Si grabaste tu infomercial, reúnete con ellos para escucharlo. Si no, lee tu guion a la clase con un compañero, como si estuvieran en un programa de televisión. Recuerda estas reglas para hablar y escuchar.

- Habla de manera clara y a un ritmo adecuado, pero recuerda tu propósito. Puedes hablar de manera más animada y rápida para persuadir al público a que esté de acuerdo con tu opinión.

- Escucha activamente a los demás presentadores. Presta atención a los hechos y las opiniones. Luego, haz preguntas para aclarar ideas.

Reflexiona

 Completa las oraciones.

La mejor parte de mi infomercial es

Si hago otro infomercial, haré

REFLEXIONAR SOBRE LA UNIDAD

Reflexiona sobre tus metas

Vuelve a leer las metas de la unidad. Usa un color diferente para calificarte de nuevo.

 Completa las oraciones.

Reflexiona sobre tu lectura

Lo que más me sorprendió fue

porque

Reflexiona sobre tu escritura

Lo que más me costó escribir fue

porque

RESEÑA DE UN LIBRO

Una reseña de un libro contiene opiniones sobre un libro que has leído.

TALLER DE ESCRITURA

Puedo escribir la reseña de un libro.

Mi meta de aprendizaje

Reseña de un libro

Una **opinión** es lo que piensas sobre algo. En una reseña de un libro, el autor informa a sus lectores acerca de un libro y enuncia una opinión sobre el mismo. El autor da razones de apoyo que ayudan a los lectores a decidir si les gustaría leer ese libro.

Escritura de opinión

♥	Tema y opinión	Creo que a todos les gustaría Amelia Bedelia.
★	Razón	A los niños y a las niñas les gustará este libro porque Amelia es muy divertida. Ella los hará reír a todos.
★	Razón	Este libro también es muy bueno porque enseña una lección sobre seguir instrucciones.
🎀	Conclusión	Estas son las razones por las que pienso que te encantará leer Amelia Bedelia.

ESCRITURA DE OPINIÓN: RESEÑA DE UN LIBRO

Lluvia de ideas

El autor de la reseña de un libro escoge sobre qué libro va a escribir y determina si otras personas deberían leer ese libro. Luego, el autor piensa en por qué vale la pena leerlo y qué partes del libro apoyan esas razones.

Mi TURNO Piensa en un libro que hayas disfrutado. Escribe el título. Escribe dos razones por las que piensas que a otras personas también les gustaría ese libro. ¿Qué partes del libro apoyan cada razón? Escribe lo que le dirías a los lectores.

Título del libro:	
Los lectores disfrutarán este libro porque: Les diría:	Los lectores disfrutarán este libro porque: Les diría:

TALLER DE ESCRITURA

Planificar tu reseña de un libro

Los autores deben planificar sus reseñas de libro para asegurarse de que han incluido todas las partes importantes.

Mi TURNO Desarrolla las ideas de tu reseña. Haz una lista con todas las ideas que quieras incluir.

¿Cuál es el libro?

¿Qué opino sobre el libro?

¿Qué razones apoyan mi opinión?

¿Por qué les gustará este libro a los lectores?

RESEÑA DE UN LIBRO

 **Mi meta de aprendizaje** Puedo escribir la reseña de un libro.

Elegir un libro

Los autores de reseñas de libro a menudo eligen un libro del que tienen una buena opinión. Con frecuencia escogen libros que han disfrutado y que piensan que otras personas deben leer.

Mi TURNO ¿Cuáles son algunos de los libros que has leído? Dale una estrella si no te gustó mucho. Dale dos estrellas si te gustó. Dale tres estrellas si es tu libro favorito.

Título del libro	Estrellas ⭐ ⭐ ⭐

Mi TURNO Escribe el título del libro que reseñarás.

TALLER DE ESCRITURA

Enunciar una opinión

Una opinión indica lo que cree o siente el autor. Una opinión en la reseña de un libro indica si al autor le gustó o no le gustó el libro. La opinión debe estar enunciada con claridad.

Mi TURNO Encierra en un círculo Sí o No para indicar si cada oración es una opinión enunciada con claridad.

1. Leí El gran Nate.   Sí   No

2. ¡La invasión de los búhos nevados es un gran libro!   Sí   No

3. Creo que te gustará Roedores pícaros.   Sí   No

Mi TURNO Escribe un enunciado de opinión firme sobre tu libro para tu reseña.

RESEÑA DE UN LIBRO

Dar razones

Las razones ayudan a los lectores a comprender la opinión del autor que reseña el libro. En las razones se pueden incluir algunos ejemplos que hagan que el lector quiera leer el libro.

Mi TURNO Lee el texto. Subraya las razones que apoyan la opinión.

Leí Jumanji. Si te gustan las aventuras divertidas, te encantará leer este libro. Una razón es que los protagonistas del libro consiguen un juego y la diversión comienza de inmediato. También es divertido cuando los animales cobran vida y comienzan a correr por todos lados. ¿Saldrán con vida los niños del juego? Tienes que leer el libro para descubrirlo.

Mi TURNO Agrega a tu reseña de libro algunas razones que apoyen tu opinión.

TALLER DE ESCRITURA

Puedo escribir la reseña de un libro.

Mi meta de aprendizaje

Presentar un libro y una opinión

El comienzo de la reseña de un libro debe presentar el título y un detalle sobre el libro. La introducción debe indicar si el autor de la reseña disfrutó el libro o no.

Título	Leí Flossie y el zorro. Es sobre una niña inteligente.
Opinión	Creo que es uno de mis libros favoritos.

Mi TURNO Lee el texto. Encierra en un círculo el título. Dibuja una estrella en la oración que tiene la opinión.

Acabo de leer un libro sobre animales que se llama Frida, la chita. Creo que a todos los niños de mi salón les encantará este libro.

Mi TURNO Revisa la introducción de tu reseña de libro para incluir un detalle sobre el libro y tu opinión.

RESEÑA DE UN LIBRO

Organizar las razones

Los autores de la reseña de un libro organizan las razones de una manera. El escritor puede dar primero la razón más importante para llamar la atención del lector.

Mi TURNO Pon una estrella al lado de la razón que te parezca más importante.

El libro tiene ilustraciones bonitas.

El libro es bueno.

El personaje principal del libro es tan gracioso que te hará reír a carcajadas.

Mi TURNO Haz una lista de las razones que incluirás en tu reseña de libro. Pon una estrella en la razón más importante. Luego, enumera las razones en el orden en que las usarás en tu reseña.

TALLER DE ESCRITURA

Escribir una conclusión

El final de la reseña de un libro se llama **conclusión**. La conclusión debe volver a dar la opinión del autor de manera diferente. La conclusión también debe sugerir por qué otras personas deberían leer el libro.

> Vuelve a enunciar tu opinión.

> Recuerda a los lectores por qué les recomiendas que lean el libro.

Estas son algunas de las razones por las que me encantó el libro. Si te gustan los cuentos con una niña inteligente y astuta, entonces creo que disfrutarás mucho Flossie y el zorro.

Mi TURNO Responde a la siguiente pregunta y revisa la conclusión de tu reseña de libro.

1. ¿Qué opinas del libro?

2. ¿Por qué crees que otras personas podrían disfrutar el libro?

RESEÑA DE UN LIBRO

Mi meta de aprendizaje: Puedo escribir la reseña de un libro.

Las mayúsculas en los títulos de libros

Cuando escribes títulos de libros, debes escribir en mayúsculas:

- la primera palabra del título.
- los nombres propios.

Mi TURNO Encierra en un círculo las letras que deben ir en mayúscula en cada título de libro.

el tren de los niños
la hormiga juanita
ana y miguel van de paseo
la mejor mascota

Mi TURNO Corrige tu reseña para revisar si escribiste correctamente las mayúsculas en el título del libro.

TALLER DE ESCRITURA

Las oraciones simples y compuestas

Una **oración compuesta** está formada por dos oraciones simples que están unidas por *o*, *y*, *entonces* o *pero*. Las oraciones compuestas que tienen las palabras *entonces* o *pero* llevan coma.

Oraciones simples

Me gustó este libro. Espero que te guste a ti también.

Oración compuesta

Me gustó este libro y espero que te guste a ti también.

Mi TURNO Escribe *S* si la oración es una oración simple. Escribe *C* si la oración es una oración compuesta.

_____ La niña del cuento es valiente.

_____ El zorro se va corriendo, pero no llega lejos.

_____ Flossie puede rendirse o puede intentar engañar al zorro.

_____ El zorro pensó que él era más listo.

Mi TURNO Revisa tu reseña de libro para incluir al menos una oración compuesta.

RESEÑA DE UN LIBRO

Las conjunciones

Las **conjunciones** son palabras que unen partes de las oraciones. Las palabras *y* y *porque* son ejemplos de conjunciones. Cuando escribes una reseña, puedes usar conjunciones para conectar la opinión con las razones.

Creo que disfrutarás este libro **porque** está lleno de sorpresas.

Mi TURNO Encierra en un círculo las conjunciones de cada oración.

Este libro es interesante porque tiene fotos de todas las monedas que quiero coleccionar.
Aprendí sobre los animales de la selva y sobre los animales silvestres que viven cerca de donde vivo.
Pienso que el libro es divertido porque el héroe siempre se pierde.

Mi TURNO Revisa tu reseña de libro para incluir conjunciones que conecten tu opinión con tus razones.

TALLER DE ESCRITURA

Puedo escribir la reseña de un libro.

Mi meta de aprendizaje

Corregir las mayúsculas en los títulos

Los títulos de los libros siempre comienzan con letra mayúscula. También se escriben con mayúscula los nombres propios, como Elena o José, y los nombres de los países, ciudades y estados.

Mi TURNO Escribe los títulos de tres de tus libros favoritos. Encierra en un círculo las letras mayúsculas.

Mi TURNO Corrige el uso de mayúsculas en tu reseña de libro.

RESEÑA DE UN LIBRO

Corregir las conjunciones

Una conjunción es una palabra que une otras palabras y partes de las oraciones. Las palabras *y*, *también* y *porque* son conjunciones.

Mi TURNO Escribe las conjunciones que tengan sentido en cada oración.

Me gusta este libro _____ trata sobre culebras.

Las fotos _____ tienen rótulos para las partes de las culebras.

Las tablas _____ las fotos del libro me ayudan a entenderlo mejor.

Mi TURNO Corrige las conjunciones en tu reseña de libro.

TALLER DE ESCRITURA

Evaluación

¡Felicidades! Has aprendido a escribir la reseña de un libro.

Mi TURNO Lee la lista. Pon una marca al lado de lo que puedes hacer.

☐ Puedo presentar el libro sobre el que estoy escribiendo.

☐ Puedo enunciar mi opinión con claridad.

☐ Puedo dar razones para apoyar mi opinión.

☐ Puedo escribir una conclusión sólida.

☐ Puedo escribir las mayúsculas del título correctamente.

☐ Puedo usar oraciones simples y compuestas en mi escrito.

☐ Puedo usar conjunciones para conectar la opinión con las razones.

GLOSARIO

Cómo usar el glosario

El **glosario** te muestra el significado de las palabras de este libro, cómo separarlas en sílabas y la sílaba tónica de cada una. Las palabras aparecen en orden alfabético. Las **palabras guía**, en la parte superior de cada página, muestran la primera y la última palabra de esa página. Para hallar una palabra, piensa en cómo se deletrea y busca la primera letra. Si la palabra no está en el glosario, usa un **diccionario** impreso o en línea. Para usar un diccionario en línea, escribe la palabra en el recuadro de búsqueda.

> La guía de pronunciación te muestra cómo separar la palabra en sílabas y cuál es la sílaba de mayor intensidad, o sílaba tónica.

Cc

curar (cu RAR) **Curar** es eliminar una enfermedad. VERBO

> Todas las palabras que comiencen con **c** estarán después de **Cc**.

> Esta oración te indica qué significa la palabra.

Mi TURNO Busca la palabra **mantener** en el glosario. En una hoja de papel, escribe su significado. Escribe una oración con la palabra. Pronúnciala. Luego, busca el significado de una palabra que no esté en este glosario. Usa un diccionario.

GLOSARIO

Aa

aceptar (a cep TAR) **Aceptar** es recibir algo o darle entrada. VERBO

ajeno (a JE no) Algo es **ajeno** cuando no es propio o es extraño. ADJETIVO

alarmado (a lar MA do) Alguien que está **alarmado** siente miedo de un peligro que podría suceder. ADJETIVO

arco (AR co) Los **arcos** son estructuras curvas que por lo general se encuentran sobre las puertas, las ventanas y los portales. SUSTANTIVO

arquitecto (ar qui TEC to) Un **arquitecto** es una persona que diseña edificios. SUSTANTIVO

arruinar (a rrui NAR) **Arruinar** algo es destruirlo o echarlo a perder. VERBO

Cc

cantidad (can ti DAD) La **cantidad** de algo es su número o monto. SUSTANTIVO

capa (CA pa) Las **capas** son partes delgadas o gruesas de algo que están colocadas una encima de la otra. SUSTANTIVO

cerbatana (cer ba TA na) Una **cerbatana** es un tubo corto que se usa para expulsar cosas soplando. SUSTANTIVO

comentar (co men TAR) **Comentar** algo es hablar sobre ello con otras personas. VERBO

GLOSARIO

comunicación • destruir

comunicación (co mu ni ca CIÓN) La **comunicación** es la acción de comunicarse o intercambiar con los demás a través del habla o la escritura. SUSTANTIVO

costoso (cos TO so) Algo es **costoso** cuando cuesta mucho dinero. ADJETIVO

creación (cre a CIÓN) Las **creaciones** son cosas que se hacen o se producen. SUSTANTIVO

creencia (cre EN cia) Una **creencia** es algo que se cree como verdadero o real. SUSTANTIVO

cultura (cul TU ra) Una **cultura** es un grupo de personas que hablan el mismo idioma y tienen las mismas tradiciones. SUSTANTIVO

curar (cu RAR) **Curar** es eliminar una enfermedad. VERBO

Dd

daño (DA ño) Los **daños** son los destrozos. SUSTANTIVO

decepción (de cep CIÓN) Sientes una **decepción** cuando no obtienes lo que quieres. SUSTANTIVO

decidido (de ci DI do) Una persona **decidida** tiene un propósito firme y no quiere renunciar a su propósito. ADJETIVO

derrumbado (de rrum BA do) Algo **derrumbado** es algo que se cayó. ADJETIVO

desafío (de sa FÍ o) Un **desafío** es algo difícil que requiere trabajo adicional. SUSTANTIVO

desastre (de SAS tre) Un **desastre** es un fenómeno que produce grandes daños, pérdidas o desgracias. SUSTANTIVO

destello (des TE llo) Los **destellos** son ráfagas de luces que pasan rápidamente. SUSTANTIVO

destruir (des TRUIR) **Destruir** algo es causarle mucho daño. VERBO

GLOSARIO

Ee

energía solar (e ner GÍ a so LAR) La **energía solar** es la energía producida por los rayos del Sol. SUSTANTIVO

equilibrio (e qui LI brio) Si algo está en **equilibrio**, está en una condición estable, sin caerse o arruinarse. SUSTANTIVO

esperanza (es pe RAN za) Si tienes **esperanzas**, piensas y crees que puedes alcanzar lo que quieres o deseas. SUSTANTIVO

Ff

falla (FA lla) Una **falla** es una fractura de la corteza terrestre. SUSTANTIVO

felicidad (fe li ci DAD) La **felicidad** es un sentimiento de alegría. SUSTANTIVO

festón (fes TÓN) Un **festón** es un bordado o adorno en forma de ondas o puntas. SUSTANTIVO

floración (flo ra CIÓN) La **floración** es cuando las flores de las plantas se abren o florecen. SUSTANTIVO

fluir (FLUIR) Si algo **fluye**, se mueve o se desliza sin que nada lo detenga. VERBO

fósil (FÓ sil) Los **fósiles** son partes o impresiones de una planta o un animal que vivió hace mucho tiempo. SUSTANTIVO

fragmento (frag MEN to) Un **fragmento** es una parte pequeña de una cosa quebrada. SUSTANTIVO

Gg

generador (ge ne ra DOR) Un **generador** es una persona o cosa que genera, causa o produce algo. SUSTANTIVO

GLOSARIO

huerto comunitario • madriguera

Hh

huerto comunitario (HUER to co mu ni TA rio) Un **huerto comunitario** es un espacio compartido por las personas de una comunidad para sembrar algo. SUSTANTIVO

Ii

igual (i GUAL) Si dos cosas son **iguales**, son idénticas en tamaño, número o apariencia. ADJETIVO

ingrediente (in gre DIEN te) Los **ingredientes** son alimentos que se usan para preparar un plato. SUSTANTIVO

inhalar (in ha LAR) Cuando **inhalas**, respiras o tomas aire. VERBO

integrar (in te GRAR) Cuando **integras** algo o a alguien a algo, haces que forme parte de ese algo. VERBO

interacción (in ter ac CIÓN) Una **interacción** es una relación de intercambio mutuo con algo o alguien. SUSTANTIVO

inventar (in ven TAR) Cuando **inventas** algo, creas o imaginas algo nuevo. VERBO

irisado (i ri SA do) Una cosa **irisada** brilla y destella colores como los del arco iris. ADJETIVO

Ll

lava (LA va) La **lava** es el material extremadamente caliente que sale de un volcán. SUSTANTIVO

legado (le GA do) Un **legado** es algo que se deja o se transmite a otras personas. SUSTANTIVO

Mm

madriguera (ma dri GUE ra) Una **madriguera** es el lugar donde vive o descansa un animal silvestre. SUSTANTIVO

GLOSARIO

magma (MAG ma) El **magma** es roca caliente y fundida que está debajo de la superficie de la Tierra. SUSTANTIVO

mantener (man te NER) Cuando **mantenemos** algo, lo conservamos. VERBO

marchitarse (mar chi TAR se) Algo que se **marchita**, pierde su frescura o color. VERBO

mecánico (me CÁ ni co) Un **mecánico** es una persona que trabaja reparando cosas. SUSTANTIVO

medioambiente (me dio am BIEN te) El **medioambiente** es todo lo que nos rodea y nos ayuda a vivir, en especial el aire, el agua y la tierra. SUSTANTIVO

mejorar (me jo RAR) Si **mejoras** algo, haces que sea mejor. VERBO

menear (me ne AR) Si **meneas** algo, lo mueves de un lado a otro. VERBO

mineral (mi ne RAL) Los **minerales** son materiales sólidos, generalmente extraídos de la tierra, tales como el carbón y el oro. SUSTANTIVO

monumento (mo nu MEN to) Los **monumentos** son edificios, estatuas y lugares hechos en honor a una persona o un suceso. SUSTANTIVO

mural (mu RAL) Un **mural** es una pintura grande hecha sobre una gran pared. SUSTANTIVO

Nn

natural (na tu RAL) Algo **natural** es producido por la naturaleza, no por las personas. ADJETIVO

negarse (ne GAR se) Si alguien **se niega** a hacer algo, no quiere hacerlo. VERBO

GLOSARIO

observar • recurso

Oo

observar (ob ser VAR) Cuando una persona **observa,** mira con atención. VERBO

ocasión (o ca SIÓN) Una **ocasión** es la oportunidad o el momento justo para hacer o conseguir algo. SUSTANTIVO

ola (O la) Una **ola** es una onda que se forma en el agua. SUSTANTIVO

Pp

parcela (par CE la) Las **parcelas** son pequeños espacios de terreno que se usan para un propósito. SUSTANTIVO

perdonar (per do NAR) Cuando **perdonamos,** dejamos de estar enojados con alguien por algo que hizo. VERBO

permitido (per mi TI do) Si algo está **permitido,** se puede hacer. ADJETIVO

picante (pi CAN te) Si algo es **picante,** pica y tiene un sabor fuerte. ADJETIVO

producto (pro DUC to) Los **productos** son cosas que la gente usa o come. SUSTANTIVO

propósito (pro PÓ si to) Un **propósito** es una razón que tiene alguien para hacer algo. SUSTANTIVO

proyecto (pro YEC to) Un **proyecto** es un plan de una idea con detalles para hacer o crear algo. SUSTANTIVO

Rr

rabia (RA bia) La **rabia** es un sentimiento muy fuerte de cólera o enojo. SUSTANTIVO

reacción (re AC ción) Una **reacción** es una acción o comportamiento en respuesta a una causa. SUSTANTIVO

recurso (re CUR so) Los **recursos** son las cosas que solucionan una necesidad. SUSTANTIVO

GLOSARIO

relacionar (re la cio NAR) **Relacionar** es conectar algo con otra cosa. VERBO

resbaladizo (res ba la DI zo) Cuando pisas algo **resbaladizo**, te hace resbalar o deslizar. ADJETIVO

respetar (res pe TAR) Cuando **respetas** algo o a alguien, le demuestras tu aprecio. VERBO

responsable (res pon SA ble) Si eres **responsable** de algo, estás a cargo de cuidarlo y prestarle atención. ADJETIVO

Ss

salsa (SAL sa) Una **salsa** es un líquido que se sirve con la comida para que tenga mejor sabor. SUSTANTIVO

satisfecho (sa tis FE cho) Estar **satisfecho** es estar contento o complacido con algo o alguien. ADJETIVO

serenata (se re NA ta) Una **serenata** es música que se canta o se toca en la calle durante la noche para celebrar a alguien. SUSTANTIVO

sismo (SIS mo) Un **sismo** es un movimiento violento de la corteza terrestre. SUSTANTIVO

sobrevivir (so bre vi VIR) Cuando una persona o animal **sobrevive**, sigue con vida. VERBO

sociedad (so cie DAD) Una **sociedad** es un grupo de personas que viven juntas. SUSTANTIVO

solo (SO lo) Una comida **sola** es una comida simple, sin aderezos ni condimentos. ADJETIVO

subterráneo (sub te RRÁ ne o) **Subterráneo** describe algo que está debajo del suelo. ADJETIVO

suelo (SUE lo) El **suelo** es la capa suelta del exterior de la Tierra. El suelo es tierra. SUSTANTIVO

GLOSARIO

superficie • varado

superficie (su per FI cie) La **superficie** es la parte superior o externa de algo. SUSTANTIVO

Tt

tararear (ta ra re AR) Cuando **tarareas**, cantas entre dientes sin palabras. VERBO

tectónico (tec TÓ ni co) Las placas **tectónicas** se llaman así porque pertenecen a la corteza terrestre. ADJETIVO

temblor (tem BLOR) Un **temblor** es una sacudida o movimiento del suelo. SUSTANTIVO

tradición (tra di CIÓN) Las **tradiciones** son creencias, cuentos y estilos de vida que se transmiten de padres a hijos. SUSTANTIVO

Vv

varado (va RA do) Cuando algo o alguien está **varado**, está detenido y no tiene manera de irse a ningún lugar. ADJETIVO

GLOSARIO

magma (MAG ma) El **magma** es roca caliente y fundida que está debajo de la superficie de la Tierra. SUSTANTIVO

mantener (man te NER) Cuando **mantenemos** algo, lo conservamos. VERBO

marchitarse (mar chi TAR se) Algo que se **marchita**, pierde su frescura o color. VERBO

mecánico (me CÁ ni co) Un **mecánico** es una persona que trabaja reparando cosas. SUSTANTIVO

medioambiente (me dio am BIEN te) El **medioambiente** es todo lo que nos rodea y nos ayuda a vivir, en especial el aire, el agua y la tierra. SUSTANTIVO

mejorar (me jo RAR) Si **mejoras** algo, haces que sea mejor. VERBO

menear (me ne AR) Si **meneas** algo, lo mueves de un lado a otro. VERBO

mineral (mi ne RAL) Los **minerales** son materiales sólidos, generalmente extraídos de la tierra, tales como el carbón y el oro. SUSTANTIVO

monumento (mo nu MEN to) Los **monumentos** son edificios, estatuas y lugares hechos en honor a una persona o un suceso. SUSTANTIVO

mural (mu RAL) Un **mural** es una pintura grande hecha sobre una gran pared. SUSTANTIVO

Nn

natural (na tu RAL) Algo **natural** es producido por la naturaleza, no por las personas. ADJETIVO

negarse (ne GAR se) Si alguien **se niega** a hacer algo, no quiere hacerlo. VERBO

693

GLOSARIO

observar • recurso

Oo

observar (ob ser VAR) Cuando una persona **observa**, mira con atención. VERBO

ocasión (o ca SIÓN) Una **ocasión** es la oportunidad o el momento justo para hacer o conseguir algo. SUSTANTIVO

ola (O la) Una **ola** es una onda que se forma en el agua. SUSTANTIVO

Pp

parcela (par CE la) Las **parcelas** son pequeños espacios de terreno que se usan para un propósito. SUSTANTIVO

perdonar (per do NAR) Cuando **perdonamos**, dejamos de estar enojados con alguien por algo que hizo. VERBO

permitido (per mi TI do) Si algo está **permitido**, se puede hacer. ADJETIVO

picante (pi CAN te) Si algo es **picante**, pica y tiene un sabor fuerte. ADJETIVO

producto (pro DUC to) Los **productos** son cosas que la gente usa o come. SUSTANTIVO

propósito (pro PÓ si to) Un **propósito** es una razón que tiene alguien para hacer algo. SUSTANTIVO

proyecto (pro YEC to) Un **proyecto** es un plan de una idea con detalles para hacer o crear algo. SUSTANTIVO

Rr

rabia (RA bia) La **rabia** es un sentimiento muy fuerte de cólera o enojo. SUSTANTIVO

reacción (re AC ción) Una **reacción** es una acción o comportamiento en respuesta a una causa. SUSTANTIVO

recurso (re CUR so) Los **recursos** son las cosas que solucionan una necesidad. SUSTANTIVO

GLOSARIO

relacionar • suelo

relacionar (re la cio NAR) **Relacionar** es conectar algo con otra cosa. VERBO

resbaladizo (res ba la DI zo) Cuando pisas algo **resbaladizo**, te hace resbalar o deslizar. ADJETIVO

respetar (res pe TAR) Cuando **respetas** algo o a alguien, le demuestras tu aprecio. VERBO

responsable (res pon SA ble) Si eres **responsable** de algo, estás a cargo de cuidarlo y prestarle atención. ADJETIVO

Ss

salsa (SAL sa) Una **salsa** es un líquido que se sirve con la comida para que tenga mejor sabor. SUSTANTIVO

satisfecho (sa tis FE cho) Estar **satisfecho** es estar contento o complacido con algo o alguien. ADJETIVO

serenata (se re NA ta) Una **serenata** es música que se canta o se toca en la calle durante la noche para celebrar a alguien. SUSTANTIVO

sismo (SIS mo) Un **sismo** es un movimiento violento de la corteza terrestre. SUSTANTIVO

sobrevivir (so bre vi VIR) Cuando una persona o animal **sobrevive**, sigue con vida. VERBO

sociedad (so cie DAD) Una **sociedad** es un grupo de personas que viven juntas. SUSTANTIVO

solo (SO lo) Una comida **sola** es una comida simple, sin aderezos ni condimentos. ADJETIVO

subterráneo (sub te RRÁ ne o) **Subterráneo** describe algo que está debajo del suelo. ADJETIVO

suelo (SUE lo) El **suelo** es la capa suelta del exterior de la Tierra. El suelo es tierra. SUSTANTIVO

GLOSARIO

superficie • varado

superficie (su per FI cie) La **superficie** es la parte superior o externa de algo. SUSTANTIVO

Tt

tararear (ta ra re AR) Cuando **tarareas**, cantas entre dientes sin palabras. VERBO

tectónico (tec TÓ ni co) Las placas **tectónicas** se llaman así porque pertenecen a la corteza terrestre. ADJETIVO

temblor (tem BLOR) Un **temblor** es una sacudida o movimiento del suelo. SUSTANTIVO

tradición (tra di CIÓN) Las **tradiciones** son creencias, cuentos y estilos de vida que se transmiten de padres a hijos. SUSTANTIVO

Vv

varado (va RA do) Cuando algo o alguien está **varado**, está detenido y no tiene manera de irse a ningún lugar. ADJETIVO

RECONOCIMIENTOS

Texto

27: *La gallina y el manzano*, Copyright (c) 1980 by Arnold Lobel. Used by permission of HarperCollins Publishers. This selection may not be re-illustrated without written permission of HarperCollins. HarperCollins Publishers.

31: *Las ranas al final del arco iris*, Copyright (c) 1960 by Arnold Lobel. Used by permission of HarperCollins Publishers. This selection may not be re-illustrated without written permission of HarperCollins. HarperCollins Publishers.

35: *El ratón en la orilla del mar*, Copyright (c) 1980 by Arnold Lobel. Used by permission of HarperCollins Publishers. This selection may not be re-illustrated without written permission of HarperCollins. HarperCollins Publishers.

59: *La noche que se cayó la luna: Un mito maya sobre la creación de la Vía Láctea* by Pat Mora Copyright © Groundwood Books. Groundwood Books

103: *La Cenicienta interestelar* from Interstellar Cinderella © 2015 by Deborah Underwood; illustrated by Meg Hunt. Used with permission of Chronicle Books LLC, San Francisco. Chronicle Books LLC.

181: *Mi comida, tu comida* by Lisa Bullard, illustrated by Christine M. Schneider. Text copyright © 2015 by Lerner Publishing Group, Inc. Illustration copyright © 2015 by Lerner Publishing Group, Inc. Reprinted with the permission of Millbrook Press, a division of Lerner Publishing Group, Inc. All rights reserved. No part of this excerpt may be used or reproduced in any manner whatsoever without the prior written permission of Lerner Publishing Group, Inc Lerner Publishing Group, Inc.

245: *¿Quién dijo que las mujeres no pueden ser doctoras? La historia de Elizabeth Blackwell* by Tanya Lee Stone Reprinted by Henry Holt Books for Young Readers. Caution: Users are warned that this work is protected under copyright laws and downloading is strictly prohibited. The right to reproduce or transfer the work via any medium must be secured with Macmillan Publishing Group, LLC d/b/a Henry Holt & Company. Henry Holt & Company

245: *¿Quién dijo que las mujeres no pueden ser doctoras? La historia de Elizabeth Blackwell* by Tanya Lee Stone Used with permission from Stimola Literary Studio. Stimola Literary Studio.

287: *Imitar la naturaleza: La vida de Antoni Gaudí* by Rachel Rodriguez, 2009. Reprinted by Henry Holt Books for Young Readers. CAUTION: Users are warned that this work is protected under copyright laws and downloading is strictly prohibited. The right to reproduce or transfer the work via any medium must be secured with Macmillan Publishing Group, LLC d/b/a Henry Holt & Company. Henry Holt & Company

329: *El jardín de la felicidad* by Erika Tamar, illustrated by Barbara Lambase. Text copyright © 1996 by Erika Tamar. Illustrations copyright © 1996 by Barbara Lambase. Reprinted by permission of Houghton Mifflin Harcourt Publishing Company. All rights reserved. Houghton Mifflin Harcourt Publishing Company.

517: from *Cómo el agua moldea la Tierra* by Jared Siemens, p 4-5, 14-19. Reproduced by permission from AVZ by Weigl, How Water Shapes the Earth (New York, NY: AVZ by Weigl 2015). Weigl Publishers Inc.

529: from *Cómo los terremotos moldean la Tierra* by Aaron Carr, p 4-5, 14-19. Reproduced by permission from AVZ by Weigl, How Earthquakes Shape the Earth (New York, NY: AVZ by Weigl 2015). Weigl Publishers Inc.

559: *¿Adónde van cuando llueve o nieva?* Peachtree Readers Theater Script for "Under The Snow" prepared by Melissa Stewart. Copyright © 2016 by Peachtree Publishers. Published by arrangement with Peachtree Publishers. Peachtree Publishers, Ltd.

598: "Temblor" From ANGELS RIDE BIKES AND OTHER FALL POEMS. Text Copyright © 1999 by Francisco Alarcón. Illustrations copyright © 1999 by Maya Christina Gonzalez. Permission arranged with Children's Book Press, an imprint of LEE & LOW BOOKS, Inc., New York, NY 10016. All rights not specifically granted herein are reserved. Lee & Low Books.

600: "Canción del niño y la mar" by Graciela Genta from Arco iris de poesía. Copyright © 1990 by Graciela Genta. Used by permission of Lectorum Publications Inc. Lectorum Publications.

Fotografías

Photo locators denoted as follows Top (T), Center (C), Bottom (B), Left (L), Right (R), Background (Bkgd)

4 Inge Johnsson/Alamy Stock Photo; **6** Rawpixel.com/Shutterstock; **7** (TL) Photo: Articruz /Rafael Guillén, Courtesy of Articruz, 2017 Artists Rights Society (ARS), New York/ADAGP, Paris, (BL) Eric Raptosh/Hill Street Studios/Alamy Stock Photo; **8** (Bkgrd) Willyam Bradberry/Shutterstock, (CL) Image Source/Getty Images; **10** (Bkgrd) Inge Johnsson/Alamy Stock Photo, (BR) Monkey Business Images/Shutterstock; **15** Patryk Kosmider/Shutterstock; **47** Valentina Razumova/Shutterstock; **50** (Bkgrd) 123RF, (BL) Tolo Balaguer/AGE Fotostock/Alamy Stock Photo; **51** Hannah Gleghorn/Shutterstock; **58** Cheron Bayne, courtesy of Pat Mora; **102** John Vias; **138** (Bkgrd) Greg Vaughn/Alamy Stock Photo, (B) Danita Delimont/Alamy Stock Photo; **139** (C) Yvette Cardozo/Alamy Stock Photo, (T) Yvette Cardozo/Alamy Stock Photo; **150** Ellen McKnight/Alamy Stock Photo; **151** (BR) Igorsm8/Shutterstock, (CL) Design Pics Inc/Alamy Stock Photo; **154** Ta Khum/Shutterstock; **156** Lee Rentz/Alamy Stock Photo; **172** (Bkgrd) Leyasw/Shutterstock, (B) Karissaa/Shutterstock, (T) Timolina/Shutterstock; **173** Highviews/Shutterstock; **180** Used with permission from Lerner Publishing Group; **216** (L) M. Unal Ozmen/Shutterstock, (C) Mexrix/Shutterstock; **220** Fatihhoca/iStock/Getty Images; **230** (Bkgrd) Rawpixel.com/Shutterstock, (BL) Michaeljung/Shutterstock; **231** Hero Images/Getty Images; **235** (BL) sonya etchison/Shutterstock, (BR) Rawpixel.com/Shutterstock, (TL) Monkey Business Images/Shutterstock, (TR) India Picture/Shutterstock; **236** (Bkgrd) Severija/Shutterstock, (BR) Fotosearch/Getty Images, (CL) NASA, (CR) Bettmann/Getty Images; **244**

697

Used with permission from Macmillan Publishers Ltd.; **278** (CL) Nikreates/Alamy Stock Photo, (TR) Victor Zong/Shutterstock; **279** (B) Olena Tur/Shutterstock, (T) Philip Scalia/Alamy Stock Photo; **286** Used with permission from Macmillan Publishers Ltd.; **364** (B) Roger Cracknell 01/classic/Alamy Stock Photo, (T) Levy/Shutterstock, (C) Dillemma Photography/Moment Unreleased/Getty Images; **365** (BC) Daniel M Ernst/Shutterstock, (C) Anna Jurkovska/Shutterstock, (T) Toniflap/Shutterstock; **372** Pearson Education; **373** Peter Carr/Alamy Stock Photo, 2017 Artists Rights Society (ARS), New York/ADAGP, Paris; **378, 379, 380, 381, 386, 394** Atelier Cruz-Diez Paris; **382, 383, 384, 385, 388, 389, 393** Atelier Cruz-Diez Paris, 2017 Artists Rights Society (ARS), New York/ADAGP, Paris; **390** Patrick Abell/Alamy Stock Photo, 2017 Artists Rights Society (ARS), New York/ADAGP, Paris; **392** Natalia Sassu, 2017 Artists Rights Society (ARS), New York/ADAGP, Paris; **395** Photo: Articruz / Rafael Guillén, Courtesy of Articruz, 2017 Artists Rights Society (ARS), New York/ADAGP, Paris; **408** (B) Rawpixel.com/Shutterstock, (T) Monkey Business Images/Shutterstock; **409** (B) SpeedKingz/Shutterstock, (C) Pikul Noorod/Shutterstock, (T) Ermolaev Alexander/Shutterstock; **416** Cheron Bayna/courtesy of Libby Martinez; **417** Eric Raptosh/Hill Street Studios/Alamy Stock Photo; **418** Florian Kopp/imageBROKER/Alamy Stock Photo; **419** Hero Images Inc./Alamy Stock Photo; **420** (B) John Lamparski/WireImage/Getty Images, (TR) Fabian von Poser/imageBROKER/Alamy Stock Photo; **421** Michael DeYoung/Blend Images/Alamy Stock Photo; **422** (B) RosaIreneBetancourt 6/Alamy Stock Photo, (TR) Joey Foley/WireImage for Philanthropy Project/Getty Images; **423** (B) Vladislav Gurfinkel/Shutterstock, (R) Win McNamee/Getty Image;s **424** (B) Kidstock/Blend Images/Alamy Stock Photo, (C) Kidstock/Blend Images/Getty Images; **425** (Bkgrd) Felix Stenson/F1online digitale Bildagentur GmbH/Alamy Stock Photo, (TR) Paula Solloway/Alamy Stock Photo; **426** (B) David Grossman/Alamy Stock Photo, (T) Paula Solloway/Alamy Stock Photo; **427** (B) RosaIreneBetancourt 3/Alamy Stock Photo, (T) Eric Raptosh/Blend Images/Alamy Stock Photo; **428** (B) Gordon Chibroski/Portland Press Herald/Getty Images, (T) Eric Raptosh/Hill Street Studios/Alamy Stock Photo; **429** (B) Myrleen Pearson/Alamy Stock Photo, (T) Myrleen Pearson/Alamy Stock Photo; **430** Cathy Yeulet/123RF; **431** Andrew Rubtsov /Alamy Stock Photo; **450** (Bkgrd) Art Stocker/Shutterstock, (B) Gualberto Becerra/Shutterstock, (C) Monkey Business Images/Shutterstock, (T) wavebreakmedia/Shutterstock; **451** (BR) pbombaert/Shutterstock, (CL) StefanoT/Shutterstock; **460** (Bkgrd) Willyam Bradberry/Shutterstock, (BL) Lucky Team Studio/Shutterstock; **461** (BL) Russ Bishop/Alamy Stock Photo, (TCL) Image Source/Getty Images, (TL) Taiga/Shutterstock; **465** Ann Johansson/Corbis/Getty Images; **466** Peter Kunasz/Shutterstock; **474** Pearson Education; **508** (Bkgrd) Holbox/Shutterstock, (BL) Elena Arrigo/Shutterstock, (BR) Anton Foltin/Shutterstock, (C) Room's Studio/shutterstock, (CL) Fototaler/Shutterstock, (CR) DenMan80/Shutterstock; **509** (BL) Albertczyzewski/Shutterstock, (BR) Maridav/Shutterstock, (C) Edelwipix/Shutterstock; **517** Image Source/Getty Images; **518** DariuszPa/E+/Getty Images; **520** Michele Falzone/Photographer's Choice RF/Getty Images; **522** Frank Krahmer/Photographer's Choice RF/Getty Images; **524** Alice Nerr/Shutterstock; **526** Richard During/The Image Bank/Getty Images; **527** Shannonstent/E+/Getty Images; **529** Marco Equizi/Moment/Getty Images; **530** STR/AFP/Getty Images; **532** Claudiad/Vetta/Getty Images; **534** EpicStockMedia/Shutterstock; **536** Marco Equizi/Moment/Getty Images; **550** Dark Moon Pictures/Shutterstock; **551** Steineranden/Shutterstock; **558** Used with permission from Peachtree Publishers, Ltd.; **588** (Bkgrd) Bierchen/Shutterstock, (B) Antonio Nardelli/Shutterstock, (T) Onime/Shutterstock; **589** Lyu Hu/Shutterstock; **620** Photo.ua/Shutterstock; **621** National Park Service; **628** Pearson Education; **629** Russ Bishop/Alamy Stock Photo; **630** Andrew Geiger/Glasshouse Images/AGE footstock; **631** (B) Jorge Casais/Shutterstock, (CR) Dezignor/Shutterstock; **632** (TC) BarryTuck/Shutterstock, (TL) Dennis Hardley/Alamy Stock Photo, (TR) LesPalenik/Shutterstock; **633** (BL) BarryTuck/Shutterstock, (BR) LesPalenik/Shutterstock, (C) Dennis Hardley/Alamy Stock Photo; **634** Enki Photo/Shutterstock; **635** (B) Darren J. Bradley/Shutterstock, (CR) BarryTuck/Shutterstock; **636** (B) Robert Cicchetti/Shutterstock, (BR) LesPalenik/Shutterstock; **637** (BL) Francis Vachon/Alamy Stock Photo, (BR) Kunal Mehta/Shutterstock, (CL) NielsDK/ImageBROKER/Alamy Stock Photo, (TCR) Milos Luzanin/Alamy Stock Photo, (TL) Aleksandr Pobedimskiy/Shutterstock, (TR) FutureGalore/Shutterstock; **638** (B) Pius Lee/Shutterstock, (CL) Nick Starichenko/Shutterstock, (CR) Frederic Lewis/Archive Photos/Getty Images, (TR) Cosmo Condina North America/Alamy Stock Photo; **639** (BC) Cjchiker/Shutterstock, (BR) Aaron Amat/Shutterstock, (TL) Rich Carey/Shutterstock, (TR) Cathy Hart Photography/Design Pics Inc/Alamy Stock Photo; **640** Millard H. Sharp/Science Source; **641** (BR) Designsstock/Shutterstock, (T) Sunny Forest/Shutterstock; **642** (B) Steven Cooper/Alamy Stock Photo, (C) Albertczyzewski/Shutterstock, (CL) Incamerastock/Alamy Stock Photo, (CR) Inxti/Shutterstock; **643** Russ Bishop/Alamy Stock Photo; **662** Beboy/Shutterstock; **665** LukaKikina/Shutterstock; **668** Konstantin Faraktinov/Shutterstock.

Ilustraciones

16–17 Ian Joven; **23, 57, 99, 101, 143, 145, 179** Ken Bowser; **25–37** Arnold Lobel; **59–81** Andrea Arroyo; **94–95** Rob McClurkan; **103–115** Meg Hunt; **117–125** Sophie Diao; **138–139** René Milot; **147–159** Len Ebert; **181–201** Christine M. Schneider; **243, 285, 327, 371, 415** Ken Bowser; **245–265** Marjorie Priceman; **287–307** Julie Paschkis; **320–321** Scott Burroughs; **329–351** Barbara Lambase; **374–377** Lisa Fields; **453** Rob Schuster; **475–495** Ivar daColl; **471, 503, 511** Nancy Poydar; **473, 513, 557, 595, 627** Ken Bowser; **555** Laura Zarrin; **559–575** Iole Rosa; **588–589** Jun Park; **597–606** Courtney Martin; **607** Scott Brooks; **636, 640** Rob Schuster.

NOTAS

NOTAS

NOTAS

NOTAS

NOTAS